中国出版家丛书
ZHONGGUO CHUBANJIA CONGSHU

中国出版家

徐伯昕

Zhongguo Chubanjia
Xu Boxin

柳斌杰　主编　　张文彦　著

人民出版社

出版说明

出版不仅仅是一个充满竞争的商业领域，同时，它也深深打上了"文化"和"思想"的印记。在这个文化场域中，交织着多种力量的动态关系，通过出版物的呈现和出版活动的开展，描绘了一个时代的文化风貌；而回旋折冲于其间者，则是那些幕后活跃、台前无闻的各类出版人。他们自喻"为他人做嫁衣裳"，事实上，却是国家文化传承和历史记录的主要担当者，有出版发展的参与人和见证者甚至称他们所起的作用为保存民族记忆的千秋大脑。虽然扼据出版要津之地，却少见自家行当的人物传记出版。本丛书是第一次规模化地为这个群体中的杰出者系列立传，从一个人到一群人的出版事功中，折射出近代以降出版业的俯仰变迁，同时也见证着出版参与时代文化思想缔构及其背后深广的社会历史内容。那些曾经彪炳于时的出版人，一方面安身于这个行业，以其敏锐犀利的时代洞察力，在市场、经营与创意中躬行实践，标领乃至规划了这个行业的发展，并使之成为国民经济的一个重要门类；另一方面又在"安身"之外，显现出面向社会的公共性关怀与"立命"的超越性关怀，从职业而志业的追求中，服务于民族解放、思想启蒙与文化进步的社会性经营，书写了出版人生的风采、风骨与风流。

本丛书所传写的30余位出版人，均为活跃于20世纪并已过世的出版前辈。中国古代也曾涌现了陈起、毛晋等出版大家，只是未纳入本书的传主范围。丛书在体例上，有单人独传与多人合传之分，但这并不必然意味着对传主出版贡献及其历史地位的轻重判别，许多情况下的数人合传，乃困于传主史料的阙如而不得已的选择，某些重要出版人如大东书局总经理沈骏声、儿童书局创办人张一渠等，也囿于同样情形而未能列入本丛书的传主名单，殊觉憾事。虽说隐身不等于泯灭，但这个行业固有的幕后特征多少带来了出版人身份上的隐而不显、显而不彰。本丛书的出版，固然是想通过对前辈出版事迹的阐幽发微、立传入史，能让同样为人做嫁衣者的当今出版人不至于觉得气类太孤，内心获得温暖，并昭示后来者在人生目标上，在家国情怀上，在出版境界上，追步于前贤，自觉立起一面促人警醒自鉴的镜子；同时更希望通过一个个传主微历史的场景呈现，让更多的人认识到出版在产业之外，更是一项薪火相传的社会文化事业，它对时代文化的接引与外度，使其成为一种任何人都不可忽视的"势力"，在百余年来的社会发展进程中，发挥了不可替代的作用。

故此，我们推出这套"中国出版家丛书"，以展示中国文化创造者的风采，弘扬他们的优良传统和崇高的职业精神，发掘出版史史料，丰富出版史研究和编辑史研究。

"中国出版家丛书"编辑委员会

人民出版社编辑部

二〇一六年四月

目 录

前　言

　　徐伯昕（1905—1984），江苏省武进县人，名亮，字伯昕，是《生活》周刊及生活书店的创始人之一。邹韬奋去世后，他继续为革命出版事业而奋斗，是新中国出版事业的重要奠基者之一。

　　长久以来，"邹韬奋"这个名字，一直都是我国新闻出版史上光华灿烂、叱咤风云的存在，他与生活书店乃至中国当代出版精神紧密地联结在了一起。徐伯昕，作为邹韬奋一生出版事业不可或缺的"搭档"、生活书店的共同缔造者，其出版声名却并未远扬。其去世后，陆续有论文集《怀念出版家徐伯昕》、《新文化出版家徐伯昕》出版。近年来，学界出版了一些专门论述其为人行事的文章，比如研究民国出版史的吴永贵先生曾在《光明日报》上撰文，论述徐伯昕的出版贡献，以及与韬奋的事业合作关系。① 也有一些文章，称徐伯昕为生活书店的"总管"，论述他在经营管理上的运筹帷幄与生活中不善交际

---

　　① 　吴永贵：《徐伯昕，同样是出版事业楷模》，《光明日报》2006 年 11 月 29 日。

的邹韬奋正好互补，但又称伯昕是韬奋身边的"隐形人"。①

20世纪二三十年代，中国的出版业迎来了一个黄金时代，尤其在当时的出版重镇上海，无数文化精英投身出版，涌现出诸多各有专长和建树的出版家。比如邹韬奋，他在校读书期间，就已经发表了不少文章，加盟中华职教社之后，更是声名鹊起，其思想和为人为许多年轻人所仰慕。1926年10月，32岁的邹韬奋接任《生活》周刊主编一职，年仅22岁的徐伯昕已经在此工作了一整年。

徐伯昕没有出众的家世和学历，耕读农家，毕业于中华职教社开办的中华职业学校珐琅科，此前他爱好美术、画画，在《生活》周刊负责出版、发行、广告及总务工作。邹韬奋的到来，也可以说是徐伯昕出版事业迅速腾飞的起点。

徐伯昕一生的出版事业，大致可以分为四个阶段，第一个阶段是《生活》周刊时期，1925年到1933年，这个阶段，徐伯昕展现出惊人的经营天赋，他在发行和广告工作中的策略和热忱，让邹韬奋编辑家和新闻家的光芒如虎添翼，仅用一年的时间，《生活》周刊的发行量就突破2万份，后来增至4万份，1931年特刊发行高达15.5万份。《生活》周刊的文章，虽然少有能够传颂不朽的名篇，但对于当时政治、社会巨变中的中国，却是极其"解渴"的"有用"文章，读者遍及政、商、工、学各界，是一份真正的大众刊物，但如若没有徐伯昕那张迅速蔓延的发行网，大众又是无法"识得春风面"的。当时怀揣着办报出书梦想、从事出版业的文人学者如过江之鲫，但许多书报社都因为经营困难，旋生旋灭。恰恰是徐伯昕的这张发行网，为《生活》

---

① 徐百柯：《徐伯昕：与邹韬奋互补》，《中国青年报》2004年11月10日。

周刊带来了众多忠实读者，这些读者不仅积极向读者信箱投稿，也会热心襄助周刊的广告经营、社会公益活动，这与当时同人办报、知识分子之间在报刊上的应和辩论大大不一样，而是更具有大众化互动媒体的意味。

第二个阶段是生活书店阶段，1933 年到 1942 年，这是徐伯昕出版事业的黄金时期，也是生活书店由全盛到受难于日军侵华战争的时期。1933 年，邹韬奋因言论得罪国民党当局，为躲避特务暗杀出国流亡，徐伯昕第一次独自扛起《生活》周刊重任，并随即注册成立生活书店。这个时期，徐伯昕跟文化界和出版界的人事往来前所未有地密集起来，他和胡愈之、艾寒松、毕云程等商量创办新刊《新生》，努力向作家名流约稿，与鲁迅、茅盾、杜重远、陈望道等合作出版书刊，一年的时间里，成就了不少大事，但劳累过度，得了肺病，即便咯血，也撑着病体操持店务，为遭到查封的《新生》善后。直到韬奋 1935 年回国才被"押"到莫干山养病。在当年，肺病和牢狱、战火之灾一样，是危害生活书店职工生命的可怕杀手之一。徐伯昕闯过了这一劫，在面对随后的"七君子"事件和抗日战争中的无数难关时，开始日益展现出一种运筹帷幄、临危而上的革命出版家的胆识和气度——徐伯昕所面对的，不仅是文化的战场，更是真正的战争。

1937 年之后，徐伯昕从悉心筹划第二个分店广州分店开始，在战事危急的前三年中，将生活书店分支店的建设铺展全国，最多时达 56 家，工作人员达到四五百人。在翻阅各种史料尤其是近百期《店务通讯》的过程中，可以看到，这些分支机构的建立，是在炮击、空袭、毒气、时疫肆虐、国民党查禁中浴火而生，往往在炸弹来袭、沦陷的前一刻还在营业，当落后于时代需求的书店门可罗雀时，疾呼抗日救国的生活书店却人头攒动。生活书店的急剧扩张，始终伴随着种种危机：财政困难、管理难题、审查压制、运输困顿、造货困难、战友牺牲等一波未平一波又起，徐伯昕苦心孤诣应对，力图推动生活书店的管理科学化、精细化、民主化，他将韬奋的管理思想落到实处，形成制度。在理事会的民主选举中，徐伯昕获得了最高票；在分店同事们的信件中，可以读得出职工们对"徐先生"的信赖、亲近和仰慕。他肩负着生活书店最难做的职务，却总是报以"微笑"。

如果说邹韬奋是徐伯昕毕生追随的精神导师的话，在重庆，徐伯昕遇到了他的另一位精神导师并影响了他后半生的出版事业——周恩来。虽然徐伯昕在上海时就已开始为革命出版事业付诸行动了，但在重庆与周恩来的多次会面，则让他对共产党的向往更加明确和强烈了。1941年，生活书店遭到国民党当局全面封禁。1942年，徐伯昕向周恩来表达了加入共产党和去苏北抗日根据地工作的意愿。

第三个阶段是革命出版阶段，1943年到1954年。1943年，邹韬奋罹患重病，徐伯昕急赴上海，陪伴了韬奋人生的最后一程，并将他的遗嘱带往苏北，在这里，遭遇了生死离别的徐伯昕加入了中国共产党，再次返回上海，化名展开了地下革命出版工作。从一家周刊社，到五十多家书店，再到一家小书店，徐伯昕这次的回归有了质的巨变，他通过书店，接济了进步作家的生活，通过出版工作，团结着民主人士。1947年又回到香港，作为主要领导人之一，筹备了"生活·读书·新知三联书店"的成立工作。不久，新的出版事业迎来了新中国的成立。徐伯昕在生活书店多年所选拔、培养的出版人才，成为新中国新闻出版事业的中坚力量，他本人却因多年的紧张工作，一身病痛。在负责出版管理部门的几年工作后，1955年，徐伯昕离开了出版事业，开始专门从事统战工作。这次工作的变化，是周恩来以其识人之明，亲自安排的。对于徐伯昕来说，是不舍的，但他是一个不轻易表达感情的人。这种对生活书店和邹韬奋的深深铭记，在他晚年的一系列努力中彰显无遗。

第四个阶段是重新点燃韬奋精神火炬的阶段，1979 年到 1984 年。1955 年之后，徐伯昕虽然在统战工作中仍然心系出版事业，有着各种推动出版、读书方面的努力，但毕竟政务繁忙，笔者可以发掘的事迹很少。"文革"结束后，在人生最后的几年里，徐伯昕为曾经的出版事业，也可以说为了我国的出版事业，做了两件重要的事情。第一件事，是再次点燃韬奋精神的火炬。1979 年，在韬奋逝世 35 周年之际，徐伯昕专门撰长文纪念，追忆了韬奋一生的出版事业，以此批判"文化大革命"时期邹韬奋被诬陷为 30 年代出版界的"黑线人物"、生活书店是"三十年代黑店"的说法。在这篇文章中，他第一次引用了韬奋的遗言。这份遗言，是 1944 年韬奋去世之前亲口所述，徐伯昕亲笔记录的，这么多年来，他一直珍藏在身边。1984 年徐伯昕去世前所留下的数行手迹，似乎是在回应半个世纪前邹韬奋所留下的遗言，又像是邹韬奋遗言的一首副歌。

第二件事，是为恢复生活·读书·新知三联书店建制所付出的努力。在三联书店 50 周年之际，徐伯昕发表了长文《在艰苦斗争中建立的团结》，他联络三联书店的老同志们共同致信中央，要求确定于 1949 年前在三联工作过的老同志们的革命工龄，后来又联合致信中宣部、文化部，请求恢复三联书店的独立建制。生活·读书·新知三联书店能够在中断多年后再次重建，并成为中国出版业的骄子、知识分子的精神家园，离不开徐伯昕毕生的努力。

　　徐伯昕与邹韬奋，是他们共同缔造的出版事业缺一不可的"心"与"脑"，"生活"出版系列的巨大影响力，是两位先生所共同创造的独特奇迹。他们不但在事业上互补，在性格上也交相辉映。历史所留下的关于韬奋先生的记录，洋洋洒洒，常常可见大笑、大哭、怒骂、涌泪，痛快淋漓，是名士真风采；而对于伯昕的记录，却惜墨如金，寥寥数次的表情描写，都可归结为一个"笑"字：他向茅盾约稿，茅盾误会了，他是"笑"着解释；和国民党的书报审查官据理力争之后，脸上也是带着微笑；在上海从事地下出版工作，资金严重短缺，他也是"笑嘻嘻"地答允去想办法。在同事们的追忆里，徐伯昕先生总是和颜悦色，亲切友善，但对待工作，他却一贯缜密之至。徐伯昕先生所留下的文字，是非常平实而内敛的，其中大部分是为了安排具体出版、发行、印刷、财务、管理工作而写。在撰写此书的过程中，笔者常常在史料中为徐先生的执事、处世的态度和方法所深深打动。

　　徐伯昕的出版经历，展示着中国共产党革命事业对一个职业出版家的逐步启蒙和转化，展示着这位出版家的实践活动中现代性和革命性互相交融、互为促进，展示着革命出版事业中技术和经营的重要作用。中国共产党的革命事业，如同一座平地而起的大厦，其巍峨、其致密，不仅需要思想家和理论家的宏观构建，更需要徐伯昕这样的实干家的营造。由此，研究徐伯昕的出版事业有着多个层面的意义和价值，这些是笔者未能充分挖掘的，有待时日，有待志同道合的研究者。

第一章

青春放歌：从练习生到生活书店

近代以来，尤其是戊戌变法之后，张元济、陆费逵、王云五、邹韬奋等大批知识分子本着启蒙民智、文化强国的夙愿陆续投身到出版事业中来，成为中国现代出版业崛起之栋梁，也成为中国现代文化转型与发展之栋梁。这些出版大家的人生、事迹、出版思想被后人一论再论。相较而言，本书所要重点论述的人物——徐伯昕，却显得相对沉寂，这或许与他一直致力于出版经营管理事业，并在新中国成立后即离开了出版行业有一定关系。尽管有相关的纪念文集问世，但一直缺乏从出版角度进行深入、系统的挖掘和解读。直到近年来，才有《徐伯昕，同样是出版事业楷模》（吴永贵，《光明日报》2006年

11月29日）等观点鲜明文章问世，引起出版研究领域的再度关注。正如吴永贵先生在文中所言："出版业的发展，既需要有像邹韬奋这样的编辑大家，也需要有像徐伯昕这样的经营专家。两种类型出版人的并肩携手，方能结出'事业性和商业性统一'的璀璨文化之果。"相较商务、中华这样的大社，三联书店的成长发展史，更多的是在内外战乱的夹缝与重重风险中艰难求生，逐渐壮大。其生存发展所需要的不仅仅是作为单纯企业家的经营管理才干、编辑出版家的技能，还需要经营者有革命家的胆识与谋略，才不至于在政治与经济的压力下早夭。由此而言，徐伯昕的出版方略的确值得深入研究。

一、水乡少年

光绪三十一年（1905），晚清政府已近穷途末路，而古老的中国仍然在风雨中前行。这一年，上海的商务印书馆出版了铅字版的《天演论》，为百年"汉译世界名著"奠下第一块基石，作为中国现代出版家的张元济等人，由此率先踏上了中国出版的新征途。这一年的3月4日，江苏武进县鸣凰乡小留塘里村（今属常州市武进区湖塘镇）里，徐家次子出世，取名为亮，字伯昕，小名"明圣"。

武进在上海西北一百八十余公里处，属于苏南地区，"北环长江，南襟滆湖，阡陌交错，尚称肥沃之区，人烟稠密，鸡犬之声相闻"。这里河网密布，乡间竹篱环绕瓦屋茅舍，居民们大多衣履青黑色自织土布，穿井而饮，耕田而食。① 武进是吴文化的发源地之一，也是南朝齐、梁的故里。从古至今，武进名人辈出，历史上考取进士的人数居全国各县前列，近代以降，更出现了诸多文化名人、革命先贤，其中多位都可称之为徐伯昕的乡邻、校友。

清末民初，武进以及常州地区成为我国近代民族工商业的发祥地之一，走出了盛宣怀（1844—1916）、刘国钧（1887—1978）这样赫赫有名的实业巨子，并且带动了当地工业和商业的两翼齐飞。投身商业发展洪潮之中的，也包括徐伯昕的父亲徐辰。

但直到徐伯昕到上海求学，他的家乡还处在转型前夜——《生活》周刊有一篇介绍武进农民生活的文章，说这里从事农业者，约占百分之八十，农作物米、麦、豆甚多，而丝、布次之。虽然常州府的实业已呈现蒸蒸日上之势，而这里的实业却"因受种种障碍，故未有何等发展"。② 农民仍需"看天吃饭"，一如《江村经济》中描述的那样，一旦收成不好，小康之家也可能一夜返贫。徐伯昕正是出自这样的普通农民家庭，他的祖父务农之余也曾贩卖丝绸织品补贴家用，但仍不得不卖掉一些田地维生，甚至背上了至死也未还清的债务。尽管如此，徐家仍然尽力培养子弟念书，耕读传家。徐伯昕的父亲徐辰，即是通过读书谋求了教师之职，后来又任职地方政界，参与开办地方实业，扭转了家境。

武进自近代转型之后，便一直是我国经济发展的前沿，20 世纪 80 年代，这里又成为"苏南模式"发源地之一。百年来，这里走出了包括徐伯昕在内的无数商业奇才，徐冈（徐伯昕长孙）先生说，常州有

---

① 奇声：《武进之农民生活》，《生活》1926 年 3 月 14 日第 1 卷第 21 期。
② 奇声：《武进之农民生活》，《生活》1926 年 3 月 14 日第 1 卷第 21 期。

作为的人身上都有一种共同特征，那就是"待人十分诚恳，办事十分细致"，伯昕先生有之，生活书店的人亦如此。笔者有感，徐伯昕执掌生活书店于激流险滩，与数百名出版工作者历经风霜，走进了 1949 年，都离不开他始终如一的诚恳、细致，以及广结善缘。可以说，"生活精神"乃至"三联精神"，其根系之一，即来自于武进的文化底蕴。

徐辰（1881—1967），字梦悟，又字元龙。史料记载，他早年曾求学于钱名山先生（1875—1944），当时钱名山一边准备科举考试，一边教学乡里，终于在 29 岁考中进士，曾授御林院编修，官至刑部主事，后因厌倦官场，1908 年请辞回乡，开馆授课，成立了名为"孝仁乡书会"的读书会，终成名满江南的"一代大儒"。钱名山是著名的书法家，徐辰也受到老师的熏染，擅长书法，每年过年都为乡邻写对联。徐伯昕自幼喜爱绘画和书法，与父亲家传不无关系。

徐伯昕出生这一年，恰逢张之洞、袁世凯上奏清廷废止科举，无数读书人的求学之路随之转向，徐辰也转入常州府中学堂附设的师范班（后为武进县立师范学校）就读。常州府中学堂是"废科举、兴学堂"浪潮中的地方翘楚，该校地处常州东门内玉梅桥护国寺旧址，自 1907 年开班纳学以来，师生英才云集。吕思勉、刘半农曾执教于此，钱穆、周有光、吕叔湘以及"常州三杰"之二瞿秋白、张太雷等名家先贤皆是此校的毕业生。

徐辰在成家之后选择师范班学习，大体也是考虑到可免除学费，并且一年即可毕业养家。[1] 徐辰毕业后回归乡里在私塾教书，依靠束脩

---

[1] 注：钱穆在《八十忆双亲·师友杂忆》回忆兄长钱挚（钱伟长之父，1889—1928）向师长解释为何选择常州府中学的师范班而不去深造时，答："考师范可省缴学费，又一年即毕业，可早谋职业，奉养寡母，扶掖两幼弟。"

艰难养家，农忙时也回家种田、栽桑、养蚕。1915年起，徐辰的事业开始起步，先后担任过遥观小学校长、定西乡议会议员、武进水利会干事、开浚长沟河采菱港工程主任、武进临时参议会参议员等职务。[1]

徐伯昕的母亲壮乐天[2]（？—1942），生于寻常商贾之家，她家在武进湖塘镇马杭桥南街经营一家红木嫁妆店铺。她的弟弟壮琛（1889—1963）亦是武进文化名人，他是废除科举后的清末"师范科举人"，回乡从教五十余年，是中国民主同盟组织成员，徐伯昕10岁时，曾跟随这位舅舅在马杭桥牛塘桥小学读书半年。[3]壮乐天读过一年书，识字，嫁至徐家后，栽桑养蚕，操持家务，并生养了七个孩子。长子和两个儿子先后夭折，剩下的四个孩子分别是徐伯昕、徐仲文、徐季谦（后名徐锡恩）和女儿徐朴贞（后名徐方）。壮乐天一生辛劳，却不幸在一次晒菜爬扶梯时跌成重伤，不治逝世。徐辰续娶了许碧澄（1916—2008），生下徐伯昕的小妹徐耦午（小澄）。许碧澄又名静华，是一个知识女性，她毕业于江苏省立女子蚕业学校，该校的前身为《申报》总经理史量才所办的私立上海女子蚕业学堂。婚后，夫妻二人与定西乡绅江上悟、蒋文祖、杨廷葆等人一同在湖塘西横街江氏宗祠内创办了"天生蚕种制造场"、"新华布厂"等实业，许碧澄担当技术指导工作。

随着徐辰事业的开拓，徐家后来的生活境况和社会地位不断提

---

[1]　陈吉龙、蔡康唯：《徐伯昕年谱》，载《新文化出版家徐伯昕》，中国文史出版社1994年版，第443页。

[2]　注："壮"作为汉族的一个姓氏，虽然不常见，但湖塘镇却有壮氏聚集的村庄，壮乐天的祖籍即为湖塘桥北堰壮家村（今属湖塘镇湾里社区）。

[3]　谢达山：《清末举人当代师范——省武高首任校长壮琛先生传略》，江苏省武进高级中学官方网站：http://www.wjsms.net/html/node340.html，2016年6月12日。

高，但徐伯昕的青少年时代，家计一直较为窘迫。因此，虽然他的父亲和舅舅都在当地从事教育工作，但徐伯昕却没能踏入大学的校门，而是去职业教育学校半工半读。待徐伯昕成年之后，父亲开拓实业，弟弟徐仲文在上海开办了小型文具厂，家境好转，才举家从乡镇迁居到县城，出租了部分房屋，并逐渐把祖上卖掉的农田赎回，但也没有大富大贵。中华人民共和国成立后，徐家被定为中农。①

1912 年，中华民国成立，8 岁的徐伯昕跟随父亲在私塾读了两年"四经"，父亲要求很严格，责罚也多，徐伯昕自幼养成的拘谨性格或许与此有关。1914 年，10 岁的徐伯昕遭遇到了家中的不幸，祖父、祖母先后去世，徐辰分得二亩田地，也分摊了父母留下的一些债务。这一年起，徐伯昕开始接受正规教育，他先在牛塘桥小学读书半年，当徐辰从乡镇到县城教书后，徐伯昕又转入父亲任校长的遥观小学就读。作为徐家最大的孩子，农忙和假期时，徐伯昕会回家帮家人种地耕田，做家务劳动。

民国时期的小学教育分为两等：初等小学校（4 年，为义务教育）和高等小学校（3 年）的教育。初等小学校开设的科目有修身、国文、算术、手工、图画、唱歌、体操等课程，高等小学校除了以上课程名称，还开设中国历史、地理、理科课程，女子加缝纫课，根据地方实情，男子加农业课、商业课或英语课。1917 年，修完初等小学课程的徐伯昕考入高等小学校——武进县第二国民学校（今觅渡桥小学），学校地处庙沿河巷，离瞿秋白的故居很近。瞿秋白也可以说是徐伯昕的学长，他是 1905 年至 1908 年在此就读初等小学，经过自修，1909

---

① 徐伯昕：亲笔所书《简历》，1969 年 1 月 7 日。

年跳级考入常州府中学堂。

第二国民学校的前身是当地乡绅于1841年创建的冠英义学，1905年改为两等小学，成为中国最早的新式小学之一。具有维新思想的校长庄鼎彝竭力推行新式教育，1906年派教务长徐寯赴日本考察学习，并聘请来一位日籍教员，教授博物学。在新式教育思想的推动下，学生在校可参与演说、歌咏、体育、外出旅行、春秋两季运动会等新式活动。学校设备完善，成绩卓著，不仅为武进之冠，更闻名于江苏省。

徐伯昕入学时，校长张沂"处理校务有方，颇有精神"，当时全校共有教职员24人，高等小学学生212人，还附设有乙种商业学校，[①]学生36人。[②]

1918年，由于军阀混战、盗贼猖獗，乡间只能加强团练以求自保，青壮年自然是团练的主力，十几岁的男孩子也都会参与其中，徐伯昕成了领头人。据他少年时的伙伴徐时中回忆，那时的徐伯昕戴着童子军帽，系着红领带，身穿草绿色上衣，下着黄色短裤，腰间紧扣牛皮带，长筒袜，黑跑鞋，手握军棍，口吹军笛，带领村民游行，大家拿着长枪单刀，跟他一起喊着"农民起来，保卫家乡"的口号。[③]小伙伴们的辫子，也是听了徐伯昕的劝，才剪掉的。妹妹8岁订婚，徐

---

① 注：民国初期的商业学校是以教授从事实业所需要的知识技能为目的的实业学校，分为甲乙两种。甲种与中等学校同等，四年毕业；乙种与高等小学堂同等，三年毕业。甲种以省立为原则，乙种以县立为原则。

② 陈吉龙、蔡康唯：《徐伯昕年谱》，载《新文化出版家徐伯昕》，中国文史出版社1994年版，第444页。

③ 徐时中：《回忆少年时的徐伯昕》，载《新文化出版家徐伯昕》，中国文史出版社1994年版，第439页。

伯昕表示反对，认为女孩子也应该读书。[①]这些有关他早年经历的片段，足以让人感受到，少年徐伯昕虽然行事拘谨，但其实颇有胆识，而且也有着身先士卒的精神和相当的组织能力。这一年，教育家黄炎培刚刚在上海创办了中华职业教育社，并在江苏省教育会召开了第一届年会，在会上举行了职业学校成绩展览，校长张沂有可能就是在这类年会上了解了中华职业教育学校，促成了徐伯昕赴上海读书的机缘。

1919 年夏天，徐伯昕毕业，很快，他迎来了一个离开水乡的契机。1920 年，武进县职业学校预备开设珐琅科和珐琅实习工场，因为看到珐琅制造业成为国内新兴的日用轻工业。于是，学校决定选送一人去上海学习珐琅制造。第二国民学校的张沂校长遂推荐了本校的学生徐伯昕。7 月，徐伯昕考入上海中华职业学校的珐琅科，半工半读。

二、热爱美术的珐琅专业委培生

徐伯昕走上职业学校之路，而非继续在学业上深造，大约有三方面原因。首先，从家境考虑，职校是最佳选择。20 世纪 20 年代的上海，有不少优秀的大学和中学，据 1921 年出版的《上海求学指南》记载，邹韬奋所毕业的圣约翰大学，本科一年的学费、膳宿费等要 224 元，[②]而中华职业学校工业科的学生则免收学费，住宿学校的学生

---

① 徐虹：《徐伯昕》，民进中央会史工作委员会内部资料，2015 年 7 月，第 4 页。
② 邹韬奋也是圣约翰大学富学生中的穷小子，依靠借债、稿费和家教修完学业。

仅需酌收 40 元膳宿费。① 更何况，徐伯昕是和武进职校约定好的"委培生"，在中华职业学校的求学费用由武进职校承担。这个阶段，徐家的经济状况仍然不佳，直到 1928 年，徐家的家境才有所好转，举家从农村搬到了湖塘桥镇上住。

其次，正如前文所述，民国时期的小学已经开设了图画课，徐伯昕展现出来的兴趣和天分，也为他日后在《生活》周刊设计广告、创作漫画奠定了最初的基础。图画设计是徐伯昕毕生的爱好。在他的遗物中，有一本厚厚的报刊速写剪贴集，其中剪贴的图片，大多是新中国成立后在《人民日报》上刊登的速写、漫画，从"学大寨"到"打倒四人帮"，精心粘贴成册。在他的遗物中，这也是少有的能体现个人兴趣的证物了。学习珐琅制作，少不了艺术绘画类的课程，这也是他爱好的。

第三，辛亥革命之后，江苏逐渐兴起"实用主义"教育改革之风，这股风潮的倡导者，恰恰就是当时江苏省教育司的司长、后来中华职业学校的创始人黄炎培。在他的倡导下，江苏的小学校开始附设职业教育，并形成了初、中、高等相配套的职业教育体系，"普通教育注重生计"，成为席卷江苏教育界的一股浪潮。徐伯昕的父亲、舅舅以及校长张沂，自然也是置身于这股教改风潮之中，认同、推动职业教育。因此，徐伯昕走上职业教育之路，既受到时代的影响，也有父辈师长的因素。

可以说，正是这股职业教育的风潮，为中国出版培育了一位出色的经营家，而非一位理论家或编辑家。徐伯昕即将就读的中华职业学

①　王寅清、柴芷湘合编：《上海求学指南》，上海天一书局 1921 年版。转引自施扣柱：《民国初期教育收费研究》，《史林》2003 年第 6 期。

校，创办于 1918 年，迄今已走过百年历史，堪称中国职业教育史上的一座里程碑。

这所学校是推行"职教救国"的"实验场"，更是民国初年思想救国和实业救国的交叉点，学校的灵魂人物，则是该校的创办人、卓越的教育家黄炎培（1878—1965）。黄炎培以主张"办职业学校的，须同时和一切教育界、职业界努力的沟通和联络；提倡职业教育的，同时须分一部分精神，参加全社会的运动"[①] 的思想而著称于近现代教育史，他以出色的教育理念、人格魅力和社会活动能力，为中华职业学校和实业界搭建了紧密的联系，才能源源不断地募集到资金，为学校生存发展奠定基础，以低廉的费用培育大量平民子弟，并为该校的毕业生开辟了通畅的就业渠道。从业务上，中华职业学校一直致力于"沟通教育与实际生活"，开办各种工场，聘请富有经验的技术人员担任教员。[②] 从思想上，与黄炎培志同道合的许多政治界、文化界、教育界的大知识分子们，如蔡元培、梁启超、李大钊、沈雁冰等文化精英，都曾到该校发表过演讲论说，这里，似乎成为先贤们探索实业救国、改造国民、开发"脑矿"（借用晏阳初语）、由理论到实践的一个出口。

由此，16 岁的徐伯昕来到大上海，在这所学校中收获的不仅是技术，还有视野和思想。

中华职业学校地处上海西南的陆家浜，1918 年 9 月开门招生。20 世纪 20 年代，是中国民族工业繁荣的第一个"黄金时期"，"职业

---

① 黄炎培：《提出大职业教育主义征求同志意见》，《教育与职业》1926 年第 1 期。

② 张宇：《民国初年中华职业学校遭遇挫折的原因探析》，《华东师范大学学报（教育科学版）》2006 年第 4 期。

教育"浪潮也应运而起，黄炎培则是这次浪潮的领袖和代表。在南洋公学就读期间，黄炎培就深受其老师蔡元培浓重的爱国主义和教育救国情怀的影响。1905年，他参加了同盟会，辛亥革命后担任过江苏教育司司长，有过丰富的办学实践经历，后辞职任《申报》记者期间，不仅赴国内多地考察教育，还曾去美国的25个城市考察了52所学校，了解学习职业学校的学科设置等情况。归国后，根据国内中学学生"毕业升学为三分之一，谋事而不得二分之一"的现状，怀抱"教育不与职业沟通，何怪百业之不进步"的思想，联络其老师蔡元培，还有梁启超、张謇、严修、沈恩孚、张元济等48位南北教育界、实业界知名人士，1917年5月6日，在"以港兴商，以商兴市"而迅速崛起的上海筹建了中华职业教育社，这是中国近代教育史上首家研究、倡导、实施职业教育的全国性教育团体。随后，在黄炎培的提议和推动下，中华职业教育社1918年创立了职业教育的实验场——中华职业学校。

学校在陆家浜南岸选址，是因为这里城市贫民特别多，而建校的目的之一，也是帮助周边居民培养子弟，提高就业率。在这里，学校租了一块七亩半的荒地，校长带人自建五间平房作为校舍，两间铁工场等作厂房，还有一块操场，创办了这所为工商业界培养中级技术、管理人才的全日制职业中学"中华职业学校"。

学校初期的办学费用，是黄炎培邀上海绅商好友共同发起募捐小组，寻求实业界的涓滴支持得来。据记载，1918年9月至10月，募得国币66785.50元，俄币22000元。①

---

① 马长林：《黄炎培与中华职业学校的兴衰》，《世纪》2014年11月。

　　中华职校根据周边居民的职业情况调查，首先设置了铁工、木工作为主要专业。当时，黄炎培与庞淞共同为商务印书馆编纂《中国商战失败史——中国四十年海关商务统计图表（1876—1915）》（1917 年）一书，从海关输出入统计资料中发现，纽扣、珐琅这两种舶来品的数量每年骤增，[1] 便想从两种产品出发，引导国货制造，于是又开办了纽扣和珐琅两科专业，其后又开设了商业、机械、石油等学科。这种倡导国货的思想，也体现在了徐伯昕后来在《生活》周刊的广告创意上。该校教学中采取半工半读、工读结合的学制。[2] 学校分为甲、乙两种教育，乙种学生大多是义务为周边的贫苦人家培养子弟，校方出于缓解失业压力的目的，对这批学生学费、膳费和住宿费用全免。

　　徐伯昕入学之初，度过了一段新鲜愉快的时光。既无衣食之忧，又有锻炼动手能力的化学实验、制图和工厂实习的机会，这都让他感觉到新鲜有趣。他喜爱画画，机械制图课和美术课的成绩很好，这为他从事出版后绘制插图、创作漫画奠定了专业基础。但学到中途，徐伯昕和中华职业学校就一同遭遇了难关。

　　中华职校创办后，培养平民学生有半公益的性质，但又没有公立学校的财政支持，而多个工场的创办经营，都颇为耗费财力精力，机械、木工、纽扣、珐琅各工场同时赔本。1922 年，经费亏损已达数万金之巨，不得已，纽扣工场停办，珐琅工场出赁。[3] 看着负债累累的学校，黄炎培焦灼得"昼不得食，夜不得眠"，危急关头，他再

---

①　马长林：《黄炎培与中华职业学校的兴衰》，《世纪》2014 年 11 月。

②　中华职业教育社官网：http://www.zhzjs.org/index.aspx。

③　张宇：《民国初年中华职业学校遭遇挫折的原因探析》，《华东师范大学学报（教育科学版）》2006 年第 4 期。

次凭借开阔的视野和社会网络关系，在上海金融界领袖宋汉章的协助下，通过发行 10 万元校债才闯过难关。大厦将倾，学生们自然也或多或少地感受到了压力。对于徐伯昕而言，难关则是学习费用突然断了来源——武进县职校因了解到珐琅工场的设备费用太大，考虑到自身财力不足，不再准备办这一专业了，与徐伯昕的约定就此停止。①

好在天无绝人之路，徐伯昕获得了到中华职教社所创办的中华珐琅厂美术部工作的机会，厂方除供膳宿外还能给一些零用钱，就这样勤工俭学，省吃俭用，竟还略有结余，寄回家供弟妹读书。

即便艰难困苦，中华职业学校从创校开始，就一直是民国时期职业学校效仿的楷模。一方面，它致力于传授学生尤其是贫困学生得以与时代接轨的"技能"；另一方面，它与同时期许多彪炳史册的大学堂一样，注入了教育家对培养现代公民的理念和心血。学校努力培养学生的德行和人格，使之成为合格的社会成员，同时，也力求摒除学生鄙视劳动的旧观念。为此，黄炎培从《礼记·学记》中选取了"敬业乐群"四字作为校训，以"双手万能"符号作为校徽，把"用我手用我脑，不单用我笔；要做，不单是要说"作为学生每日必唱的校歌。② 这些教育理念，深深镌刻在徐伯昕的人格之中。通观徐伯昕的出版生涯，无论是最初作为邹韬奋的助手，在"两个半人"的团队中兢兢业业工作，还是后来成为三联大家庭的总经理，为遍布全国的革命出版事业殚精竭虑，其"执事也忠，为人也诚"的精神是一以贯之的，而这种品格，与中华职校的校训校歌，似乎可以完美地互相注解。

---

① 马长林：《黄炎培与中华职业学校的兴衰》，《世纪》2014 年 11 月。

② 田正平：《黄炎培教育思想研究》，辽宁教育出版社 1995 年版，第 72 页。

就在徐伯昕专心工读的这三年中，上海乃至整个中国的政治环境正潜滋暗长、酝酿着巨变——中国共产党登上了历史的舞台。20世纪初各种思想、主义、专业从海外舶来，争奇竞秀，出版成为主要的载体，共产主义初期思想的传播，亦有赖于出版业的发展，尤其在上海这座近现代出版重镇之中。1920年8月，徐伯昕刚来上海，陈望道就翻译出版了《共产党宣言》的首个中文译本。9月，上海共产党早期组织将《新青年》改组为党的公开理论刊物。1921年7月，中国共产党宣告正式成立，随后，各地党组织开始将主要精力投入到发动工人运动上。1922年下半年，在共产党的领导下，全国工人运动开始形成第一次高潮，上海和武汉、广东、湖南等省市相继爆发航运、铁路、采矿等行业工人的罢工运动。①

1923年2月，京汉铁路工人举行大罢工，徐伯昕和他的同学们积极参加上海各界所举行的罢市、罢课等声援活动，在地处交通要道的老西门附近马路上结队阻拦电车行驶，遭到警察鞭打，被击伤了面部和腿部。②

在黄炎培等人的努力下，中华职校也渡过了最初的曲折发展期，规模不断扩大，到了19世纪30年代，在校学生已经达到1120人，教职工63人，③这种规模在当时的上海中等教育学校之中位居前列，华罗庚、顾准、秦怡等都成为徐伯昕其后的校友。

---

① 中共中央党史研究室：《中国共产党历史》（第一卷），中共党史出版社2011年第2版，第57—92页。

② 陈吉龙、蔡康唯：《徐伯昕年谱》，载《新文化出版家徐伯昕》，中国文史出版社1994年版，第445页。

③ 许晚成：《上海大中小学校调查录》，上海龙文书店1935年版。转引自常国良：《近代上海商业教育研究》，博士学位论文，华东师范大学2006年，第46—47页。

三、大上海的练习生

1923 年 7 月，徐伯昕学成毕业，被学校分配至天津普育机器厂的搪瓷部，被聘为美术（设计员）部主任。该厂在实业巨子周学熙（1866—1947）的企业集团旗下，周学熙曾任北洋政府财政总长、山东大学的首任校长，与上海的"状元企业家"张謇并称"南张北周"。能跨越南北，分配到该厂工作，自然是离不开黄炎培等一直为职校学生就业四方奔走、竭力联络。倘能入职这个庞大的企业集团，以徐伯昕的经营管理才干，或许中国就此会多一位实业家、资本家。

然而，徐伯昕未去天津，各种史料对此都是简要地解释说，由于患病在家，未能成行。但这场病患显然无甚大碍，他 8 月就痊愈了，回到了中华职业学校，在校内职工教育馆负责图书馆工作。校方能够收容这个没能"推销出去"的学生，也恰恰折射出青年徐伯昕勤勉能干、与人友善的一面——因为当年该校学生的就业情况已不太令人乐观，到 1925 年，就业难题已成为黄炎培等人最为头痛之事，究其原因，最大的问题还是岗位需求不足，社会尚未转型到工业时代。

这段短暂的图书馆员经历，在徐伯昕的思想上却镌刻了深深的印记。终其一生，他都特别热情于创建图书馆，推动读书之风。

11 月，图书馆由于经费问题减员，徐伯昕被调入中华职业教育社当练习生。这个以黄炎培为中心的职教社，在民国初年，聚集了一批有志于职教救国的民族资产阶级知识分子。该社致力于推动民族工业振兴，自然与民族资产阶级紧密相连。金融界的宋汉章、钱新之、陈光甫等，纺织界的聂云台、穆恕再和穆藕初兄弟、张謇等，以及《申报》的史量才，机械界的刘柏生和南洋华侨领袖陈嘉庚等商界卓越人物，都是职教社捐款的主力。他们也由此成为职教社的永久特别社员，能够参与职教社决策的制定。[①]新中国成立初期，黄炎培回忆，职教社历年征求得来的社员名卡，积有三万多，建立了理事会以行监理之职。职教社还设有研究部，专门研究职业教育的理论和方法，同时翻译出版，出版物前后统计有一百二十多种。[②]

徐伯昕先是做抄写等简单的文书工作，后来又在社里的调研、推广等部门任职。近两年的时间中，他有机会更为深入地了解上海的文化圈和商业圈，接触各色人等，为他日后从事出版事业拉广告、做发行、筹措资金积累了信息和人脉。

在这里，徐伯昕作为后生晚辈，因其出色的办事能力，走进了职教社"大人物"们的视野，并和他们建立了最初的情谊。在徐伯昕1969年所写的《历史片段回忆》中，他回忆在职教社工作期间，曾请黄炎培、江恒源（1885—1961，职业教育家，曾任中华职业教育社副理事长，中华职业学校校长）写了对联裱挂在老家的堂屋里，此后他的出版事业，与黄炎培、职教社仍多有交汇。例如，1945年，黄炎培委托徐伯昕翻印了遭到当局查禁的《延安归来》一书，竟然引发起一场轰轰烈烈的"拒检运动"，迫使国民党从当年10月1日起停止

---

① 陈梦越、楼世洲：《公共领域：民国民间教育团体的生存样态——以中华职业教育社为个案解读》，《职教论坛》2015年5月第25期。

② 黄炎培：《中华职业教育社奋斗三十二年发现的新生命》，《人民日报》1949年10月15日第5版。

了新闻检查和书刊检查。①

1924 年 8 月，徐伯昕回乡成亲，迎娶了当地的普通农家姑娘周雨青（1907—1991）为妻，夫妻二人共育有三男二女，长子徐心斋（现名徐星钊，1925 年生），次子徐慎斋（后名徐敏，1928—2005），长女徐德全（现名徐前，1931 年生），次女徐德芳（现名徐放，1933 年生），还有一个小儿子徐韫斋（1935 年生），可惜 5 岁就夭折了。

1925 年上半年，职教社派遣徐伯昕临时调至南京江苏省教育实业联合会工作，半年后返回上海。

1925 年 8、9 月，在黄炎培主持的一次职教社社务会议上，大家决定创办一份周刊，作为本社的机关刊物，以刊载宣传职业教育及职业指导的消息和简短言论，赠送给职教社的社员。②"世界一切问题的中心，是人类；人类一切问题的中心，是生活。"③ 这份周刊最初定名为《生活之路》，为了方便，创刊时定为《生活》。刊物的名字由职教社的领导之一杨卫玉（1888—1956）所起，杨也兼任了社长之职，主笔大家公推了刚从美国回国不久的王志莘（1896—1957），年轻的徐伯昕兼职负责出版、发行和广告工作，职教社的工作也仍做着。"从此，（我）就逐渐走上了进步出版工作的道路。"④

年仅 21 岁的徐伯昕，当然还没有意识到，他已经开始走向缔造中国著名的出版机构——生活·读书·新知三联书店的道路。

---

① 刘宜庆：《黄炎培的〈延安归来〉出版前后》，《中华读书报》2013 年 4 月 24 日第 14 版。

② 职教社已有一份月刊《教育与职业》，每月一次，时间间隔较久，比较适合发表理论或长篇通讯。

③ 抱一：《创刊词》，《生活》1925 年 10 月 11 日第 1 卷第 1 期。

④ 徐伯昕遗物手写稿《历史回忆片段》，1969 年 1 月。

四、中华职业教育社与《生活》周刊的管家

中华职业教育社，是《生活》周刊的摇篮。这里不仅培养和锻炼了年轻的徐伯昕，也为徐伯昕的导师和黄金搭档——邹韬奋提供了走向出版事业的平台。

1921年，27岁的邹韬奋从圣约翰大学毕业，获得了文学学士学位。因为家道中落，邹韬奋的大学读得"风雨飘摇"、捉襟见肘。稿费、做家教教英文成为生活来源之一。毕业时，他已经在上海的报刊上发表了大量言论。他希望投身新闻界，但一直没有合适的机会。

1922年5月，邹韬奋"大着胆子"给黄炎培写了一封信求职，黄炎培考察后邀请他担任了职教社编辑股的主任一职，但职教社当时经费不宽裕，只能邀请他每日工作半天，月薪六十元。这期间，邹韬奋在《教育与职业》上发表了多篇文章，编译了"半打以上的丛书"，这些书籍大都由商务印书馆出版，同时，他也为职教社做了一些事务性工作。很快，邹韬奋就成为中华职教社的骨干力量，他多次与黄炎培共同参加演讲、讲座、研讨会等文化学术活动，甚至与黄炎培共进午餐。在这里，邹韬奋与叶复琼结婚，但彩云易散，隔年叶复琼即不幸病逝，黄炎培亲自撰写了《叶夫人传》。后来，也是因为职教社的参观考察活动，邹韬奋结识了他此后的终身伴侣——沈粹缜女士。①

1922年8月，邹韬奋接受中华职业学校校长顾荫亭的聘请，兼任英文教务主任，于次年3月开学后教授英文课。徐伯昕在学期间是

---

① 邹嘉骊编著：《邹韬奋年谱长编》（上册），上海交通大学出版社2015年10月版，第44—71页。

否与这位邹老师有过接触，不得而知，但二人确实也算有师生名分。《生活》周刊创刊后，邹韬奋自第 1 卷第 2 期开始为之撰写文章，直到 1926 年 10 月，接任了主编之职，从那时起，邹韬奋真正成为了徐伯昕人生和事业的导师。他们同舟共济 19 年，在邹韬奋去世后，徐伯昕继续以心血维持他们共同的事业，一直到四十年后，在人生的最后时光，他仍然深深地怀念着邹韬奋。

中华职教社，是徐伯昕和邹韬奋完成了成家、生子的人生大事后，开始"立业"的地方。在这里，他们所参加的社会活动，所接触的社内外各界人士和组织，对青年和劳工的认识，都为后来从事出版工作奠定了基础。

中华职教社，也是《生活》周刊的"母体"。创刊初期，职教社为《生活》提供了理念、内容资源和发行渠道，黄炎培所领导下的职教社，其网络关系延伸到民国的政治界、实业界和教育界，《生活》周刊最初的社会关系网络，是"镶嵌"在职教社的这张大网络之上的。恰恰是这张网络，为徐伯昕尽快打开周刊广告和发行的局面提供了方便。徐伯昕不断扩展这个关系网络，在国统区的"激流险滩"上，帮助邹韬奋和进步出版事业屡屡化危为安，为共产主义思想的传播开辟了道路。

限于史料，本书无法细致勾勒徐伯昕在中华职教社中的经历，只能从职教社的工作内容，来描述徐伯昕职场成长的最初轨迹。在此，简单地对比一下邹韬奋和徐伯昕在职教社中地位和作用的不同，可更好地了解二人在《生活》周刊中的角色配合。

邹韬奋比徐伯昕早一年进入职教社，年长徐伯昕十岁，其文章情真意切、倚马可待，其性格幽默风趣、爱憎分明，这些禀赋都为他赢得了职教社领导阶层的器重，赢得了社会声誉，帮他迅速开启了事业的黄金时期。徐伯昕，这个二十出头的后生，勤勉质朴，性格拘谨，不擅文笔但肯于埋头苦干，虽能在职教社里安身立命，但仍然是普通一员的角色。当然，以他的才干，兢兢业业干下去，也很可能在其他领域中获得成就——中华职教社是一个不论出身的地方，比如，与邹韬奋年龄相近的王志莘，也是寒门子弟，早年丧父，中学毕业后当过小学教员，又到新加坡当报馆编辑，也曾经营过橡胶种植园，因陪同黄炎培多次在南洋考察而得到赞赏，回国后得以一边在职教社工作，一边在上海商科大学读书，又经黄炎培推荐获富商资助，到美国哥伦比亚大学读银行学，最终成为当代知名的金融家。① 徐伯昕能够充分发挥潜在的才能，成长为中国革命出版史上不可多得的经营型出版家，他的成长，离不开《生活》周刊，离不开邹韬奋，自然也离不开中华职教社这一段岁月的哺育和熏陶。

本章所涉及的内容，是徐伯昕从事出版行业之"序曲"。详细分析徐伯昕的家庭与教育情况，有助于我们了解一个江苏乡下的农家子弟，是如何在教育改革的大背景下，获得了到上海接受职业教育的机会，学习了从事出版经营行业所必备的基础技能，比如绘图技术，以及对实业的了解。中华职业教育社，是徐伯昕从练习生走向出版人的一座桥梁，职教社的"朋友圈"，帮助徐伯昕建立了最初的"关系网络"和信息地图，为他从事出版的广告、发行工作提供了渠道，也为他后来成为生活书店的"舵手"奠定了基础。

---

① 文舟：《平民银行家王志莘》，上海民主官方网站 http://www.mjshsw.org.cn/；2012年2月7日。

第二章
广告天才：《生活》周刊的岁月

　　《生活》周刊问世之时，上海已崛起为中国最大的都市，这里不仅是民国的金融中心、商业中心和工业中心，更是出版业的中心。

　　外国人、资本家、手工业者、工人、知识分子、青年学生……无数人怀揣着梦想来到上海，一个崭新的市民社会正在兴起，容纳了为数甚众、品味多元的读书看报群体。租界的建立和发展，客观上促进了印刷技术的革新、出版思想内容的活跃。《申报》、《新闻报》、《东方杂志》、《良友》、《中华教育界》、《新青年》等创刊于上海的著名报刊，已经成为民国时期上海的文化符号。从出版业看，从清末到民国，这个东方都市次第矗立起三大出版巨头：商务印书馆、中华书局和世界书局，甚至第

四、第五大出版机构，都在上海，此外，还有如开明书店、亚东图书馆和泰东图书馆等近代知名出版机构。1920—1935年，上海市书业同业公会会员登录的出版机构有81家，其中资本在100万以上的有2家（商务和中华），资本在50万—100万的有1家（世界书局），资本在10万—50万的有六家，每年还有许多来不及登记就旋生旋灭的小出版机构，①数之不尽的文化名人和知识分子参与了出版工作，无数的译著、原创得以名留青史，共同建构了上海独特的印刷出版文化。

1926年，在"辣斐德路的一个小小的过街楼"《生活》周刊狭小的办公室里，徐伯昕和邹韬奋、孙梦旦一起，常常工作到半夜，"干得兴会淋漓"，②一直到1933年周刊被查禁。徐伯昕全身心地投入这个事业，达九年之久。期间，徐伯昕的主要工作是总务、发行与广告，他的辛勤工作，为《生活》周刊从一个默默无闻的小刊物，成长为创上海最高发行量的舆论重镇，奠定了必不可缺的经济基础，使《生活》周刊由经济独立而支撑了精神独立。

一、"两个半人"团队中的成长

《生活》周刊创立地址是在上海法租界陶尔斐斯路（现南昌路东段）48弄弄口。1925年10月11日至1926年10月14日，王志莘任《生活》的主笔，共出版了52期。目前，关于《生活》第一年的研究文

---

① 王余光、吴永贵：《中国出版通史·民国卷》，中国书籍出版社2008年版，第25页。
② 生活·读书·新知三联书店编：《韬奋：韬奋画传·经历·患难余生记》，生活·读书·新知三联书店2012年版，第189页。

章甚少，研究者们更多关注的是邹韬奋接任主笔之后的《生活》。然而梳理一下《生活》周刊第一年的面貌、内容和特点，有助于我们理解徐伯昕初入出版的工作环境、工作对象及工作成长。

这一时期的《生活》周刊，是四开一张的小型刊物，每逢周六发行，售价每份三分五，全年共 50 期邮费一元五角，国外四元。创刊初期只印八九百份，最多印到两千多份，主要用于赠送给中华职业教育社社员和教育机关。① 每期文章少则五六篇，多则八九篇。主要撰稿人是与职教社关系密切的教育界人士，如俞子夷、丁瓒等，还有邹韬奋等职教社里的同人轮流帮着作文章。总体而言，编辑、发行的工作量都不大，也没有刊登广告，王志莘兼职主笔的薪水不过每月 40 元。在这样的内刊兼职，徐伯昕没有遇到什么职业挑战。

民国时期，上海经济界对王志莘的评价是"精攻经济，熟谙商情，事业心极重，绝鲜浮嚣习气，待人端谨大方，处事公道细密"②。徐伯昕能与这位未来的金融家共事，在经营之道和为人处世上，多少会受些教益。

从版面看，《生活》头版往往是关于国家政治经济形势的简短言论，其他版面有知识技能介绍、实地采访、商业或人口信息汇总、社会调查，也有一些围绕现实生活的小说诗歌创作。

从内容看，这 52 期周刊，主要围绕工商业的现实情况，普通劳动者及刚刚步入社会的青年的工作生活情况进行编写。主要角度是批

① 陈吉龙、蔡康唯：《徐伯昕年谱》，载《新文化出版家徐伯昕》，中国文史出版社1994 年版，第 446 页。

② 文舟：《平民银行家王志莘》，上海民主官方网站 http://www.mjshsw.org.cn/；2012年 2 月 7 日。

评时局，反映社会不公，展现下层居民的清贫生活、艰辛劳作、困惑痛苦，兼具少量的风土人情，采访和调查的人物包括各地的农民、理发店学徒、女佣、泥水匠、卖报童子、纺织工、木工、黄包车夫、采珠人、乞僧、难民、长途挑夫……一篇篇文章如同显微镜一般，展示着最为平凡和卑微的生活，绘制了一幅民国时期底层人民的谋生百态图，相当"接地气"，体现了知识分子对民间疾苦的真切同情，对国家贫弱的深深焦灼，整体格调悲凄苦涩。

《生活》周刊与其"母体"中华职教社的理念是一脉相承的，那就是理解普罗大众的困难生活，了解悲苦背后的社会问题。虽然民国时期不少报刊都经常涉及贫民生活，但这份刊物体察之细微，描述之生动，关切之专注，却是少有的，许多篇章在九十年后读之，仍让人叹息动容。出身于贫寒之家的徐伯昕，面对《生活》所展示的这个悲惨世界，他的同情应该是更切肤、更感同身受，或许，他心中的疑问也更深更重了——为什么，怎么办？

客观来说，在这种风格的刊物工作，应该是沉郁的、焦虑的，即使兢兢业业，也很难"兴会淋漓"，直到一年后，邹韬奋的到来，才改变了《生活》，也改变了徐伯昕。

1926 年 10 月，王志莘离职去银行担任储蓄部主任，但之后他仍为《生活》周刊撰写稿子，并保持着密切良好的联系，甚至在后来成为徐伯昕"调头寸"（头寸，Position，是一个金融术语，调头寸是指调进款项）有求必应的主要对象，[1] 为后来的生活书店多次提供了贷款等经济帮助，也是徐伯昕多次与之商计探讨渡过经济困境的"业界

---

[1] 邵公文：《徐伯昕同志与生活书店》，载《怀念出版家徐伯昕》，书海出版社 1988 年版，第 79 页。

专家"。在黄炎培的推荐下，邹韬奋接任《生活》周刊主编，徐伯昕仍然承担着印刷、发行、广告、总务等工作，孙梦旦兼任会计，可谓是"两个半人"承担了这个期刊社的全部工作。

二、过街小楼的深夜灯光

邹韬奋接手的第一期，题目和内容中就多次出现"改良"和"希望"等词汇，整个刊物的精神为之一振。随后几期，这种精神更为热烈明确，邹韬奋力求建立作者和读者之间"无形的团结"、"精神的交通"，实现"济济一堂"的"热闹有趣"，并且希望在"这个团体"中的同志，"都应披肝沥胆，互助互励，极力脱离烦闷失败而趋向愉快成功的生活"①——显然，这种振奋人心、努力寻求出路的风格，相较以前更容易获得青年人的欢迎，也自然会让同是青年的徐伯昕感受到工作上的更多乐趣。

邹韬奋接手后，周刊的办公地址改为辣斐德路（今上海复兴中路），这条路是法租界里的一条东西干道，沿路有法国公园（今复兴公园）、逸园跑狗场（今文化广场），西段多花园洋房和公寓，东段多石库门里弄。史良、何香凝、刘海粟都曾寓居于此。

《生活》周刊设在442号的一个小小过街楼里。过街楼是上海弄堂的一种独特建筑，一般建在弄堂口（也有少数设在弄内）的上部空间，好似悬于空中，虽然居住条件比许多作家们曾蜗居过的亭子间略

---

① 邹韬奋：《〈精神上的联合〉附言》，《生活》1926年11月12日第2卷第5期。

好一点，但也属于租金低廉的一类户型。屋里排了三张办公桌，已觉满满——这个小小的空间，就是《生活》周刊的编辑部，当然也是广告部、总务部、发行部和会议厅。

办公条件艰苦，薪水也不高，但也够在上海维持生活的了，徐伯昕每月薪水二十几元，邹韬奋是六十元，孙梦旦的兼职工资是几块钱。20世纪20年代的上海，印刷、造船、机器、丝织等行业的成熟技术工人，或者一般公司里的普通职员、店员，月薪也是二十几元。

徐伯昕不是最年轻的"员工"，孙梦旦（1910—1939）比他还小5岁。31岁，21岁，16岁，这真是一个年轻的期刊社，是一个年轻的导师，带了两个学生，而孙梦旦恰恰也是中华职业学校毕业的，算是徐伯昕的小学弟。

在这个小小团队中，工作氛围又是怎样的呢？邹韬奋曾以饱含深情的语句，写下了名为《一个小小的过街楼》的文章，笔者摘取其中最为有名的一段，以观这一段动人的岁月：

"我永远不能忘记在那个小小的过街楼里，在几盏悬挂在办公桌上的电灯光下面，和徐、孙两先生共同工作到午夜的景象。在那样静寂的夜里，就好像全世界上只有着我们这三个人，但同时念到我们的精神是和无数万的读者联系着，又好像我们夹在无数万的好友丛中工作着！我们在办公的时候，也往往就是会议的时候，各人有什么新的意思，立刻就提出，就讨论，就决议，就实行。"①

从这一段文字中，我们看到了一个充满热情、充满活力、充满民主气氛的"创业小团队"，《生活》周刊的出版工作"引起了我（邹

---

① 生活·读书·新知三联书店编：《韬奋：韬奋画传·经历·患难余生记》，生活·读书·新知三联书店2012年版，第189—190页。

韬奋）的兴会淋漓的精神，使我自动地用着全副的精神，不知疲倦地干着"，导师邹韬奋的人格魅力和工作激情感染了两个"学生"，徐伯昕"也开始了他对于本刊事业的兴趣"，和邹韬奋"一样地用全副精神努力于本刊的事业"。[①] 这个时期，徐伯昕不仅要为周刊的出版、发行和广告尽心竭力，还要做不少体力劳动，比如期刊发刊前繁重的封包工作，有时候实在忙不过来，还要请"光杆编辑"邹韬奋挽起袖子帮忙，[②] 这种同甘共苦、不分彼此的共事方式，一直持续到韬奋离去。

作为《生活》周刊的精神核心，邹韬奋的人格魅力既来自于他深刻独到的见地、光芒四射的思想，又来自于他孩童般的率直、热情和善恶分明，才使得这份小小的刊物迅速走进了无数青年的心灵，而徐伯昕和孙梦旦，则是距离这束光最近的青年，他们得以启蒙，终生追随，以一种献身的精神为这个出版事业奋斗不息。

徐伯昕唯一的小同事孙梦旦，也同样是个单纯而热情的青年，或是说少年更准确一些。他出身于浙江上虞的一个地主家庭，家有百亩良田，却能自食其力。1926 年，他在中华职校商科毕业之后，即入职中华职教社担任会计。他是邹韬奋的学生，为了追随老师，他自告奋勇到《生活》周刊兼职，后来逐渐投入了全部精力，成为专任会计，并兼发行工作。他一直是徐伯昕的好搭档，后来也成为生活书店的主要负责人之一，脚踏实地地埋头苦干。虽然最初只拿几块钱，他仍然和邹、徐一起工作到半夜。可惜的是，1937 年上海沦陷时，他就已染上了肺结核，但仍然坚持工作，累到吐血，1939 年就英年早

---

① 生活·读书·新知三联书店编：《韬奋：韬奋画传·经历·患难余生记》，生活·读书·新知三联书店 2012 年版，第 188 页。

② 邹韬奋：《艰难缔造中的〈生活日报〉》，《生活》1932 年 4 月 23 日第 7 卷第 16 期。

逝了，年仅28岁。①徐伯昕早在1935年染上了肺结核，好在挺了过去。在翻看生活、读书、新知三家书店的历史中，人们可以发现，肺病等疾病，和战火、监狱是书店同人们所面临的三种主要灾难，先后夺走了数十位青年出版工作者的生命。

时光再回到辣斐德路的过街楼里，青年的徐伯昕，不仅热情、苦干，亦已展现出出版经营的天赋。邹韬奋曾这样夸赞他："徐先生是偏重营业和广告的事情，虽则他在总务方面也很重要。在编辑方面他常用'吟秋'的笔名作些漫画凑凑热闹，因为他不但在营业和广告方面富有创造的天才，而且也对于美术具有深切的兴趣。"②徐伯昕的优长，与邹韬奋在文笔方面的"深切的兴趣"和"创造的天才"正好互补，缺一不可，否则，邹韬奋也就不能够聚精会神地编辑、著述和看校样了。

1926年10月24日，邹韬奋主编的《生活》第2卷第1期出版，当时每期发行2800份左右，仍然是赠送的居多。当期周刊的内容与形式就开始改变，一是注重"短小精悍的评论"和"有趣味有价值"的材料，二是开设了"读者信箱"专栏，倾听读者的意见和要求。编者和作者通过意见交流，能够获得更多"新智识，新思想，新潮流"，因此很快就成为最受读者欢迎的特色栏目。针对社会上的弊病，此时的《生活》采取了简单、直接、一针见血的批评；而对于读者来信中的求助和疑惑，《生活》尽力帮助和解答。

---

① 《生活、读书、新知与三联书店烈士及牺牲、殉职人员名单（部分）（1936—1952）》，载仲江、吉晓蓉主编：《爱书的前辈们——老三联后人回忆录》，生活·读书·新知三联书店2015年版，第479页。

② 生活·读书·新知三联书店编：《韬奋：韬奋画传·经历·患难余生记》，生活·读书·新知三联书店2012年版，第189—190页。

简单对比一下王、邹两位主笔的《生活》周刊风格：前者在于"描述"、"记录"、"发现"社会问题；后者则立足于社会改造，立足于大众需求，致力"正视问题、剖析问题，解决问题"。在这样的办刊风格之中，徐伯昕也在不断积极、主动地寻求答案和意义，关于人生的目的，关于生活的方向，关于中国的未来。1931年的九一八事变，1938年在重庆与周恩来的会面，以及1944年邹韬奋的去世，都让他一步步地将自己的出版事业与革命联系在了一起。

三、营建最初的经营发行网络

在报刊如林的上海，《生活》周刊能够迅速崛起，其发行量甚至赶超了《申报》，后人总结出很多原因，其中自然离不开徐伯昕的苦心经营。从发展之初看，《生活》周刊很快展现出了一种与众不同的特性，从而成为上海滩的"新媒介"。

从编辑方针看，《生活》展现出注重与读者互动的鲜明特征，这为徐伯昕开拓发行网络奠定了基础。这种特征尤其体现在"读者信箱"这个栏目上。虽然我国近代报刊自晚清《时务报》开始，就已能成熟运用"读者来信"这种模式增强互动，激发读者积极性，但无论是早先的《时务报》、《中外日报》，还是后来的《新青年》，其"通信"栏目主要还是为官员士人、知识分子、名校师生所设计的，意在与有话语权、有思想力的人对话；《生活》的"读者信箱"门槛低了很多，文字力求浅显，让"商店的伙计和一般小学生学徒工"都能看得懂，问答的设计、来信的选择也注重社会普遍意义。这大大激发了有识字能力的社会中下层人群的阅读欲望、求知意识。相对于其他报刊，《生活》确实是大众性和交流互动性更强的"新媒介"，为徐伯昕迅速打开发行局面、大幅提升订量奠定了基础。

一个小插曲，可以让我们一窥这份刊物如何填补了大人物之外的社会阅读空白。1927年第3卷第3期的《读者信箱》发表了一篇署名为"老安"的读者来信，标题为《王云五先生家里的劳动者!》

主笔先生:

我是商务印书馆编译所王云五先生家内的劳动者，于无意中见他从编译所带回一大丛杂志，其中有一张短小精悍的报纸，叫作《生活》，我捧读之下，拍案佩服，实是我现在于悲观生活中，得一光明灯，可谓绝望者的解忧散，得胃炎人的开胃良药。现在所要同先生说的，是王云五先生没工夫读这种好作品，这种宝贵的东西，因此也难得他的宣传，应请主笔先生下期改寄他的公馆内，可以不可以? 若有疑难之处，请寄回音，以便寄洋订阅。专此并祝，撰安。

编者在来信后附了回信，说有人告之老安先生是王云五先生的"车夫"，有人说是"厨子"，有人说是"二爷"（旧时对仆役的称呼），同时又解释说《生活》周刊得到过王云五的"面赞"，因此说他没空看是冤枉了他，并答应改寄王云五公馆，并请老安先生看过后务必再交给王云五先生。

这封来信及回复相当有趣，并耐人回味。王云五早在1921年就已成为商务印书馆编译所的所长，组织编译了一批中外古籍名著丛书，不仅是出版界有影响力的人物，还因为发明了四角号码检字法、编出《王云五大词典》而有了一定的学术和社会声誉。知名出版家身边的劳动者老安，自然比一般劳动者更具有阅读资源和阅读鉴赏能力，却在一堆杂志中独独挑出《生活》周刊而大加赞赏，并且似以此解胸中郁郁之气。其他读者也来信表示，"只觉《生活》痛快，吾欲说的，都替我说出，只觉非读不可。"① 可见这份周刊在劳动者眼中的独特之魅力。

当《生活》周刊发行量破十五万份之后，女作家苏雪林将此情况告诉胡适，胡适的第一反应却是不相信，认为每期不过二万份的说法才是事实。② 的确，《生活》周刊若论思想性、学术性、时事性、时尚性，自然不及报刊史上声名赫赫的《新青年》、《学衡》、《申报》、《大公报》、《京报》、《良友》等，但它的价值是特殊的、不可替代的。它极力避免"佶屈聱牙的贵族式文字"，采用"明显畅快的平民式文字"，③ 因此它的读者不是大知识分子、大企业家，但它吸引、激发了一个新阶层的阅读需求，这个阶层是随着中国社会转型而形成的，他们靠技术或劳动吃饭，是各行各业的普通工作者，有中小企业家、经理、技术人员、中小学教员……或者可以说是"白领"；有体力劳动者，比如普通工人、用人、学徒等；有普通市民，家庭妇女；当然还有向往

---

① 生活书店史稿编辑委员会编：《生活书店史稿》，生活·读书·新知三联书店 2007 年版，第 12 页。

② 生活·读书·新知三联书店编：《韬奋：韬奋画传·经历·患难余生记》，生活·读书·新知三联书店 2012 年版，第 303 页。

③ 生活书店史稿编辑委员会编：《生活书店史稿》，生活·读书·新知三联书店 2007 年版，第 10 页。

自由、追求平等和正义的青年学生。这些新的读者群体，恰恰是同时期其他报刊还没有重视起来的。由此而言，徐伯昕面对这一新读者群体开辟广告事业、建立发行网络，是一种创新的摸索和开拓，一个二十多岁的年轻人，以其越来越出色的经营才能、严谨细致的工作态度，为这份刊物与需要它的读者之间构建起了通畅发达的信息传播网。

《读者信箱》也是徐伯昕拓宽社会关系网络的有效平台。通过这个窗口，他可以随时体察读者的多元需求，以改进发行策略，创新推广模式。一些有过通信往来的读者，甚至成为徐伯昕的广告客户。

徐伯昕出版事业的社会网络，一方面，随着时间的发展不断有新联结、新拓展；另一方面，与旧相识、老朋友之间的关系，也随着时间发展越来越紧密、坚韧，这与徐伯昕重情义、不计较、为人质朴的性情相关，与他低调诚恳、广结善缘的处世态度相关。他为《生活》周刊的事业创造、积累、储备了"无量的同情和友谊"。[①]徐伯昕与职教社诸领导之间的关系也得益于他的这种性情和处世态度。

如前文所说，《生活》周刊社会网络最初的基础来自于中华职业教育社，创刊后，黄炎培、杨卫玉等领导者对周刊内容的创作、发行和广告局面的打开仍然是倾注心血的，在《黄炎培日记》中，经常可以看到黄炎培约邹韬奋等人一起吃饭、会谈、考察并书信来往等。黄炎培的日记中出现徐伯昕的名字，则在1927年之后，此后频率越来

---

① 韬奋纪念馆、北京印刷学院编：《店务通讯》（排印本），学林出版社2007年版，第1213页。

越高，关系也越来越亲密。最早可见 1927 年 5 月 19 日，这一天，黄炎培记录了几十位友人的名字，前数第六位是"恩润"（邹韬奋），从后数第六位是"伯昕"。[①]9 月 29 日，黄炎培又记下了一件有关《生活》周刊的事情："片讯恩润、伯昕，为方、敬订《生活》，价及邮费待算缴。"[②] 这种关系在周刊脱离职教社后仍然保持，徐和黄，不仅私人关系良好，并且仍然一块为生活书店的工作长谈，一起找实业家商谈广告之事。

此外，徐伯昕还与邹韬奋一同努力通过《生活》周刊自身的言论平台和社交活动拓展社会网络，增加社会影响力。比如，《生活》周刊经常会刊发一些知名人士的传记，其中有不少是新闻出版行业中人，其中就有王云五。1927 年第 3 卷第 26、27、28 期，专门连载了《发明四角检字法的王云五先生》（上、中、下）。再联系上文所提的"老安"来信及回复，可以看到，《生活》周刊此时的人脉网络和发行工作已进入上海的主流出版圈，并引发了一些涟漪。

读者来信中有不少像老安这样，对《生活》周刊的发行工作提出各种要求、建议，编辑部尽心答复，徐伯昕以行动尽力满足需求，信来自国内国外的都有，这不仅让邹韬奋昼夜忙于读信、回信，也给徐伯昕增加了发行和总务工作的复杂和辛劳，只不过这些辛劳是"隐形"的。

这种"两个半人"的格局支撑了一年有余，直到 1928 年才有改

---

① 黄炎培著，中国社会科学院近代史研究所整理：《黄炎培日记》（第 2 卷），华文出版社 2008 年版，第 303 页。

② 黄炎培著，中国社会科学院近代史研究所整理：《黄炎培日记》（第 2 卷），华文出版社 2008 年版，第 19 页。

观。10 月，在杨卫玉介绍下，一位女职员黄宝珣（1906—1996）[①] 加入，每月薪水 18 元，食宿自理，担任文书工作，分担了"光杆编辑"邹韬奋的一部分辛劳。徐伯昕的总管工作，人手也有增加。11 月，来了一位练习生陈凤芳（陈其襄）（1914—1996），虽然此时只是个十三四岁"矮胖胖怪结实"的小弟弟，但后来却成为徐伯昕手下的一员大将，成为在"生活"中成长起来的出版干部典型代表。多年后韬奋去世，徐伯昕在上海化名赵锡庆进行地下革命工作，复建生活书店，陈成为他的得力助手。陈其襄能到生活书店，介绍人是他的叔父——一位常常为《生活》送信的邮差，也是《生活》的忠实读者。

五个工作人员，再加上职教社的两个兼职社工，继续在辣斐德路的过街小楼上"挤挤"一堂。

四、漫画、插图的创作

中国报刊的漫画插图创作，始于清末，20 世纪 30 年代出现了漫画创作的第一个高峰期，涌现出一批漫画家。其中，漫画家沈泊尘及其兄弟 1918 年在上海创办的漫画专刊《上海泼克》月刊，是我国第一份漫画期刊。徐伯昕也为《生活》周刊创作了多幅"免费"漫画和插图，这是他出版事业的组成部分。徐伯昕没有跻身漫画家的行列，但分析这些漫画和插图，有助于我们理解徐伯昕对《生活》这份刊物

---

① 黄宝珣毕业于苏州女职校，加入《生活》周刊后，担任邹韬奋秘书 14 年。1942 年，黄女士在上海独自创办耕耘出版社，出版过不少左翼书籍，如吕振羽《中国社会史诸问题》、胡绳《思想方法和读书方法》、许涤新《经济论衡》等。

的内容及编辑理念的认同和内化。

《生活》周刊一开始的经费非常紧张，没条件邀请专业人士配图，热爱美术的徐伯昕便尝试着亲自画插图，用邹韬奋的话来说，就是"在编辑方面他常用'吟秋'的笔名作些漫画凑凑热闹"①。1927年3月13日，他在《生活》周刊第2卷第19期上发表了署名为"伯昕"的第一幅漫画:《"早咧"——交际场中之时髦者》，批评社会不良风气。牛刀小试，徐伯昕找到了乐趣和勇气，此后陆续创作出多幅漫画，选介如下。

3月27日，第2卷第21期，徐伯昕为邹韬奋的《本刊与民众、本刊动机的重要说明》一文绘制了一幅讽刺漫画:一个瘦弱的小孩正满头大汗地在拉黄包车，车上坐着一个肥胖的富人，正大叫"快些!"

4月17日，第2卷第24期，徐伯昕发表了一幅题为《努力!》的独立插图，描绘了一个青年手拿标有"打倒"的扫把，把"军阀"、"贪官"、"污吏"等标签统统扫出地球。

4月24日，第2卷第25期，为邹韬奋的文章《有效率的乐观主义》作了题为"希望"的插图。

7月，《生活》连载了题为《从医学上观察日本人的现代生活》的文章，作者是东京帝国大学的在读医学博士殷木强，该文以对比的视角，介绍了日本居民在衣食住行方面值得我国民众学习的优长，徐伯昕为之一连创作了四幅讽刺漫画，配合该文展示国内的一些陋俗，分别为:《大吃而特吃》(署名"伯昕")——这幅漫画讽刺了宴席上劝人多吃、暴饮暴食的陋俗;《大臭而特臭》(署名"伯昕")描绘了

① 生活·读书·新知三联书店编:《韬奋:韬奋画传·经历·患难余生记》，生活·读书·新知三联书店2012年版，第190页。

马桶尿壶的肮脏，不如现代厕所的清洁卫生；《大轧而特轧》（署名"P.S."）展示了国内百姓居住环境的拥挤；《哭些什么！》（署名"白日"）讽刺了在葬礼中用四百文雇老妈子哭丧的陋俗。

此外，这一年《生活》周刊基本每一期都有一两幅漫画和插图，因为没有署名或是署了无法查证的笔名，目前无法求证是否为徐伯昕的作品，如1927年第3卷第3期描述吸食鸦片的《虽生犹死》的漫画、第4期《浪漫的与古典的思想》漫画、第5期《丹麦的脚踏车世界》的插图、第6期为胡适的文章《我们对于西洋近代文明的态度（下）》所配的西式婚礼的插图（署名"当时"）、第7期的漫画《国人之性情》（署名"当时"）和《妇女之正当不生活》（署名"术初"）等。

此后，他在《生活》周刊上发表的各类广告、时事插图越来越多，常见的笔名有"吟秋"、"白日"、"B.H."、"P.S."等，他绘制的插画包括各种时事人物，如甘地人像（第5卷第16期）、江苏新任民政厅长胡朴安氏（第5卷第17期）、"本届远东运动会中华队总代表张伯苓氏"（第5卷第24期）、"中俄会议我国全权代表莫德惠氏"（第5卷第25期）、"在远东运动会田径赛中为中国争得一分的司徒光君"（第5卷第26期）等。

整体看来，在徐伯昕的创作中，时事插图、广告居多，漫画少。并且，在《生活》的汇刊第一卷中，上文提到的徐伯昕初期创作的漫画大多被照片剪影之类的遮住了，或许，是一向严谨的徐伯昕对自己初创的作品不满意吧。

从青年时代开始，徐伯昕就是沉稳内敛、态度平和的，对同事、作者、读者，甚至是当局的审查官，他总是笑嘻嘻的，即便是争论，他也是不急不躁地据理力争。他的文风也如此，无论是论人、论事，还是论工作，基本都是"干货"，极少有个人的尖锐观点或强烈的情绪。然而，这些有着强烈讽刺色彩的漫画，倒像是他拘谨人格的一条裂缝，可以让我们看到徐伯昕鲜明的爱憎，对于落后的、腐败的、不公的，他鄙夷，他反对，他憎恨，他希望能用双手改变之。

随着《生活》的快速发展，徐伯昕的发行和广告工作日渐繁重，为刊物之需，他仍然挤出时间，晚上到陈秋草等创办的白鹅画会①学习绘画、去英文补习学校学英文近两年时间。

不久以后，周刊终于有了稿费能邀请专业插图家，到了生活书店时期还成立了美术科，但徐伯昕仍会亲自动手，比如设计《世界文库》这样的重要出版物、生活书店联合广告、生活书店的展示陈设，甚至在抗战时期，庆祝台儿庄大捷时，他"丢掉了外套，撩起袖子，大笔一挥，大小旗子一手包办"，写罢标语就带领大家去游行。直到晚年，他也没有丢掉美术插图方面的爱好。

五、天才广告家的成长

《生活》周刊的发行量不断上升，到1927年底，已经由原来的2800份提高到了2万份，因为跻身到畅销报刊行列，《生活》获得了中华民国邮局特准立券的权利，即获得了邮资优惠的权利。

1928年11月18日，《生活》周刊从第4卷第1期扩版为四开一张半，文章也增加到十几至二十篇，到了年末，周刊发行量已经增至

---

① 据徐虹女士记录，徐伯昕口述，1926到1928年他在白鹅画会学习，画会为交会费学习，比较便宜。

4万份。随着扩版和发行数量的增加，"两个半人"的工作愈加繁忙，邹韬奋辞去各种兼职，除了编撰工作，还要阅读答复各种读者来信，"每天差不多要用全个半天来看信"，"做到深夜还舍不得走"，被沈粹缜嘲笑要把床铺搬到办公室里去。①

《生活》发展极快，读者欢迎程度日益热烈，甚至有些刊物的负责人跑到印《生活》的印刷所，要求印与《生活》"一色一样"的版式，可见《生活》的社会影响力骤增。②徐伯昕的工作更加繁忙了，白天要奔走在外，忙发行、广告的事情，晚上回办公室处理工作，伏案到午夜。这一年，他不仅要忙自己的工作，也渐渐介入到编辑策划工作中来。

徐伯昕敏感地意识到内容资源多重利用的好处，就建议将周刊读者信箱的文章和长篇连载的文艺性文章分别编辑成单行本出版，不断地获得盈余，③实现了周刊业务的良性循环。为此，他承担了许多额外的编校工作。1928年6月上旬，邹韬奋的译著《一位美国人嫁与一位中国人的自述》出版，该文此前在《生活》周刊中连载，邹韬奋在弁言中写道："这本书刊得出单行本，我要谢谢徐伯昕先生"，他"十分热心"，"既帮同督促我下刊印单行本的决心"，又替韬奋担任了整理、剪贴、定样、校对等一系列麻烦的工作，所以"要很恳挚的谢谢徐先生"。④

---

① 邹嘉骊编著：《邹韬奋年谱长编》（上册），上海交通大学出版社2015年10月版，第158页。

② 邹嘉骊编著：《邹韬奋年谱长编》（上册），上海交通大学出版社2015年10月版，第133页。

③ 许觉民：《出版家徐伯昕同志传略》，《新文化出版家徐伯昕》，中国文史出版社1994年版，第11页。

④ 邹嘉骊编著：《邹韬奋年谱长编》（上册），上海交通大学出版社2015年10月版，第126页。

1929 年 12 月 1 日,《生活》周刊从第 5 卷第 1 期起, 改版为十六开 16 页本子式, 印刷成本上升了, 周刊的价格不升反降, 从三分半降为二分半, 以照顾广大经济紧张的劳动者阅读。为了解决资金难题, 徐伯昕想尽办法, 继续扩大广告数量, 以增加收入, 弥补经济超支。[①] 这些广告解决了经费不足的问题, 但从联络广告到制作广告插图 (这些广告没有实物摄影, 而是人工绘制图案), 再到斟酌创思广告语, 一定耗费了徐伯昕大量的脑力和心血。我们就以第 5 卷第 1 期上的广告为例, 小小展示一下徐伯昕的工作量和工作效率, 这些广告按顺序有:

"江南纸质公司"

"胜三牌搪瓷品"

"华东机械制造厂最卫生最省煤的火炉"

"永和实业公司月里嫦娥牌蚊香、油墨、化妆品、皮球、套鞋"

玉福祥号衣裳店 "法式新娘头纱"

"狗头牌" 袜子

"天一厂国货调味品"

"科达改良麦精鱼肝油"

骆驼牌 "灵生油墨公司"

"胃特灵" 胃药

"白松糖浆" 止咳药

---

① 　徐虹:《徐伯昕》, 民进中央会史工作委员会内部资料, 2015 年, 第 10—11 页。

"亨得利中标总行"

中华职业教育社出版的《职业教育研究从辑》

"久和厂"袜子

"福来电器行"

上海民治书店发行的《女子继承权诠释》

科学仪器馆"克伦泼显微镜"

"史惟记钟表眼镜行"

"上海大隆机器铁厂"

"益丰搪瓷公司"

"金城公益社"硃色印泥

上海文明书局发行的《儿童小乐园》、《儿童戏剧集》、《小说片锦》

梁新记"双十牌"牙刷

"孩儿面"面霜

"一心牙刷"

广告栏一般居于周刊版面的左侧或下方，基本是图文并茂，广告语简明扼要，不少令人过目不忘。尤其是徐伯昕所创造的这个牙刷广告——"一毛不拔"——当时一炮打响上海广告界，成为市民们的流行词。

牙刷"一毛不拔"，当然紧致耐用，非常适合省俭节约的劳动人民，广告词令人过目不忘，在中国广告史上，确也该留下一笔。可见邹韬奋说徐伯昕在广告方面有"天才"，实非谬赞。可惜的是，目前详尽、专门研究《生活》周刊广告的文章不多，徐伯昕的广告创意和思想，迄今还未引发人们应有的关注。

在《生活》周刊还是一个默默无闻的小刊物之时，同样默默无闻的徐伯昕，拉广告期间遇到几多艰难，在他的《历史片段回忆》里，只用了"也曾受过买办资产阶级的欺压"一句话带过，我们只能从邹韬奋的《艰难缔造中的〈生活日报〉》（1932 年 4 月 23 日第 7 卷第 16 期）一文中，侧面了解徐伯昕的不易：办刊初期，有一次周刊想给威廉士医生的广告增加一些费用，因为需要用英文和公司"大班"交涉，邹韬奋不得不搁笔亲自出马，费了九牛二虎之力，和大班辩论了好半天，他才允许每星期加一两块钱，还得签好几张英文合同。而那时广告每期只有十块大洋，1932 年，同样的版位，已经二百元了。①难怪后来徐伯昕挤出时间补习英语和日语，确实也是为了广告业务的需要。

就这样一个铜板一个铜板地积攒，一个堡垒一个堡垒地攻克，徐伯昕终于和许多广告主签订了长期合同，常年投放广告。对于这些长期合作伙伴，徐伯昕的广告文案创作却是不断创新的，同一款产品，他还会不断更新广告词和图案。比如前文所提到的"双十牌牙刷"，到了第 3 卷第 3 期，他又乘胜追击，增加了几句广告词："我爱你，牙齿洁，白如雪"、"优点：一毛不拔，脱毛包换"。此后，他不断为这一款牙刷更换广告样式，比如为牙刷新的发行所开幕大减价活动做广告，或改变广告图案和广告词。几年下来，对比这款牙刷的广告，除了"一毛不拔"这个基本元素维持不变外，其他元素期期不重样，可见徐伯昕用心的程度。牙刷制造商似乎是《生活》周刊最为忠

---

① 邹韬奋：《艰难缔造中的〈生活日报〉》，《生活》1932 年 4 月 23 日第 7 卷第 16 期。

实的广告商，还有"一心牌牙刷"、"日光牌牙刷"等，对待它们的广
告，徐伯昕一样竭尽心力，不断设计新样式，只有如此，才能不断引
领潮流，有的厂商甚至还会要求拿徐伯昕设计好的广告刊登到其他报
刊上。

在徐伯昕的尽心竭力和《生活》受欢迎程度日益增长的双重影
响下，周刊与广告商的关系也发生了变化——"因销数激增，来登广
告的也与日俱增，大有拥挤不堪的现象"。[①]尽管广告业务火爆，徐伯
昕也没有放松对广告质量的要求。1931 年 7 月 18 日，《生活》周刊
刊登了一则私立上海女子中学招生的广告（第 6 卷第 30 期），刊出之
后，周刊社才知道这家女子中学还没有在教育局立案批准招生，于是
马上在第 31 期上说明情况，为疏忽而表示"至深歉疚"。

徐伯昕白天奔走联络商家，晚上要精心、义务地为商家设计广
告，安排版面"做得人家看了心满意足，钦佩之至……每次总是热切
地期待着我们的设计"，"替本店创造了无量的同情和友谊"。[②]有些广
告简单介绍功能或提供购买地址，有些广告词则是精心琢磨、别出心
裁的，例如，第 5 卷第 1 期的"孩儿面"广告词如下：

国货润面剂

出品实优良

超上舶来品

挽回我漏疤

---

① 邹嘉骊编著：《邹韬奋年谱长编》（上册），上海交通大学出版社 2015 年 10 月版，
第 151 页。

② 徐虹：《徐伯昕》，民进中央会史工作委员会内部资料，2015 年，第 11 页。

国人真爱国

一致采用她

大瓶七角半，小瓶四角，样瓶二角

罗威公司发行　中法药房经理

在《生活》刊登广告的商品有服装，有日用品，有钟表，有中西医药，有补品，有各类学校的招生广告，有各类图书，有文具，有婴幼儿用品，有食物，有建筑用材，有家用电器，有店铺，有运动器械……其中大部分是与居民衣食住行相关的日用品，基本不见奢侈品，这与《生活》的读者定位是契合的。现在欣赏这些五光十色的广告，如同拼图游戏一般，很快就能在读者脑海里拼出一幅二三十年代老上海工薪阶层的日常生活场景。许多广告在《生活》连年刊登，维持了《生活》稳定的广告收入，这都有赖于徐伯昕勤勤恳恳、以诚相待地尽心与客户维持关系，做好广告服务，并且取得了令商家满意的广告效果。

据《生活》周刊的工作人员王泰雷回忆，1931年冬天，他的亲戚在上海开了大昌化妆品厂，大批生产"艳霜"牌雪花膏和蜜糖膏，想在《生活》周刊上登广告。徐伯昕看了样品后，认为是正牌化妆品厂，同意刊登广告，很快就设计出绘有雪花膏的两张广告图案，化妆品厂看了极为满意。[1]

徐伯昕还承担着《生活》周刊的版面设计工作，同广告一样，也在不断地创新，原先是四开单张，改为16开本。这种新颖设计后

---

[1]　王泰雷：《伯昕同志在上海的出版工作活动》，《新文化出版家徐伯昕》，中国文史出版社1994年版，第316页。

来被竞相模仿，其他刊物专门去印刷所要求按照《生活》的样式来，徐伯昕就又改为新款的时事图片的彩色封面。

20世纪二三十年代，商业的繁荣，民族主义的发展，以及报刊媒体的兴盛，都将中国广告推向了一个鼎盛时期。各大报刊广告版面大幅提升，戈公振在《中国报学史》中有一组统计数字：1925年4月10日起三十日之内，《申报》广告面积占全报版面之59.8%，《北京晨报》为43.6%，《天津益世报》为62%；按广告类型划分，商务类广告比重在各大报广告类型中最多，例如《申报》，商务类为51%，社会类为37%，文化类为7%，交通类为3%，杂项为2%。①

正如戈公振所说，以上报刊经济之充裕，不可谓非广告之赐，但他又强调，这些报刊广告外货占十之六七，上海外商广告以英、日商家居多，国货仅十之二三，广告之中大半为奢侈品和药品，且有不道德和不忠实的广告，是广告界之大耻，实业界之大忧，以至于全国报界联合会发出《劝告禁载有恶劣影响于社会之广告案》。②

徐伯昕从事广告工作，是生逢其时，正赶上民国广告的昌盛时期、国货运动的高潮阶段，他对广告的选择、把关、设计和定位，可谓一洗当时广告之痼疾，堪称上海广告界的一股清流。

六、徐伯昕的广告理念

突出国货，是徐伯昕广告工作的一大特色，对于这些国货商品，

---

① 戈公振：《中国报学史》，湖南大学出版社2014年版，第189页。
② 戈公振：《中国报学史》，湖南大学出版社2014年版，第190—191页。

他精心配图配文，并标志粗黑醒目的"完全国货"、"国粹"、"国货之光"、"国货明星"等文字。1931 年九一八事变后，国内继五四运动之后再一次掀起了反对外货、提倡国货的运动热潮，《生活》周刊第 6 卷第 30 期特地刊出《国货介绍表》，所列国货基本都是周刊的广告主，经徐伯昕详细调查，规定范围包括：（一）国人资本，国人经营，完全本国原料，国人制造。（二）国人资本，国人经营，一部分本国原料，国人制造，或外国技师。（三）国人资本，国人经营，外国原料，国人制造，或外国技师。徐伯昕的国货推荐是理性的，这些产品都是本国已经制造出来的、可以替代外国产品的国货。

首先，浏览这一阶段的周刊广告页，能让读者感受到强烈的爱国心、自强心，广告亦有广告的立场和态度。当然，国货广告的概念并非徐伯昕首创，早在 20 世纪 20 年代，我国就开始兴起"国货"运动，大城市会举办国货展览会，媒体广告为国货赋予神圣感和严肃性。1931 年东北沦陷，日本夺去东北市场，直接打击了国货的销路，而连年的灾荒，以及 1931 年全国多省市的水灾，都让农村经济濒临绝境，国货销售无异雪上加霜，但大规模的宣传、义卖国货活动则是在 1932 年"九一八"一周年之后。国民政府将 1933 年定为"国货年"，1934 年定为"妇女国货年"，1935 年定为"学生国货年"，1936 年定为"市民爱用国货年"……这些国货运动的中心都在上海。国货年运动兴起，蒋介石甚至亲自下令在《申报》上开辟宣传国货的专栏，史量才在 1933 年 1 月 1 日创刊了《〈申报〉国货专刊》。①《生活》周刊的广告则早早举起"国货"的旗帜，1931 年九一八事变后就调查并登出《国货

---

① 朱宗勤：《〈申报〉国货周刊》，硕士学位论文，华东师范大学 2008 年，第 6—9 页。

介绍表》，足见徐伯昕对于市场、时局、政治和实业的敏锐程度。

对于国货的广告宣传，也是建立在中华职教社的关系网上，黄炎培等职教社领导是 1932 年后国货运动的重要策划、参与者，而杨玉卫夫人甚至还代言、宣传国货。

其次，在《生活》的事业最为薄弱的初始阶段，徐伯昕虽然为了拉广告尽心竭力，饱尝辛苦，但他把关极其严格，让《生活》的广告风格同生活的办刊编辑方针保持一致：热情、诚挚、爱国，竭诚为广告商服务，竭诚为读者服务。

一份默默无闻的小报，在几年内迅速扩张成为全国知名期刊，需要大量资金持续投入，扩版印刷的费用，增加员工的薪水，还有不断提高的稿费，从每千字八角钱，到一元、二元、三元、五元……内容要精彩，要引导读者放眼世界，就得重金邀约海外通讯，先后刊出英、法、美、德、比利时、墨西哥及南洋各国特约通讯员撰写的专稿，每千字达十元钱，高出国内一倍。[1]

这种发展以及后来生活书店的急剧扩张，在外人看来都是神秘的、不可思议的，所以质疑的声音一直如影随形，大家揣测资金的来源，揣测领导层是否敛财……但这个神秘的力量，实际就是徐伯昕的经营能力，他和邹韬奋齐心协力，从一开始就"憨头憨脑地立下一个心愿，就是把所有赚来的钱，统统用到事业上面去"，要"拼命赚钱，拼命用钱"。[2]

---

[1] 生活书店史稿编辑委员会编：《生活书店史稿》，生活·读书·新知三联书店 2007 年版，第 13 页。

[2] 韬奋纪念馆、北京印刷学院编：《店务通讯》（排印本），学林出版社 2007 年版，第 1228 页。

第一步的拓展是艰难的，钱不是说有就有，但徐伯昕与邹韬奋还是下定决心将四开的周刊改成本子，邹韬奋在《生活史话》中曾回忆：

> 我和伯昕先生下决心改成本子，但是钱这东西却不是可由我们下一决心就能到手。伯昕先生常常在算盘上打来打去，我常常和他商量又商量，我们"决议"是只有自己设法的一条路走（当时"自力更生"这个名词还未时髦）。一面推广销路，一面设法大拉广告。[①]

于是，徐伯昕开始施展自己的聪明才智推销广告，"伯昕先生每天夹着一个黑色皮包，里面藏着不少宣传的印刷品，这都是他一手包办的，他不但有十二万分的热诚，而且还有一身艺术家的本领，把宣传材料做得怪美丽，怪动人，东奔西跑，到各行家去用着'苏张之舌'，尽游说怂恿的能事，真是'上天不负苦心人'，广告居然一天多一天。"[②] 推销广告的徐伯昕，似乎拘谨之气全无了，他的美术才能也派上了用场，成为打动商家的法宝。

"伯昕先生聚精会神，为本店努力开源的艰辛实在值得我们永久的敬念……。这在本店的功绩，是永远不朽的。"徐伯昕拉广告，不仅如前文所说，突出国货，还有其他严格的遴选标准，"凡略有接近

---

①　转引自徐虹：《徐伯昕》，民进中央会史工作委员会内部资料，2015年，第11—12页。

②　转引自徐虹：《徐伯昕》，民进中央会史工作委员会内部资料，2015年，第11—12页。

妨碍道德的广告不登，接近招摇的广告不登，花柳病药广告不登，接近滑头医生的广告不登"，[1] 求友、征婚的广告不登，以防广告字面上的介绍有不实信息，更不会有赌博彩票之类的广告。

此外，徐伯昕始终注意广告的版面与报刊内容版面的比例，提倡小广告，反对大广告，无论面积还是位置，广告绝对不会喧宾夺主。[2] 当时许多大报，也会在头版刊登广告，《生活》周刊的广告却从来没有"攻占"首页，不会选择在《小言论》和重要评论、消息的版面，而是放在中后部分政治性较弱的地方。

在广告信誉方面，徐伯昕常常不厌其烦地将邮局立券寄递的证件及报贩收据制版印出，经会计师严格审计，将真实的发行数量公布在《生活》周刊上，让客户心中有数。当时，大部分报馆对于销量是秘而不宣的，即使公布，也是以少报多，这已然是行业的潜规则，所以才有了上文提到的胡适质疑《生活》发行量的那一幕。徐伯昕的这种类似于"印数公证"的做法，与西方报刊的做法相似，可谓先进。[3] 但是，以诚待人的道理讲起来简单，实践却不容易。在当时的情形下，广告行业还是野蛮发展的，对于真实性、可信性的诉求，远不及报刊正文，赢利追求才是首位的。比如，著名的《世界日报》，1925年创刊之时，广告来源少，就从其他报刊上摘抄一些广告，不经业主同意就刊登在自己的刊物上，然后派人收取广告费，多少不限。不少大报对广告内容也审查不严，经常有虚假广告出现。[4] 徐伯昕不仅不

---

[1] 转引自徐虹：《徐伯昕》，民进中央会史工作委员会内部资料，2015年，第11—12页。

[2] 庄艺真：《徐伯昕的期刊广告经营策略研究》，《出版发行研究》2011年第2期。

[3] 戈公振：《中国报学史》，湖南大学出版社2014年版，第199页。

[4] 曾先明：《中国百年报人之路》，远方出版社2003年版，第225页。

盗用他人的广告,而且还允许厂商将他自己设计的广告式样在别的报刊上刊出,以省却一笔设计费。[①]

可见,徐伯昕的广告态度是极其自律的、极具服务性的,这与《生活》周刊要求文章内容真实、诚恳、正义、奋进的编辑理念是相通的。

能在薄薄一本小刊物上刊登几十份广告,广告费竟然也达到同《申报》一样的价格,每平方英寸一元五角,成为《生活》周刊的一大经济支柱,[②] 这种能力自然震惊上海广告界,而"在上海报界做广告业务的,往往最初替报馆工作,等到发达,总是宣告独立,自搞广告公司,大发其财……,但是伯昕先生始终没有丝毫替他自己打算,始终涓滴归公"。徐伯昕从未按行规提取佣金,也没有为大报馆的高薪所动。[③]

邹韬奋《生活》周刊及其后整个生活、读书、新知的出版业务,从来不曾以发财致富为目的,对于徐伯昕的商业才能来说,是不是一种"局限"呢?

一方面,我们可以说《生活》周刊能打动众多广告商,离不开刊物内容对大众读者的强烈吸引力;另一方面,也正因为周刊的受众是普罗大众,所以就决定了投放的广告是以普通日用品为主。到1930年,周刊经济状况"不过收支可以相抵,保持经济可以自立的

---

① 生活书店史稿编辑委员会编:《生活书店史稿》,生活·读书·新知三联书店2007年版,第22页。

② 生活书店史稿编辑委员会编:《生活书店史稿》,生活·读书·新知三联书店2007年版,第22页。

③ 转引自徐虹:《徐伯昕》,民进中央会史工作委员会内部资料,2015年,第11—12页。

地步"。①

对于徐伯昕的经营才能，邹韬奋从来不吝夸赞，他还说过："幸亏有了多才多艺的伯昕先生，简直'出将入相'，出门可以到处奔走拉广告，入门可以坐下来制图绘画，替各种各类的商家货物写有声有色的说明！他如果只为着自己个人打算，撇开我们这个艰苦的岗位去替自己开个广告公司，至少他是一个小小的财主了。但是他满腔心血都灌溉到本店的经济基础上面去；为了集体的文化事业，忘记了他自己的一切要求。"② 此时的徐伯昕不过二十出头，倘若他肯跳槽去大型出版企业或其他商业机构施展抱负，前途必定不可限量。

如此会做生意的一个人，却始终坚守在《生活》周刊，通过观察他的生平，与他的家人讨论，笔者分析大概有三方面的原因：其一，与徐伯昕的性格有关。他精干而纯良，厚重内敛但无城府，不是一个为自己的未来精心谋划运筹帷幄的野心家，是一个"美而不自知"的人。他认可《生活》周刊和邹韬奋，便在这里一门心思让这个刊物越办越好，一门心思为邹韬奋解忧解困。

其二，徐伯昕是一个忠于自己理想的人。他的出版理想，可以划分为三个阶段，第一个阶段，是在《生活》周刊工作的阶段，他的信仰，简而化之，就是邹韬奋的编辑出版理念——明辨是非，为广大的劳动者排忧解难，昂扬奋进，热爱祖国。他认同这样的精神和理念，将其作为自己的事业，没日没夜地埋头苦干，而不去计较金钱和得失。第二个阶段，是对共产主义的信仰，他深深被周恩来的人

---

① 邹嘉骊编著：《邹韬奋年谱长编》(上册)，上海交通大学出版社 2015 年版，第 230 页。

② 沈粹缜：《追念伯昕同志》，载《怀念出版家徐伯昕》，书海出版社 1988 年版，第 45—46 页。

格魅力所折服,和邹韬奋一起,为了革命出版事业而奋斗。第三个阶段,是在历经"文革"风雨之后,他再次率先燃起了韬奋精神的火炬,努力为恢复生活·读书·新知三联书店的事业而奔走呼吁,回归初心——竭诚为读者服务。此时的徐伯昕,正处在出版理想第一阶段,涉世未深,内心纯真,这让他可以轻易化解十里洋场中功名利禄的诱惑。

其三,徐伯昕是一个重感情的人,新中国成立后,他政治上日益成熟,行事稳健,他做过的最露锋芒的事情,就是1976年到天安门广场祭奠周恩来,以及带头呼吁重建三联书店。徐伯昕的文章中很少流露个人感情,但仍然可见他对精神导师周恩来总理和邹韬奋的那种深切怀念。因此,无论是早期的"两个半"人,还是后来愈来愈庞大的生活·读书·新知大家庭,徐伯昕都倾注了深切的家人般的感情,这种精神的联结,也是他始终不曾离去的重要原因。

长期以来,学界对《生活》周刊和生活书店的研究,主要是集中在邹韬奋的编辑出版行为思想之上,但徐伯昕同样不可或缺。如果说邹韬奋为《生活》周刊所供应的是精神"血液"的话,徐伯昕则一直在为《生活》维持扩展着"血管",是他的实干,让邹韬奋能够不受干扰地文思泉涌,倚马可待,更为《生活》周刊保持"充分独立的精神"创造着必不可缺的经济基础。

邹韬奋曾记载的一则广告和文字"争地盘"的趣事,透射了徐伯昕为维持《生活》周刊的开支而劳神费心地精点细算,"……记者常和一位同事抢夺文字的地位。他是本刊的营业部主任。我把广告的责任完全交给他,并叫他常常留意我们的预算:我向来主张我们应把本刊收入尽量用到本刊自身的事业上面去,但同时却须量入为出,否则弄到'无米之炊','将伯谁呼'？因此他常常顾到经济的关系而怕我把文字侵略到他的广告地位，而我因文字上常有难于恰可而止，时常侵略他的广告地位，于是我们俩常常办交涉，但他总是让我的，不过侵略得太厉害或次数太多时，他就把预算上的收支提醒我，有时我也只得自愿'吃瘪'。"①——这大概是徐伯昕和邹韬奋之间唯一的"矛盾"了。

不过，撇开业务角度，而从精神层面看，徐伯昕的广告理念与邹韬奋的出版理念是共融共通的，宛如一个硬币的两面，共同塑造了《生活》的报刊品格，比如，倡导国货与实业救国的理念相一致，严谨招商、为顾客负责与周刊的真诚服务读者理念相一致。而且，我们可以看到，《生活》周刊的广告主—顾客群—读者群—作者群，有着显著的交集。

一个小例子能够生动地展示这种交集。常年在《生活》刊登"A等牛奶"广告的"自由农场"，其创办人尤怀皋——这位民国乳业专家和牛奶商人，与其妻子都是《生活》周刊的忠实读者，其妻病体虚弱，因为《生活》屡登的《健而美的体格》，而"对运动发生信仰"，每日坚持做柔软体操，有效促进了精神和身体上的愉悦健康。②九一八事变之后，《生活》周刊刊发了尤怀皋的读者来信《我们如何能救国》，信中提及，"一方面，实行毁衣、毁住、毁行的消极政策，另一方面，实行造产、造物、造材、造兵的积极政策"，韬奋对此甚为激赏，他附上评论说"……'毁'字诀和'造'字诀，可谓深中我

---

① 邹韬奋：《编余赘语》，《生活》1931 年 10 月 10 日第 6 卷第 42 期。

② 邹嘉骊编著：《邹韬奋年谱长编》（上册），上海交通大学出版社 2015 年 10 月版，第 298 页。

国时弊"，并点出"关于'造'字方面的功夫，……却非以为解决政治问题为前提不可"。①

我们甚至可以说，徐伯昕的广告发行工作，不但是为了搭建《生活》的经济基础，更是在着手营建周刊得以栖身、传播思想和开展活动的社会网络，在拉广告、做发行的工作中，徐伯昕也收获了许多信任与友情，一旦《生活》出特刊、增刊，因为扩充版面而提高成本，只要徐伯昕夹一个大皮包，在各处巡回奔跑一番，便"满载而归"。在这一阶段，我们可以视这种网络关系是广告发行工作的副产品，而待徐伯昕走向成熟、走向革命出版道路之后，这种网络关系的营建，就带有了更为积极主动的意味，为革命出版事业在国统区甚至是打入国民党内部铺路筑桥，而那个时候的徐伯昕，已经从一位出版经营家成长为一位出版社会活动家了。

七、突破上海报刊发行的纪录

近代以来，报刊研究领域，人们往往更为集中地去研究编辑家和出版家，而对发行人员关注不多。民国出版，亦有"重文轻商"思想，进入广告发行行业的，也多是没有文化的蓝领阶层，薪水和编辑差不多，上文中我们曾提到，徐伯昕刚刚进入《生活》时的工资，和上海熟练工人的差不多。

正如民国报学家戈公振所言："报纸编辑印刷俱佳，而不善于分

---

① 尤怀皋：《我们如何能救国》，《生活》1931 年 10 月 3 日第 6 卷，第 41 期。

配是永与读者无谋面机会也。"① 民国时期报刊图书发行市场的竞争越来越激烈，以日本全面侵华战争发起之前的 20 世纪 30 年代最甚，而且，报刊图书发行行业的情况十分复杂。

我们先来俯瞰一下徐伯昕所面对的发行"战场"。民国时期上海报业发行主要有两条主要途径：一是直接订户，二是通过书店、报贩或其他机构间接订阅的方式。就间接订阅而言，外埠的发行工作需要依靠在外地设立分馆或代销处代发，上海本地则主要是靠报贩批购。"共和告成以来，报贩渐成专业，派报所林立"，分成大报贩、小报贩、更小的报贩等不同层级。其中，大报贩是新闻界穿"蓝衫"的老板，严密控制着上海的报业发行体系。1936 年天津《大公报》到上海发展，就吃了报贩的一个下马威——出报已三天，读者根本见不到报，因为报贩将报纸全收去了，无奈之下，胡政之不得不"拜码头"，请杜月笙出面宴请了上海的几位大报贩，才打开了局面。与《申报》齐名的大报《新闻报》，因有一次没能满足报贩的要求，竟被扯碎数千份报纸，只能请客求和。②

《生活》周刊的销路，是一点一点打开的，最初发行只有几百份，逐渐上升到 2800 份，再到 2 万份，4 万份，8 万份，12 万份，到 15.5 万份时创民国发行业之纪录，而 1932 年之后，每期发行量都达到 15.5 万份以上。在发行量节节攀升的同时，《生活》周刊也完成了一次次蜕变，从一个以赠阅为主、惨淡经营的机关刊物，到颇受市民欢迎、发行量达几万份的都市通俗文化生活杂志，再到打破当时期刊单份发行量纪录的 15.5 万份，《生活》周刊在"九一八"之后走上

① 戈公振：《中国报学史》，湖南大学出版社 2014 年 1 月版，第 195 页。
② 王润泽：《民国时期报纸发行途径与策略回顾》，《新闻与写作》2009 年第 9 期。

了全国政论报刊的最前沿,成为国内号召抗日救国、统一战线的一面旗帜。① 五年内,这份刊物的成长和成就,令人叹为观止,这是编辑与发行、版式与广告互相促进、协同创新的结果,更是徐伯昕与邹韬奋珠联璧合的一次又一次创举。

对于徐伯昕而言,他如何面对上海盘根错节的出版发行市场,如何与报贩打交道,建立通畅的关系,定有精彩的故事和宝贵的经验,可惜,这方面的记述资料很少,只能勾勒出一个大概。

徐伯昕秉承宣传工作为刊物推广开路的发行理念,采取了以发展直接订户和批发零售并举的发行方式,以及由近及远的发行线路,灵活多变,行之有效,为《生活》周刊打开了销路,增进了资金的流转。他的发行优长,主要有如下几点。

其一,和本地报贩建立良好合作关系。上海的望平街是民国时期报刊的重要集散地,职业世代相传的报贩们在这里掌控着报刊零售的发行命脉,乃至出现了"望平街四金刚"之称的大报贩王春山、陆开庭、张阿毛和蒋仁清,他们控制着众多小报贩。在《生活》周刊创刊初期,徐伯昕也必须仰赖报贩包销的老办法,打开销路之后,徐伯昕就成了王春山的"大客户",他每期能给《生活》周刊发行两三万份。每个星期六一早,周刊就被送至王春山那里,由他分发给全市的报摊,每星期结算一次报款,销售不完的可以退货。《生活》周刊不断创新,颇受读者欢迎,退货极少,有时候还要再版,如此看来,王春山应该是非常满意自己的这个客户的。打开销路之后,不少上海的书局、商店也愿意分销代售《生活》周刊,比如南京路文明书局、棋

---

① 赵文:《生活周刊(1925—1933)与城市平民文化》,上海三联书店 2010 年版,第 178 页。

盘街虹口商务印书馆、五马路亚东书馆、北四川路光东书局、大西路光华书店、小西门外中华商店、塘山路公平贸易所。此外，周刊还在郊区各大学附近的小书店设立了销售点。①《生活》在上海的书业系统里打开局面，徐伯昕此后一直努力与同业维持着合作、共赢的合作关系，并教导下属也如此。在生活书店向全国拓展时，生活书店的干将们每到一处开设新店，必然按照徐伯昕的嘱托主动拜访同业，尤其是商务、中华的连锁机构。而各地的同行，也为生活书店的分支店在租房、务工、仓储以及经济合作方面，提供了不少帮助。

其二，努力发展长期用户，是徐伯昕的重要经营策略。在他的努力下，南京路文明书局、四马路新月书局、棋盘街启新书局、北四川路光东书局、四马路开明书局、四马路北新书局等处又都设立了《生活》周刊代订处。②徐伯昕看到读者在订阅周刊时常为亲友订赠或介绍订阅，就采取了凡一人介绍满五位新订户，订者即可享受赠阅一年的优惠办法，吸引了大量订户。③尤其是每逢刊物改版、增加篇幅出版特刊或增加画报时，徐伯昕就抓紧机会动员老订户介绍新订户。1931年10月，趁《生活》周刊出版特刊，徐伯昕试着设计了一张推荐单附在刊物里，读者一次介绍十个亲友的姓名和地址，就可以免费由书店各寄一份特刊，供读者的亲友试读。结果，订户又"滚雪球"般从一万左右骤增至数万户，当时连贴头都来不及油印，周刊社全员

①　赵文:《生活周刊（1925—1933）与城市平民文化》，上海三联书店2010年版，第74页。

②　赵文:《生活周刊（1925—1933）与城市平民文化》，上海三联书店2010年版，第74页。

③　许觉民:《出版家徐伯昕同志传略》，《新文化出版家徐伯昕》，中国文史出版社1994年版，第12页。

加班加点，写信封、发刊物。因为发行量骤增，成本也自然下降。邹韬奋兴奋不已，手持刊物激动地对徐伯昕说："你的办法真好，生财有道，又达到切实贯彻'竭诚为读者服务'的宗旨。"立下如此功劳，在邹韬奋的盛赞之下，徐伯昕只是"斯文地笑笑"。① 经过不断努力，发行量达到十几万份时，长期订户占了五万多份。②《生活》周刊请老订户介绍亲友的姓名地址，寄送样刊试阅、订阅单，对于新疆、云南和贵州等偏远地区尤为适用，这里的读者能接触到的报刊少，③《生活》周刊既便宜又极具可读性，自然就打开了销路。

其三，发展代销书店、建立特约经销所。在上海铺开业务之后，徐伯昕开始努力向外埠拓展。当时乡镇农村和偏远地区没有售报刊处所，要想让《生活》周刊接触全国各地的读者，徐伯昕必须建立一张发行网。经过不断努力，1931 年 7 月，《生活》周刊各地的派报社和代销书店达到三百多家，商务印书馆、中华书局的分馆也都代销周刊。九一八事变之后，周刊常出增刊，页数上涨，零售价照旧，各地书商不仅因销售《生活》获得经济利益，还以销售这样饱受欢迎的抗日刊物为荣。所谓特约经销所，即周刊在一个地区的发行总代理，赵文博士统计，《生活》海内外的特约经销所分布于江苏的昆山、常熟、苏州、常州、镇江、南京、泗水，浙江的杭州、余姚、宁波、温州、金华，以及沈阳、太原、汉口、广州、汕头、香港、棉兰（属菲律宾）、新加坡等地。不但大、中、小城市可以买到《生活》周刊，山

---

① 黄宝珣：《生活书店的好当家》，《出版工作》1984 年 6 月。

② 邵公文：《徐伯昕同志与生活书店》，《怀念出版家徐伯昕》，书海出版社 1988 年版，第 74 页。

③ 赵文：《略论〈生活〉周刊（1925—1933）的发行工作》，《科学经济社会》2010 年第 12 期。

东牟平、山西运城这样的小县城等也可买到《生活》周刊。①

在新加坡,《生活》周刊是由一家爱国华侨开设的上海书店代理发行,辐射南洋各地,1940年胡愈之到新加坡帮助陈嘉庚办《南洋商报》,新加坡沦陷后撤退到苏门答腊乡间隐匿,还在华侨家中见到保存的《生活》周刊,商店招牌也是模仿《生活》周刊报头题写的,可见徐伯昕这张发行网的威力所在。从周刊的发行系统建立开始,徐伯昕就在脑中建立了一份"全国出版战略地图",这份地图是他经年累月、用心血一点一点绘制的,因此能胸中有数,这为此后生活书店之排兵布阵奠定了最初的基础。

其四,注重邮购业务。在五万多份的直接订户中,上海订户占一万多户,外埠订户三万多户。海外订户中南洋华侨最多,也有西欧和美国、加拿大等地的订户。在当时的技术条件下,邮购业务极其琐碎麻烦,很容易出纰漏,《生活》周刊也时不时会收到读者不能按时收到周刊的责问。为此,周刊社专门成立了书报代办部,徐伯昕主持制定了《通讯邮购简章》等规章制度,实施标准化、精细化管理,确保了邮购工作的质量。在徐伯昕努力推动下,《生活》周刊从第3卷第1期起获得邮局特准立券寄送的权利,周刊得以每月结算,不用逐一粘贴邮票了。② 这种变化让邮寄工作方便快捷,使发行工作迈上了一个新台阶。

随着业务的发展,出版品种的增多,邮购工作也越来越繁复。生

---

① 赵文:《略论〈生活〉周刊(1925—1933)的发行工作》,《科学经济社会》2010年第12期。

② 赵文:《略论〈生活〉周刊(1925—1933)的发行工作》,《科学经济社会》2010年第12期。

活书店建立后，邮购业务还涉及到本版和外版的图书，以及各类生活发行的期刊。徐伯昕设立了专门的邮购科，不断丰富邮购工作流程，到上海淞沪会战爆发前，邮购科的工作流程大体如下。

1. 各地来信有关邮购者，登入专用文薄，若附有银钱交给会计科清点。

2. 将款项逐步登入邮购户账单卡，并附上按照姓名用四角号码编排的索引卡，放入专门制造的抽屉里，像抓中药那样确保信息款项无误。

3. 邮购负责人批阅查对账单卡是否清晰完整无误。

4. 按购买书刊抄上配货单，书刊配到后，按来信需要一一分配，提交开发票。

其后还有开刊物订单、开清单、给有疑问的读者复信、打包付邮、定期向读者推广书目及宣传品、每隔半月或一月整理卡片、满足读者代购商品的特殊需求等流程。[①]

其五，建立分销体系与发行网络。随着发行工作的推进，徐伯昕为《生活》周刊建立了一个以上海为中心向全国乃至海外推进的发行网络，具体路线是，由远及近，沿沪宁、沪杭两条铁路线上的大中城市逐步推进，一直延伸到边远省份和海外华侨集中地区。到1928年时，《生活》周刊的海外销路就已拓展开来。[②]

其六，在发行工作中贯彻兢兢业业、竭诚为读者服务的思想方

---

① 赵文:《生活周刊（1925—1933）与城市平民文化》，上海三联书店 2010 年版，第74 页。

② 赵文:《略论〈生活〉周刊（1925—1933）的发行工作》，《科学经济社会》2010 年第 12 期。

针。周刊与读者并非单一的买卖关系，而是用想读者所想、为读者提供便利给读者带来信任感、亲切感，让读者与《生活》之间建立紧密的感情纽带。这种感情纽带非常重要——在通信工具不发达的年代，读者散布在千山万水间，一旦停止与报刊的联系，再想修复、挽留是极其困难的。徐伯昕的发行方针策略，极大地为《生活》节约了推广成本，提高了推广效率。之后成立的书报代办部，更是这种思想方针的集中体现——不仅帮助外埠读者、华侨在上海购买书刊文具，还有药品和其他商品的服务，有些青年到大上海求学、找工作，甚至将这里作为落脚之地。在后来的十余年中，读者给予这种服务精神极大的回报，抗日战争时期，《生活》的发行网络在炮火、当局的查禁下支离破碎，书刊无法按时寄到，许多读者仍然给予了《生活》极大的宽容、信任和支持。

有了这样初具格局的发行网，徐伯昕就开始挖掘《生活》周刊的潜力，发行周刊的合订本，编选文章形成单行本，结集读者信箱，将这些"生活丛书"推向市场，由期刊向图书扩展。

比如，《生活》周刊的合订本，最初的发行也不顺畅，大部分只是分赠给中华职业教育社的社员，"报贩对它也不大起劲，每次印出来，向外发售的刊物常'由报贩来一捆一捆称斤卖去'，有一次雇人在天文台路的运动场前散发赠送。以后逐渐改进，在商店、工厂的学徒和中小学生中间有了一些订户"①。一方面徐伯昕不断努力推动发行工作，一方面《生活》周刊的影响力也在不断提高，合订本的销量也大幅上升，多次再版。后来周刊社又推出了《生活周刊第一卷汇刊》，

---

① 穆欣：《邹韬奋》，三联书店香港分店 1959 年版，第 44 页。转引自梁小建：《〈生活〉周刊的改刊过程及意义研究》，硕士学位论文，北京印刷学院 2006 年，第 4 页。

据学者李频考察，1927 年 10 月初版，1928 年 2 月再版，1928 年 7 月第三版，1929 年 4 月第四版。汇刊和合订本的发行量远远超过现刊的发行量。①

此外，徐伯昕还经常开展周刊的优惠促销活动。比如，1930 年 7 月《生活》周刊迁至华龙路 80 号中华职业教育社新址办公，特价销售三个月。12 月，《生活》周刊五周年纪念时，特价销售一个月。《生活》还经常和广告主联合推出各种促销活动，比如，1929 年 12 月 1 日第 5 卷第 28 期，刊出广告，"凡持生活周刊本年的订报收条，来（亨得利钟表行）购钟表眼镜及各种货物，得享照码九五折的利益"。②

徐伯昕建立社会网络，是有严格职业道德标准的，绝不会来者不拒。这样的风格，他与邹韬奋是一致的。《生活》周刊的声誉日隆，试图"襄助"的人确实不少，比如著名的"王保风波"。1931 年 6 月，时任国民党中央执行委员、交通部长、上海大厦大学校长的王伯群（1885—1944），为了迎娶大厦大学的校花保志宁，重金聘礼，建造"金屋"——愚园路上的花园别墅，极尽奢华。《生活》周刊先后刊登了《久惹是非之王保婚礼》（第 6 卷第 27 期）、《对王保应作进一步的批评》（第 6 卷第 34 期），揭露并评论王伯群的花园别墅是接受变相贿赂所建，期间王伯群先是去信抗议诽谤，待得知《生活》周刊将要展开专门调查时，就派商务印书馆的一位"交际"博士和邹韬奋南洋

---

① 穆欣：《邹韬奋》，三联书店香港分店 1959 年版，第 44 页。转引自梁小建：《〈生活〉周刊的改刊过程及意义研究》，硕士学位论文，北京印刷学院 2006 年，第 5 页。

② 赵文：《略论〈生活〉周刊（1925—1933）的发行工作》，《科学经济社会》2010 年第 12 期。

公学的同学携十万巨款，先以王部长对上海大小报馆皆有补助之名进行贿赂，后来又想用十万巨款作为股本对《生活》投资，均遭到邹韬奋严词拒绝。此后邹韬奋还收到匿名信被"警告"。

周刊始终没有屈服，揭露的结果，是国民党中央政府有监察委员提出弹劾案。1931年底，王伯群被迫辞职。① 这件事也在一定程度上折射出《生活》周刊"打铁还需自身硬"的底气——邹韬奋多次自豪地公开表示，《生活》周刊凭借广告收入能够维持自身的收支，实现事业之独立，也多次提到，广告工作主要依靠徐伯昕。《生活》经济基础的积累，为日后生活书店的开办奠定了基础，也帮助了读书出版社等进步出版机构。

当然，这张发行网络的建立，离不开邹韬奋等人的集体商议，但具体工作的推进，则是徐伯昕主力承担的。他所缔造的这张密集广阔的发行网络，不仅创造了民国报刊业的发行纪录，更为《生活》周刊编织了一张灵活、便捷、迅速的编者—读者—作者—广告商的互动网络，良性互动，互为促进，让奋笔疾书的邹韬奋有了一个最能施展才华的平台，更成就了《生活》周刊民国时期大众媒体的典范地位。可以说，徐伯昕在发行领域的独特性与先进性，与邹韬奋在编辑出版方面的独特性与先进性，珠联璧合。若无伯昕这样的"大管家"，韬奋或能成为一代名记者，但可否成为未来生活书店这样的"传媒集团"的精神领袖呢？

---

① 邹嘉骊编著：《邹韬奋年谱长编》（上册），上海交通大学出版社2015年10月版，第310页。

八、从职员到经理的蜕变

随着《生活》周刊的快速发展，周刊社也有了不少新变化。

首先，编辑工作的业务量愈来愈大，1929 年周刊由单张改为单本，销售量突增至每期 12 万份以上，仅读者来信就有两万多封，为此，期刊社开始添人进口，聘请了"两位极可信任的同事专司笔述编者（邹韬奋）口授的大意及缮发经编者审定过的函稿"。①1930 年《生活》五周年纪念之际，"同事人数较前加了八倍"，房租加了三倍，稿费加了五倍至八倍，大家的薪俸依成绩增加了两三倍至四五倍，而周刊的订购费用，只是从每年一元增至一元二角，连四分之一倍还不到，周刊不愿意接受任何津贴，"所恃者是靠我们广告的信用与效力，逐渐在广告方面增加了收入"②。

信托周刊代买各种书报商品的读者越来越多，开始只是社里工作人员代为跑腿，后来实在吃不消，并且徐伯昕也看到了其中的巨大商机，就与韬奋商量设立书报代办部。为此，徐伯昕专门请来严长衍来主持这项工作。在外跑广告、和同业接洽业务时，徐伯昕常常留意专门的人才，严长衍有着书业的丰富经验，是伯昕早就看好了的，"得到这样一位同事襄助，真是欢天喜地"③。1930 年 6 月在《生活》周刊

---

① 邹嘉骊编著：《邹韬奋年谱长编》（上册），上海交通大学出版社 2015 年 10 月版，第 238 页。

② 邹嘉骊编著：《邹韬奋年谱长编》（上册），上海交通大学出版社 2015 年 10 月版，第 273 页。

③ 韬奋纪念馆、北京印刷学院编：《店务通讯》（排印本），学林出版社 2007 年版，第 1244 页。

上刊登广告："我们增加知识，固不以阅读书报为限，但养成阅读书报的习惯，实为增加知识的一种重要途径。""我们鉴于阅读书报与增加知识有密切的关系，又鉴于内地及海外读者之感觉困难，故毅然附设这个书报代办部。"①9月1日，《生活》周刊书报代办部正式开始运营。代办部义务为读者代购书报杂志，甚至文具、药品等。徐伯昕主持并周密研究制定了邮购规章，将竭诚为读者服务的宗旨具体化。凡力所能及的事情，尽力为读者办到。这种服务精神在今后几十年中成为生活书店贯彻如一的优良传统，代购部也成了日后生活书店的雏形。

1930年7月，《生活》周刊社离开了小小的过街楼，租用了离辣斐德路不远的华龙路（现雁荡路）80号办公，徐伯昕和邹韬奋都租住在附近。徐伯昕将夫人周雨青和二儿子徐敏接到上海生活，并在1931年生下了女儿徐前，只有大儿子徐星钊留在武进读小学。徐家一家人和邹韬奋一家人关系非常之好，这种良好的关系一直保持到了今天。徐伯昕称邹韬奋的夫人沈粹缜为"邹师母"。后来，生活书店的年轻员工们，都将沈粹缜和周雨青称为"师母"。这个革命出版机构，是并肩作战的同志组织，也是充满亲情的大家庭。当然，《生活》周刊从一份竭诚为读者服务的刊物，成为传播革命思想的旗帜，需要一个渐进的过程，徐伯昕走向革命出版道路，也同样需要一个渐进的过程。

1930年，职教社任命邹韬奋为《生活》周刊社社长兼主编，周刊社开始正式作为一个职教社的隶属机构而独立运营。至此，在组织上、业务上生活书店的雏形已经呈现，并积累了一定的经营经验。徐

---

① 邹嘉骊编著：《邹韬奋年谱长编》（上册），上海交通大学出版社2015年10月版，第243页。

伯昕的经营责任越来越重要复杂起来,他开始向经理人的身份转变。

周刊社的人手增加到二十多个,基本都归徐伯昕管理。他极为认真和严格地担负起新的职责,师傅带徒弟一样带领这些年轻人处理社务,每日事每日毕,一点不能马虎,在繁忙的工作中同甘共苦,常常带领大家加班到半夜。

人手开始是从职教社或熟人中找,后来,随着事业越来越壮大,周刊也采取了笔试、面试的方式招聘练习生。许多青年,就这样,从周刊的仰慕者,变成其中一分子,并追随着邹韬奋、徐伯昕走上革命出版事业的道路,最终成为新中国出版文化事业的骨干。

《生活》周刊公开招纳的练习生,每次录取一两个。其中一位练习生叫王永德,考取进来时年仅 14 岁,沉默寡言,努力自修,很快,编辑业务就非常成熟了,可惜在 20 岁左右的时候就因伤寒症早逝。又如 1931 年 9 月应聘的练习生邵公文(1913—1998),18 岁的他经过笔试,又进行口试,先是和邹韬奋谈,而后再与徐伯昕谈,"这是我同伯昕同志第一次见面,……,虽然谈的内容已记不起来了,但伯昕同志亲切、友善、和颜悦色的谈吐至今犹历历在目"①。邵公文很快成长为徐伯昕最亲密和得力的助手,长期负责生活书店的人事工作。如邵公文这样陆陆续续走进生活书店,从练习生开始成长为新中国出版骨干的年轻人,在后来的回忆中,都曾深情回忆徐伯昕的言传身教,称他为良师益友。

总结一下《生活》周刊时代的徐伯昕,在这八年里,从精神上,他开始从一个热血青年向进步青年转变,从出版职涯上,实现了从勤

① 邵公文:《痛悼徐伯昕同志》,载中国民主促进会、中国出版工作者协会编:《怀念出版家徐伯昕》,书海出版社 1988 年版,第 53—54 页。

奋"职员"向生活管家的迈进。

20世纪30年代出版的《上海产业与上海职工》是这样定义职员的，"是指在经济、文化、政治等机关中，从事非体力劳动的服务人员。工厂里面，上至经理、工程师，下至办公室的练习生，都是职员。大小商店里面的经理、店员、学徒，政府机关的公务员，报馆的编辑人等等，也都可以称作职员"。职员既有知识分子的意味，又有不少脱离不了体力劳动，正如练习生时期和在周刊社初期时的徐伯昕，既要策划广告，推进发行，管理总务，也要封包、邮寄，从事体力劳动。[①] 这样的身份，与《生活》周刊的读者群体恰恰是一致的。因此，我们可以将徐伯昕视为《生活》周刊读者中的一个典型案例，他在阅读中不断丰富着自己的见识和思想，从最初对这份事业的认同，到后来将周刊视为实现人生目标的广阔平台，青年"管家"徐伯昕正和他的刊物共同成长。

九、九一八事变后的思想转折

快速发展但平静安稳的时光忽而破碎。

1931年9月18日，日本帝国主义入侵我国东北。国土的沦陷，极大地激发了徐伯昕的爱国主义。他在《历史记忆片段》中回忆，这是《生活》周刊转变的开始，也是他思想转变的开始。

这一年，《生活》周刊整体思想和态度的改变，还源于李公朴

---

① 朱邦兴、胡林阁、徐声合：《上海产业与上海职工》，上海人民出版社1984年版，第669、471页；赵文：《与城市平民文化》，复旦大学博士毕业论文，2009年4月，第14页。

（1902—1946）、艾寒松（1905—1975）、胡愈之（1896—1986）等人的相继加入，参加《生活》周刊编撰工作，给《生活》周刊注入了新的血液。

1930 年 11 月 3 日，《生活》周刊特约撰稿人李公朴——后来读书出版社的创办人，由美国取道欧洲回国，抵达上海。第二天，生活周刊社设宴招待李公朴夫妇。1930 年，艾寒松从复旦大学毕业，因为向《生活》周刊投稿而受到邹韬奋的器重，引进周刊社充任邹韬奋的助手。1931 年，邹韬奋因读了胡愈之的《读〈莫斯科印象记〉》而颇为欣赏，进而向胡愈之约稿。此后，邹韬奋经常邀请这三人一起参加周刊社的聚餐会，讨论下期刊物的内容，而后分头去写文章。编辑部的政治理论实力大大增强，改变了邹韬奋一人独撑《小言论》的局面。这些新生力量的加入，让《生活》周刊的思想更加活跃，也更受读者欢迎。徐伯昕的广告发行队伍则更为壮大，期刊社的二十余人，大部分属他的麾下。

《生活》周刊开始大量报道、评论日军侵华的暴行，刊载许多照片。10 月 10 日是中华民国二十周年国庆，徐伯昕精心设计了《生活》周刊第 6 卷第 42 期"国庆与国哀"特刊的版面，增加 8 页戈公振所编的"双十特刊画报"，使篇幅扩大到 56 页，价格不变。该刊发表了邹韬奋、胡愈之、艾寒松等人多篇抗日救亡的文章，集中揭露了日军暴行，唤醒全国人民，主张团结一致抗日御侮，反映了广大国民的心声。这期《生活》从内容到形式都吸引了广大读者，发行量达 15.5 万份，而民国时期的报业旗舰《申报》，直到 1934 年才突破 15 万份大关，① 国民党的《中央日报》，1935 年才增至 3 万余份（当然，报纸

① 胡太春：《中国报业经营管理史》，山西教育出版社 1998 年版，第 60 页。

是按日出版）。①

"国庆与国哀"特刊中的广告依然不少，对此，邹韬奋在《编余赘语》中专门进行了解释："这一期特刊文字较平常约增多一倍，并加有画报六页，而价目则完全照旧，……但同人所有的不过是精神时间和心血脑汁，没有经济可以赔贴，故仍不得不多登些广告。"

广告亦有广告的抗日宣传方式，九一八事变之后，徐伯昕在广告设计上，更加旗帜鲜明地抵制日货、宣传国货：书籍广告，以"国难当头"为口号；日用产品，以"支持国货"为口号；②饭店、影院的广告也以抗日募捐相号召；最令人拍案者，是中国乒乓球厂的"连环牌"乒乓球产品广告，其广告以"马占山"三个黑体大字作为标题，广告词为："赤城（诚）保国，是军人应尽之天职，设人人能如马占山，马占山何足奇？正确耐用，是标准乒乓球应尽职优点，设各牌皆如连环牌，连环牌何足奇？"③这则广告与这一期《逃失锦州》、《记马将军》、《本社为筹备援助黑省卫国健儿第八次报告》、《关于援助马将军捐款最近报告》等文章交相辉映，同仇敌忾。

当时报刊广告借马占山之名进行宣传的并不少，比如《申报》上刊登的当红商品"马占山将军"香烟的广告："愿同胞吸此至高无上之极品'马占山'香烟，闻风兴起，共图大是也"，④与《生活》之乒乓球广告文案相比，前者热血沸腾，后者理性平和，但观两个广告的商

---

① 王余光、吴永贵：《中国出版通史·民国卷》，中国书籍出版社 2008 年版，第 107 页。

② 李胜佳：《〈生活〉周刊的抗日舆论研究（1931—1933）》，硕士学位论文，河北大学 2014 年。

③ 《生活》1932 年 1 月 9 日第 7 卷第 1 期。

④ 周石峰：《义利之间：近代商人与民族主义运动》，中国时代经济出版社 2008 年版，第 160 页。

品意义、广告词境界,还是高下立判的。

江桥抗战爆发后,《生活》周刊社发起"声援东北马占山将军抗日募捐"的义举,徐伯昕与上海各大报协商,每日义务刊登捐款名单和账目的启事,将捐款及时寄给马占山将军签具收据,并请立信会计师潘序伦先生审核账目及时公布。《生活》周刊社共发出十次为筹款援助黑省卫国健儿的紧急启事,社会各界热烈响应,捐款人络绎不绝。徐伯昕与韬奋一起率领《生活》周刊社开展募捐工作,仅仅十几人的同事全体动员,收钱的收钱,记录的记录,打算盘的打算盘,大家忙得喘不过气来,一直算到深夜两三点钟,赶着把姓名和数目送到《生活》、《申报》和《新闻报》同时去登广告,登出一份全张四分之一的大广告,而登广告的钱,也是平日热心的主顾应周刊请求而捐送的,这样的广告登了好几天。[①] 捐款则分批由周刊社代转东北抗日前线。江桥抗战失败后,《生活》周刊社继续募捐援助马占山领导的抗日义勇军。截至 1932 年 1 月 18 日,共募捐 126015.57 元,共汇给马占山将军 120007 元,剩余的钱捐款结束后一并汇去。[②]

国难当头,并非所有人都能如《生活》周刊这般赤诚纯粹。1933年 8 月 1 日,马占山公布共收到各界捐款 171.3 万余元,而上海市《时代日报》、《东方日报》、《明星日报》、《大昌日报》联名刊登言论,提出社会各界人士捐款应在 200 万—300 万元,并请求国民党当局立案彻查有无贪污侵吞捐款之事。[③]1936 年"七君子事件"之前,就有谣言散布,传邹韬奋 1933 年出国流亡的费用,是侵占了捐赠给马占

---

① 邹韬奋:《事业管理与职业修养》,生活·读书·新知三联书店 1982 年版,第 161 页。
② 《援马捐款结束后之余闻》,《生活》1932 年 1 月 23 日第 7 卷第 3 期。
③ 唐培吉:《海抗日战争史通论》,上海人民出版社 2015 年版,第 200 页。

山的款项，国民党以韬奋左倾及捐款有舞弊嫌疑的罪名，欲秘密逮捕他。

为此，生活书店即刻刊登了《陈霆锐律师代表声韬奋紧要启事》（1936年2月15日《大众生活》第1卷第14期），并附上潘序伦律师当年对捐款的会计证明书，予以澄清。在生活出版事业的历史上，屡次发生此类诽谤、造谣之事，怀疑生活的账务款项不明，并以此作为攻击、要挟甚至毁灭生活事业和韬奋的把柄，所幸生活的"大管家"徐伯昕在管理账目方面始终严格谨慎、公私分明，一直与会计所、律师所保持业务合作，监督账目，及时公开，留存证据，化解了一次又一次的怀疑诬蔑，保证了生活及韬奋的清誉。从这个角度，我们可以更好地理解为何生活的同事们都尊称徐伯昕为事业之"舵手"了。

随着《生活》事业的扩展，社里的收入从每年一千五六百元，到1932年已近十五万元，[1] 此后资产日益扩大，然徐伯昕对待财政始终是严格规范，不仅自己涓滴归公，以一腔心血浇灌《生活》的经济基础，对待韬奋这位最亲密的良师益友，即便是紧急时刻，他也没有以私人情感压倒事业的规章。韬奋流亡出国，徐伯昕跑前跑后，为其做好保障，出国经费是预支了韬奋的版税和稿费；"七君子事件"中韬奋被关押八个月，徐伯昕也是按规章停发了他的薪水，仍然是按月预支韬奋的稿费，让家属得以为生，韬奋出狱后从版税中将预支的部分完全扣还。[2] 但在公共事业、服务社会方面，徐伯昕则始终为生活明确着无私奉献的原则，抗日战争数年内，多位同事意外牺牲、病亡，

---

① 雷群明：《韬奋论新闻出版》，学林出版社2009年版，第202页。

② 韬奋纪念馆、北京印刷学院编：《店务通讯》（排印本），学林出版社2007年版，第1338页。

徐伯昕每次都带头为其家属捐赠钱款。为抗日战士、难中同胞捐赠，徐伯昕也是身先士卒的。在为马占山捐款的过程中，徐伯昕不仅带领全社焚膏继晷处理捐款，还为捐款刊布名单之事贴去纸费印刷费在二千元以上，这样的付出可谓是用尽期刊社的"绵薄之力"——《生活》周刊虽然收入近十五万元，但事业处于不断扩展上升阶段，支出也要约十四万元，剩下不多的余存，都要做第二年的流动资金之用。[①] 徐伯昕半生苦心经营，却始终不曾为自己的富贵利禄着想，这一点，他与邹韬奋也是心意相通的。

组织捐款之时，来交捐款的读者将周刊社很小的门口堵得水泄不通，其中有卖菜的小贩和挑担的村夫，"在柜台上伸手交着几只角子，或几块大洋"，也有一位"粤东女子"特捐所得遗产二万五千元。[②] 这种救国热情，让徐伯昕永远难忘。

这种景象也轰动了上海，甚至全国。当时在上海的全国总商会也在发起捐款，而且也在捐款第二天到日报刊登捐款者姓名数目的广告，结果版面还不如《生活》的一半大，第二天更小，觉得不好意思，就不登了。[③] 这一次募捐活动，也是《生活》深度介入社会公共事务的开端。此后，徐伯昕带领《生活》同人，不断积极参与各类公共活动，更为直接地去影响社会，其中重要事件有 1937 年沪战爆发时认购政府发行的救国公债，1938 年响应朱德总司令通电为购买防毒面具捐款，为前线募捐棉衣，举办义卖支援抗战，重庆遭遇大轰炸期间

---

① 雷群明：《韬奋论新闻出版》，学林出版社 2009 年版，第 202 页。
② 生活·读书·新知三联书店编：《韬奋：韬奋画传·经历·患难余生记》，生活·读书·新知三联书店 2012 年版，第 199 页。
③ 韬奋纪念馆、北京印刷学院编：《店务通讯》（排印本），学林出版社 2007 年版，第 1316 页。

成立生活服务队救护难胞，1939 年为前线战士征写 13 万封慰问信等。

1932 年初，日军不断在上海挑衅，引发冲突。1 月 28 日深夜，日本海军陆战队突然进攻上海闸北，驻沪十九路军当即迎战。《生活》周刊及时报道战况，号召大家携手并肩，前仆后继，奋起救国。徐伯昕开始全力投入支援上海抗战的活动。他不仅参加了"战时号外"、"抗日救亡画报"和《生活》临时增刊的选稿、编排工作，并为十九路军募集物资。沪西梵皇渡青年会中学慷慨借出两大座洋房，在几位热心读者的捐助下，《生活》周刊社布置设立了"生活伤兵医院"，开始收容伤病，养护疗治。他还同其他人一起，亲自到电车上散发号外，在编辑部轮流与同人通宵值班，守在电话机旁，答复民众关于前线战况的询问。

在高速发展的这几年中，《生活》周刊的办刊方针日渐明朗——从初期内容偏重于个人的修养问题，不出教育的范围，逐渐转变为"主持正义的舆论机关，对于黑暗势力不免要迎面痛击"，但这些犀利评论，很容易开罪人，以致牵连到职教社。

1929 年，邹韬奋在《言论的责任》（《生活》第 5 卷第 5 期，1929 年 12 月 29 日）中写道："……近来有人无端把自己索隐为文字中的人物——尤其是韬奋所发布的文字中居多——直接和创办本刊的同志噜苏，使他们怪麻烦。……创办本刊的同志有随时叫我滚蛋的可能，但却绝对没有叫我在言论上屈伏的可能。"职教社对周刊的编辑工作是从不加以干涉，但其主要职责终究是提倡职业教育，因此，邹韬奋也开始感觉到不安。在权衡之下，《生活》周刊渐渐注意由个人出发点而转到集体的出发点，用敏锐的眼光、深切的注意和诚挚的同情，研究社会问题和政治问题，研究当前一般大众读者需要怎样的

"精神食粮"，做改造社会的冲锋实验。① 这不仅是《生活》周刊的中心思想，也是后来办生活书店的中心思想。

九一八事变后，在国难当头的时刻，《生活》周刊的救亡图存、抗战到底的态度更为鲜明。对于一切试图苟且妥协、破坏一致抗日阵线的行为和势力，对于一切民族危亡时刻仍然争权夺利、贪赃枉法的行为和势力，周刊都表达了绝无半点容忍的抨击和揭露，发表了《愤懑哀痛中的民意》、《与众共弃之汉奸》、《一群可怜虫》、《丧权辱国中的喜气洋洋》、《仇人做夫妻》、《独裁与双簧》、《死路一条!》等一系列言词犀利、抨击当局在抗日中的表现的文章，这都标志着这份刊物终于由综合性的青年大众读物，转变为以抗日救亡为中心的时事政治刊物。

这个时期是徐伯昕思想上的第一次转折时期。这也与胡愈之的出现有关。

胡愈之学识渊博，才华横溢。新中国成立前，他是集记者、编辑、作家、翻译家、出版家于一身的新闻出版界"全才"；新中国成立后，他担任出版总署署长，是新中国出版业的主帅。胡愈之1933年就加入了中国共产党，为避政治迫害流亡巴黎、莫斯科，系统地研读了马克思主义著作，参加了进步工人运动，写成《莫斯科印象记》，为我国读者全面地介绍了苏联情况。邹韬奋与胡愈之相识相知后，又经历九一八事变，开始从民主改良主义走上抗日救亡的革命道路，在感情和工作上，都日益拉近了与中国共产党的关系。胡愈之也开始以《生活》一分子的身份投身出版工作，利用各种机会，以迂回曲折的方

---

① 生活·读书·新知三联书店编:《韬奋:韬奋画传·经历·患难余生记》，生活·读书·新知三联书店2012年版，第192—193页。

式，开展共产党的思想政治工作，启发大家利用马克思主义理论指导实际工作。同时，胡愈之目光锐利，帮助《生活》分清敌我，比如在韬奋发起创办《生活日报》时，发起人中有吴颂皋和陈彬龢这两个披着进步文化外衣的人物，便引发了胡愈之的怀疑。待吴投靠汪精卫之后，胡愈之提醒韬奋与陈疏远。果不其然，陈正是被日方收买的职业特务。① 可见，胡愈之可谓是生活书店的"航海长"，成为徐伯昕走上革命出版道路的第一个引路者，也是徐伯昕结交更多进步人士的枢纽。

徐伯昕被民族危亡激发起前所未有的爱国热情，他开始对苏联、社会主义、共产主义的知识、理念有所接触——他的导师邹韬奋也正是在这一阶段读了这方面的书，挤时间翻译了鲁迅所推荐的《革命文豪高尔基》，同时在《生活》周刊上发表了《读〈苏俄的真相〉》等文章。② 但此时的徐伯昕，政治觉悟还没有实现突破，他还是一个为《生活》周刊、为养家糊口而奋斗的爱国青年，还没有走到为出版传播革命思想而奋斗的队列中来。不过，他的脚步越来越近了。

---

① 生活书店史稿编辑委员会编：《生活书店史稿》，生活·读书·新知三联书店2007年版，第15—17页。

② 胡愈之：《我的回忆》，江苏人民出版社1990年版，第153—154页。

第三章

呕心沥血：为生活书店的奠基奋斗

　　九一八事变爆发前夕，日本已多次制造事端，实施挑衅，蒋介石政府则一边调动兵力大规模"围剿"红军，一边忙于处理国民党内部派系斗争和军阀混战，对于外部威胁，他一直采取"攘外必先安内，统一方能御辱"[①]的态度和策略。在九一八事件爆发后，蒋介石寄希望于英、美和国际联盟出面干涉，"要求国人震惊忍耐"[②]。为此，蒋介石自然希望报刊宣传配

　　合当局，他甚至让于右任打电话给向来关系良好的张季鸾，要求《大公报》主张"缓抗"。[③]

---

　　① 中共中央党史研究室：《中国共产党历史》（第一卷），中共党史出版社 2011 年版，第 334 页。

　　② 中共中央党史研究室：《中国共产党历史》（第一卷），中共党史出版社 2011 年版，第 334 页。

　　③ 方汉奇：《中国新闻传播史》，中国人民大学出版社 2014 年版，第 177 页。

而短短四个月内，东北百万平方公里的河山沦陷，生灵涂炭。国破之惊，令中国社会强烈震动，各界人士痛惜愤懑之声，汇聚成救亡图存的宣传巨潮。1932 年 1 月 28 日，日军进攻上海，将这种巨潮推向了顶峰。上海新闻界发生了巨大变化，其突出标志，则在于《生活》周刊和《申报》的转变——从监督政府、改良社会走向反对独裁和消极抗日，主张团结救亡。

20 世纪 30 年代的中国，发行量即话语权，对于《生活》周刊，当局软硬兼施，敦促其"拥护政府"。周刊采取了不合作态度，也因此遭到了发行上的秘密封禁，《生活日报》创刊的计划最终流产。为了应对危机，徐伯昕和邹韬奋一起，开始建立生活书店，与周刊分开，以保存实力。

生活书店创立后，民国新闻出版史上的黑暗时期开始，政府采取各种手段对付不配合的新闻出版人，史量才被暗杀，《生活》周刊遭禁，邹韬奋因为被列入当局黑名单，不得不多次流亡。徐伯昕一边要竭力为邹韬奋的安全筹划运作，另一方面则扛起了生活书店的大梁。在艰苦历练中，他和邹韬奋一起，从"爱国主义者，革命的民主主义者，通过抗日战争烈火的锻炼而成为共产主义者"。①

一、突破发行的封锁

面对日寇入侵的危难国情，徐伯昕跟随邹韬奋一起，希望能为

---

① 胡绳："序"，载《怀念出版家徐伯昕》，书海出版社 1988 年版，第 2 页。

唤醒国民、协助抗日贡献更多的力量，但局势复杂严峻。1929 年起，国民党政府相继颁布《宣传审查条例》、《出版法》等法规，并设立图书杂志审查委员会。1931 年 9 月，仅湖南长沙统计的被查禁书籍就达到 228 种，他们还拘捕、刑讯和秘密杀害进步的作家、新闻出版人，开展针对左翼文化群体的文化"围剿"。[1] 面对这种情况，徐伯昕和邹韬奋一起，选择了迎难而上，加大传播的声音。

首先，他们决定在期刊社中创办一份日报。1932 年 3 月，徐伯昕与邹韬奋、戈公振、毕云程、杜重远、李公朴等人计划创办《生活日报》，并登报公开招股。该报拟定最低资本为三十万元，每股定为五元，《生活》周刊社自出资三千元，剩下的由周刊社向国人募集，并计划集款达五万元，就先定购印刷机，希望六七个月后可以见报。[2] 在三个月内，有两千多《生活》周刊的读者认股，总额达十六万元，其中有许多是"做工的同胞"和"做学徒的小弟弟"将省下来的血汗钱凑集而来。

经黄炎培牵线，邹韬奋与史量才会面，《生活》周刊与《申报》也联合起来，"《生活日报》是一支轻骑兵，《申报》是大部队；将来《生活日报》打前哨，《申报》打阵地战，互相配合"，为共同的政治目的而奋斗。这也是史量才第一次同意《申报》同时兼任其他新闻单位工作。[3]

可惜的是，此时《生活》周刊与当局关系已经极为紧张，国民

---

① 中共中央党史研究室：《中国共产党历史》（第一卷），中共党史出版社 2011 年版，第 369 页。

② 邹韬奋：《创办〈生活日报〉之建议》，1932 年 3 月 5 日第 7 卷第 9 期。

③ 马荫良：《怀念戈公振兄》，载洪惟杰：《戈公振年谱》，江苏人民出版社 1990 年版，第 129 页。

党政府不予登记，无奈之下，只得停办《生活日报》。徐伯昕即刻筹划将全部股金加上利息退还给参加股份者，以维护生活书店的信誉。10月22日，《生活》周刊发布了《〈生活日报〉宣告停办发还股款启事》，将全部股款及利息由银行悉数退还给了入股者。

这一年，《生活》周刊受到了国民党当局的各种阻挠查禁。1932年初，蒋介石先邀黄炎培到南京，要《申报》和《生活》周刊改变态度，拥护国民党，不然就查封。春天，蒋介石又派胡宗南到上海，约邹韬奋晤谈，双方就抗日问题和《生活》周刊的态度辩诘达四小时之久。胡宗南极力游说，软硬兼施，试图改变邹韬奋的政治立场，逼他表态拥护蒋介石。邹韬奋回答，只要政府公开抗日，便一定拥护，在政府公开抗日之前，便没有办法拥护。胡宗南只好说了声"请先生好自为之"，无功而返。

"软磨"没有结果，蒋介石当局就采取了"硬手腕"，发出密令，在江西、湖北、河南和安徽四省查禁《生活》周刊。此后，由国民党政府市公安局复市党部封禁《生活》周刊，禁止邮递，并密令如果《生活》改变寄递方式，就立即派干员会同公安局守候各码头及各报贩停止送卖。10月14日，黄炎培获知周刊将遭封禁，便不得不开始商计后事。自《生活》遭难以来，有一些朋友出于好意，劝周刊只谈社会问题，不谈政治问题，只为社会服务，避免与当局发生冲突，《生活》周刊为此发布评论，表示坚决不会为苟且偷生独善其身。

针对国民党当局禁止邮递《生活》周刊的情况，负责发行工作的徐伯昕发挥了聪明才智，第一次与国民党当局展开了斗争。他千方百计想办法，对于上海本埠订户，他招了几个工友，用自行车把周刊送到读者手中；对于外埠，在铁路沿线的代销店，不经邮局改由铁路运送；凡轮船通航的地方，委托船上的工友代送。有的交民信局代送。邮局寄送时，改换包封寄递，或者先带到外地，由外地邮局寄送，甚至通过邮局中的熟人或读者，趁着邮检员不在的时候交寄。国外订户则辗转设法托外国轮船上的中国水手带至国外代寄。他想尽办法，仍然使刊物在当局查禁的高压下继续在民众中传阅。[①]

在与当局冲突的过程中，虽然黄炎培一样批评当局，反对内战，但黄是孙中山时期的同盟会会员，是极具威望和社会活动能力的教育家，蒋介石虽然在日记中多次痛骂黄炎培之"反动"，但也只能责问，而没有像对史量才、邹韬奋那样痛下狠手。黄炎培则利用自己在政府的人际网络，为《生活》周刊提前通报将被查封的消息，并共同商讨《生活》周刊的未来。最终，为了不至于让黄炎培和中华职业教育社为难，邹韬奋和徐伯昕决定与职教社脱离关系。1932年底，双方签订脱离契约，周刊成为独立的刊物，并承诺如果周刊赢利，将其20%支援职教社办教育事业。

从清末国人办刊办报开始，因为报刊内部分裂而导致昔日同志反目成仇之事数不胜数，经济瓜葛、政治利益纷扰其中。这愈加显得《生活》与职教社的"分手"，似乎过于和平、友爱了。

从1926年办刊开始，黄炎培和中华职教社对《生活》周刊的出版工作几无干涉，而是给予必要的帮助和扶持。在周刊安身立命的初期，徐伯昕的出版经营工作，是与中华职教社四通八达的商业网络无法分开的。随着《生活》周刊的成长，虽然其思想理念与"母体"有了不同的取向，但在强国、救国、爱国的大方向上始终是一致的。而

---

① 　许觉民：《出版家徐伯昕同志传略》，载《新文化出版家徐伯昕》，中国文史出版社1994年版，第13页。

且，随着《生活》影响力的与日俱增，这个周刊从职教社宣传工具、信息平台的从属地位，越来越成为有资格并肩奋斗的伙伴了。黄炎培等职教社领导，开始由经济领域向政治领域，为周刊提供帮助和扶持，比如共同参与组织抗日救国研究会、上海市民地方维持会，促成《生活》周刊与史量才《申报》的合作。

《生活》周刊与中华职业教育社脱离关系，虽迫于政治形势，但更多的是，这颗"果实"已经成熟，足以去寻找、开辟另外一片天地了。因此，虽然双方解约，但仍然保持着长期的良好关系。就徐伯昕个人而言，随着事业上的成熟发展，他与黄炎培的交往越来越频繁。在后来的困境面前，他多次找黄商计，黄亦会尽心报信、疏通、想办法，为生活书店和革命出版事业提供了不少帮助。

二、创建生活书店

九一八事变之后，徐伯昕和邹韬奋预感《生活》周刊会被查封，所以，决定策划新的出路：创立生活书店，分开办公，为保存实力做准备。并且，此时《生活》周刊社已经出版了好几种书，比如《一个美国人嫁与一个中国人的自述》、《读者信箱汇集》、《读者信箱外集》等。这些书销路的打开，也离不开徐伯昕的智慧灵感。起初，书的销路不畅，徐伯昕分析其中原因之一在于书名不吸引人，便把《读者信箱汇集》的第一辑改名为《最难解决的一个问题》，第二辑改为《悬想》；《读者信箱外集》第一辑叫《该走哪条路》，第二辑叫《迟疑不决》，第三辑叫《迷途的羔羊》。这些书目也不是信口胡起的，而是徐伯昕采用书中某篇文章的题目。果然，图书发行量大大增加，后来还不断地再版。①

1931 年 7 月 1 日，生活书店正式挂牌成立，地址设在华龙路（今南昌路）环龙别业（今南昌别业）2 号，业务范围包括出版发行《生活》周刊社各卷汇订本及单行本，并承接之前代购部的工作，寄售国内各种有价值之书报杂志，及代外埠读者代购代订各种书报等。1925 年，黄炎培曾为《生活》周刊书写刊名。此次书店成立，大家再邀请黄炎培为店名写"书店"二字，可是黄炎培无论如何也写不出与"生活"二字一样的字体。于是，徐伯昕充分发挥书法优长，仿照黄炎培的"生活"二字写了"书店"二字，几乎"以假乱真"，② 这成为日后生活书店开店印书的标准字体。

经胡愈之提议，生活书店对内办成生产合作社，每一个工作人员都是书店的主人。所谓对内，是因为合作社组织在当时被认为是非法的，因此对外仍然作为股份有限公司注册。经徐伯昕、邹韬奋和胡愈之商议，由胡起草了合作社的《生活出版合作社社章》草案，经过全体职工讨论修改通过。其中有三项原则性规定，即经营集体化、管理民主化、盈利归全体。③ 书店的出版方针是发扬进步文化。出版发行宗旨是"努力为社会服务，竭诚谋读者便利"。管理这个事业的最高权力机构是社员大会或社员代表大会，由代表大会用无记名投票选举产生理事、人事、监察委员会，由理事推选主席和总经理。这样的

---

① 邵公文：《徐伯昕同志与生活书店》，载《怀念出版家徐伯昕》，书海出版社 1988 年版，第 75 页。

② 李文：《一代多才多艺杰出的出版家》，载《怀念出版家徐伯昕》，书海出版社 1998 年版，第 62 页。

③ 胡愈之：《我的回忆》，江苏人民出版社 1990 年版，第 155 页。

出版经营企业，在当时的国统区是绝无仅有的。

这样的组织结构，没有尊卑之分，强调的是共同的事业和各自的责任，对于生活书店这样一个以青年职工为主的出版机构，更能激发年轻人的归属感和奉献精神，也迅速吸引了更多有理想有追求的青年慕名而来。徐伯昕与邹韬奋一起，扮演着事业领袖、青年导师和集体家长的多重角色。他们身先士卒，为这个集体无私奉献，为大家尽力提供学习成长的机会和令个人与家庭无虞的福利保障，并始终努力追求科学、透明、公正的管理方式。

管理民主化，设理事会、人事委员会、监察委员会三个领导机构，成员由社员大会民主选举产生，实质上是民主集中制的运用。1932 年 7 月初，生活书店召开了第一次社员大会，选出徐伯昕与邹韬奋、王志莘、毕云程①和杜重远②五人为理事，组成理事会，并由理事会选举了邹韬奋为总经理，徐伯昕为经理，毕云程为常务理事；③孙明心、陈锡麟、孙梦旦为人事委员会委员；艾寒松、严长衍为监事。胡愈之社会工作多，没有参加合作社，没有必要他可以不出面。④

生活书店开办时的全部家当，有《生活》周刊社结存下来的2000 元钱，连同一些库存书刊和办公用具等，按 1933 年 7 月计算，

---

① 毕云程（1891—1971），浙江人，早年曾在上海商务印书馆当纸版管理员。1916 年任上海纱业公所秘书。资助邹韬奋读大学，二人结为挚友。是《生活》周刊最早的赞助人和撰稿人，用"新生"为笔名撰写了《苏俄五年计划》、《中国经济上的出路》等文章。

② 杜重远（1898—1944），吉林人。早年留学日本。参与筹办《生活日报》。1939 年任新疆学院院长，后创办宣传新思想的刊物《光芒》。1943 年遭军阀盛世才杀害。

③ 邹嘉骊编著：《邹韬奋年谱长编》（上册），上海交通大学出版社 2015 年版，第 385 页。

④ 张文彦、卞卓舟等编著：《三联书店简史》，生活·读书·新知三联书店 2012 年版，第 22 页。

折合成全部资产 38690 元（不包括刊物预收订金）。按在职的工作人员（成立时有职工 20 余人），以过去所得工资总额多少为比例，分配给全体职工作为入社的股金；新进职工在一定金额内，扣除月薪 1/10 入股，股金超过 2000 元时，超过部分不计股息。这种组织形式在当时是创举，非常适用于这项不以赢利为主要目的的进步文化事业。①

生活书店的初期经营方针，是徐伯昕与邹韬奋、胡愈之等共同商议筹划的结果，决定采取以下的经营方略：

第一，把《生活》周刊和生活书店对外分开。《生活》周刊的政治态度不变，被国民党反动派视为眼中钉，此时已遭禁止邮寄，迟早会被查封。为避免被殃及，生活书店对外独立门户，另觅陶尔斐斯路（今南昌路）为办公地点，业务发展后又迁至繁华的商业街霞飞路（今淮海中路）桃源坊，业务上分设了编辑部、经理部、出版部、营业部、业务部等部门。1934 年又迁到书业云集的福州路 384 弄复兴里。

第二，稳扎稳打做长远打算。先求生存，再求发展。其主要构想是：生活书店既是一个传播进步文化的机构，又必须在经济上自力更生、站稳脚跟，获得逐步的发展；既要在出版方针上保持独立的地位，又必须在经营上采取灵活而有效的办法，以求得合法的生存。从实际出发，适应客观环境。这也是《生活》周刊发展过程中的心得。

第三，出版与发行并举。这里有两层意思：一是本报书刊的发行

① 张文彦、卞卓舟等编著：《三联书店简史》，生活·读书·新知三联书店 2012 年版，第 22 页。

工作掌握在自己手中，为的是免受或少受书商的控制。胡愈之说过："从前进步书店没有钱，没有钱就办皮包书店（出版社），出的书不一定坏，但是卖不出去，因为卖书要通过别人的书店，别人的书店有充分的理由不卖你的书，你就没办法。"① 第二层意思，从生活书店自身具有的条件和营业的需要来说，除了发行本版书刊，有经售、代办各种书、报、刊的优良传统，有利于和读者保持密切联系，也可以增加经济收入。

合作社的模式和这种经营策略，是徐、邹、胡集体智慧的结晶，但落实起来，则主要依靠徐伯昕的智慧和能力。

新的事业正在开始，徐伯昕一面忙于《生活》周刊和生活书店的工作，一面和韬奋一起，更加频繁地参加各种进步社会政治活动，很快，他迎来了工作最为繁重的一个人生阶段。

1933 年 6 月 18 日，中国民权保障同盟总干事杨杏佛（1893—1933）在汽车上遭国民党特务乱枪暗杀，当时他 11 岁的小儿子也在车上，幸而被他以身护卫保全了性命。随之谣言四起，传言邹韬奋也被列入暗杀黑名单之中。

祸事因邹韬奋参加中国民权保障同盟而起。该同盟也是邹韬奋参加的第一个社会组织，1932 年 12 月 29 日成立，是由以宋庆龄为代表的国民党左派在上海发起的爱国组织，针对蒋介石政府的独裁和消极抗日政策，专为营救被非法拘禁的政治犯而奋斗，同时负责调查监狱状况，刊布关于政府压迫民权之事实，并努力伸张结社、集会、言论、出版之自由。同盟的最高权力机关是临时中央执行委员会，当

---

① 张文彦、卞卓舟等编著：《三联书店简史》，生活·读书·新知三联书店 2012 年版，第 22 页。

时是由宋庆龄、蔡元培、杨杏佛、林语堂、伊罗生、邹韬奋、胡愈之七人组成，宋庆龄任主席，蔡元培任副主席，杨杏佛任总干事。《生活》周刊上对同盟的宗旨和活动也做了介绍和阐释，并在 1933 年 2 月 4 日报道了《〈江声日报〉经理刘煜生被枪决案》以示抗议。

得到暗杀传闻后，邹韬奋与徐伯昕、胡愈之、杜重远、毕云程密商，估计按照这种形势，《生活》周刊一定会被封闭，韬奋也有很大危险被捕或被暗杀，因此，他听从大家劝告，准备出国避难。徐伯昕随后便积极为保障邹韬奋的人身安全做准备，预支了邹韬奋的版税和稿费，筹集了三千元作为他的出国经费。

1933 年 7 月 14 日，邹韬奋以出国考察为名开始了第一次躲避特务暗杀的流亡，徐伯昕和其他同人一起到上海码头上送行。离别前，在轮船旁，他们留下了几张合影。有徐伯昕的这一张，是抓拍的照片。7 月份的上海，天气炎热，周围的人都拿着扇子，徐伯昕梳着分头，一身西装，系着领带，手拿礼帽，他面向镜头，旁边是同样身着西装的邹韬奋、胡愈之，还有邹夫人沈粹缜。

邹韬奋取道香港，过新加坡，先后到达意大利、瑞士、法国、英国、比利时、德国、苏联、美国，一面参观、访问、考察，一面学习、思索、写作，寄回许多海外通讯，在国内发表，集结为《萍踪寄语》一集（主要写英国）、二集（主要写德国）、三集（全部写苏联）。在伦敦博物馆的图书馆，邹韬奋读了不少马列主义著作和社会科学书籍，1934 年 7 月到苏联考察。直到 1935 年 8 月底，邹韬奋才回国。

亲密无间的师友韬奋第一次离开了徐伯昕，他必须一个人应对随后而来的危机——《生活》周刊的查禁。这 8 年从不脱期的苦心经营中，徐伯昕所勉力拓展的广阔社会关系网络，所精心积攒的各界信任与情谊，为生活书店的成长提供了丰厚的养料。生活书店的事业，犹如冰雪中的草木，只凋零了地表的枝叶，地下的部分却生机盎然，在严寒缓解时，立即抽枝发芽。

好在这一次的打击是预料之中，有所准备的，几年后，抗日战争全面爆发，政治环境日益恶化，各种危机接踵而来，令徐伯昕应接不暇，只能更加殚精竭虑，甚至丢车保帅，以求生存。

邹韬奋在国外的两年间，委托胡愈之和艾寒松负责编务工作，徐伯昕则全面负责店务工作。这两年中，徐伯昕不仅工作繁忙，精神压力也极大，甚至为此付出了健康的代价。

三、营建生活书店的出版网络

1933 年 8 月，生活书店在南京国民政府实业部以股份公司名义进行营业注册，取得了设字第 8760 号营业许可证，注册资金为 5 万元，1937 年 2 月申报增加 10 万元。因为注册时邹韬奋在国外，所以书店推举这位不到 30 岁的周刊"元老"徐伯昕为法人代表，故徐伯昕有"徐老板"之称。

1933 年 12 月 1 日，徐伯昕率生活书店由陶尔斐斯路（今南昌路）迁至霞飞路（今淮海中路）桃源坊。霞飞路亦属法租界，以第一次世界大战期间的法国名将约瑟夫·雅克·塞泽尔·霞飞命名（General Joffre）。这条街全长约 4 公里，商店林立，不少是法俄侨民经营的欧式店铺，售卖展示着与欧美摩登城市同步的高档商品，尤以西餐、西点、西服和日用百货最具特色，被称为"东方的香榭丽舍"。在这里，生活书店建立了第一家门店。

邹韬奋离开祖国，徐伯昕继续如温厚的土壤，尽力支持胡愈之和艾寒松的编辑工作，《生活》周刊的思想面貌发生了很大变化。第8卷近50篇文章从各个方面系统而集中地刊发社会科学研究文章，解释马克思主义基本原理，使其在生命的最后几个月中，办刊理念发生了根本的变化。①

1933年11月，以陈铭枢、蔡廷锴为首的国民党内抗日派在福建成立人民政府，号召抗日反蒋。《生活》周刊在"小言论"专栏上发表了由胡愈之执笔的《让民众起来吧》短文。12月16日，国民党上海市党部以《生活》周刊同情福建人民政府和"言论反动，思想过激，毁谤党国"等罪名，通令全国予以查禁。②

1933年12月16日，《生活》刚刚发满第8卷第50期，但这也是《生活》周刊最后一期，离别的一期，一年前被当局判了的"死刑"终于执行的一期。刊首，胡愈之发表了小言论《最后的几句话》，其中写道："统治者的利剑可以断绝民众文字上的联系，而不能断绝精神意识上的联系。人类的全部历史记载着，民众利益永远战胜一切。一切对民众呻吟呼喊的压制都是徒劳的。"

第二篇文章是邹韬奋早在1932年10月就预先写好的《与读者诸君告别》一文，文中表示："记者所始终认为绝对不容侵犯的是本刊在言论上的独立精神，也就是所谓报格。倘须屈服于干涉言论的附带

① 梁小建：《〈生活〉周刊的改刊过程及意义研究》，硕士学位论文，北京印刷学院2006年，第78页。

② 生活书店史稿编辑委员会编：《生活书店史稿》，生活·读书·新知三联书店2007年版，第40—41页。

条件，无论出于何种方式，记者为自己的人格计，为本刊报格计，都抱有宁为玉碎，不为瓦全的决心。……我们为保全人格报格计，只有听其封闭，绝无迁就屈伏之余地。"

最后一期的《生活》仍然以从容严谨的态度，办好了告别的一刊，共发表 12 篇文章，计有：

1.《最后的几句话》署名：同人

2.《与读者诸君告别》署名：韬奋

3.《附言》

4.《介绍一位短小精干的朋友——比利时（下）》署名：蜀槐

5.《萍踪寄语——性的关系的解放》署名：韬奋

6.《东京国民大会一瞥》署名：帅云风

7.《隳废汕头的又一面》署名：白菲

8.《东北行（下）·南满路》署名：靳以

9.《像是做了一个长长的大梦》署名：程沄凉

10.《基督教是麻醉性吗》署名：济泽

11.《一周要闻》

12.《临时加入的消息》

在《生活》周刊的尾声中，徐伯昕刊发了《生活周刊社启事》，说明迫于环境，本刊无法出版，结束办法将另行通告，用户的订购款项一律整理发还，并附上了联系的邮政地址。在广告方面，徐伯昕仍然继续之前的步调，刊发了以下广告：

"新华信托储蓄银行地产业务"、"天厨味精"、五洲药房发行的补品"自来血"、"启文丝织厂"、"亚浦耳电气四大出品完全国货"、《上海市统计》、德园家禽函授学校招生、通易信托公司、"福字红听饼干"、储蓄所、浙江兴业银行房地产信托部、"狗头牌"丝线绒袜、星期三周报合订本、中国实业银行、虹口公寓和虹口饭店、立信会计补习学校、统原商业储蓄银行、"双钱牌"鞋、"飞虎牌"油漆、国华银行储蓄部、鹅牌卫生衫、国医何公度、自由农场 A 字消毒牛奶、福华麦乳精、拜耳药品、好立克麦精牛乳粉、中国乒乓公司、生活周刊社各卷合订本等三十余幅广告，并为生活书店刊登了"赠送新年礼物"、新书预告的广告。

自由农场、天厨味精、狗头牌袜子等数年来《生活》周刊的忠实广告主，陪伴着这个刊物走完最后一程。从发行量跃居十几万册以后，《生活》已经是一个风行全国的知名大刊，广告类型也大大丰富了，从最后一期可以看到，广告中有多家国人自办的银行。《生活》周刊初期的读者主要是劳动者和青年们，随着刊物从探讨社会问题转向政治问题，尤其是"九一八"之后，这份刊物吸引了更多社会阶层的读者，尤其是各种国内实业家们。比如杜重远，他本是东北的一位实业家，他的工厂里，许多工人都订阅了《生活》周刊，杜重远因此接触到《生活》周刊并成为忠实读者。他借到上海出差的机会，拜访了周刊社，自愿担任了《生活》周刊的特约通讯员，甚至因此从一个实业家半路出家为新闻人，成为民国时期的著名记者。杜重远这样的实业家的青睐与热忱，也为《生活》周刊被禁后，快速又顺利地"重生"为《新生》周刊埋下了伏笔。

读者群从劳动者扩展到实业家，一方面是由于《生活》周刊办刊方针的变化，另一方面，也与徐伯昕大力倡导国货有很大关系。

此后，生活书店的刊物屡禁屡办，徐伯昕与同人们一起，走上了一条不断同国民党政府的出版管制周旋抗争的道路。徐伯昕与国民党当局的第一次近距离较量，是由《文学》月刊所引发的。

四、《文学》月刊的较量

1933 年春天，郑振铎从北平抵达上海，与沈雁冰晤谈，他们一起分析了文学界现状。此时著名文学报刊商务印书馆的《小说月报》已经在 1932 年的一·二八事变中因日军轰炸而停刊。中国共产党在上海领导创建的中国左翼作家联盟的刊物《萌芽》、《文学导报》、《文学月报》、《北斗》等先后被查禁，全国文坛正缺少一个一流文学期刊，由此，他们决定立即发起创办一份新的大型文学杂志。

当时邹韬奋还在国内，他和徐伯昕表示支持，同意新刊物可以在生活书店发行。鲁迅、叶圣陶、郁达夫、陈望道、胡愈之、洪深、傅东华、徐调孚、郑振铎、沈雁冰组成了十人编委会。郑振铎和商务印书馆的傅东华任主编，傅东华承担具体编辑工作，徐伯昕担任了发行人。

1935 年 7 月 1 日，《文学》月刊在上海问世。创刊号上由傅东华执笔挥就了一篇极富战斗意味的发刊词《一张菜单》："有一个共同的憧憬——到光明之路。凡是足以障碍到这光明之路的一切，无论是个人，是集团，是制度，是主义，我们都要认作我们的仇敌。"

借助《生活》周刊的宣传及编委会阵容的强大，《文学》对文学爱好者吸引力强烈，创刊号一炮打响，几天便售出万册，应读者要求又多次添印，再版五次。该刊初为 16 开本，后改 32 开本，每月 1 日出版，社址设于上海拉都路（今襄阳南路）敦和里 11 号。它的主要栏目有社谈、论文、小说、诗、散文随笔、杂记杂文、书报述评、文学画报、翻译、世界文坛展望等。特约撰稿员有鲁迅、巴金、老舍、丁玲、冰心、朱自清、许地山、王鲁彦、郭绍虞、耿济之、田汉、郑伯奇、戴望舒、张天翼、黎烈文等 48 人，还有许多著名作家如郭沫若、阿英、周扬、胡风、骞先艾、林语堂、沈从文、沙汀、艾芜、萧军、萧红、臧克家、吴组缃等也经常为之写稿，撰稿作家上百人。

这份刊物也是徐伯昕建立"传媒集团"的开端，此后他采取类似的方式，与创作界、各类团体合作出版多种刊物。组稿、编辑由对方负责，印刷发行由生活书店负责，这种灵活的合作方式，为生活书店带来了丰富的作者资源和选题资源，提高了生活书店在文化界、思想界的影响力。徐伯昕曾这样评论他最初合作出版发行的两份刊物："《文学》月刊所团结和联系的文艺作家和文艺评论家，《世界知识》半月刊所团结和联系的一批研究国际问题和社会科学的专家学者，实际上形成书店编辑工作的两大支柱。"[①]

这种合作模式，也是徐伯昕能充分施展自身经营才华，实现与作家尤其是左翼作家对话的最佳平台，鲁迅、茅盾、郑振铎这样的知名作家也因此与他建立了出版合作关系。这种模式也彻底改变了以韬奋为主的内容生产方式，极大地开发了作者和编者资源，为日后生活书店编委会的组建奠定了基础，也明确了出版的重心和方向，推动生活书店实现了从"手工作坊"向现代出版企业的迈进。韬奋两年后回国，看到生活书店规模大增时惊喜异常，但这种规模的增长绝不是量的变化，而是质的转变。韬奋最终成为生活、三联乃至中国当代出版业

---

① 生活书店史稿编辑委员会编：《生活书店史稿》，生活·读书·新知三联书店 2007 年版，第 85 页。

无可替代的精神文化"符号",一方面是他伟大的人格、卓越的成就,另一方面,决计离不开徐伯昕不问名利的运筹帷幄、默默保障。

风险亦随之而来。《文学》在创刊之初,经常发表鲁迅先生和茅盾等左翼作家的文章,就引起了国民党政府的注意,先由巡捕房来查禁,还威胁要查封生活书店。租界法院起诉控告《文学》月刊宣传共产主义,徐伯昕出庭,并请女律师史良(1900—1985)协助辩护,将问题归结为未在法租界登记,主编也请人疏通,最后以罚款了结。史良,这位当代法学家、著名政治家、女权活动家、社会运动家,是徐伯昕的武进县同乡。此后她与生活书店的关系一直密切。在《简历》手稿中回忆这第一次上法庭的经历时,徐伯昕写道:"还不懂得怎样去作斗争。"

此后,审查委员会加强了对《文学》月刊的管制,该刊原稿送审,屡屡被禁发、被删削。1935年《文学》新年号打算刊发鲁迅先生的《病后杂谈》和《病后杂谈之余》二文,准备发表在1935年《文学》新年号上。这两篇文章的主旨,恰恰是针对国民党1934年施行的书报检查制度,结果《病后杂谈》全文四段,被审查官割掉了后三段,鲁迅先生干脆让主编就发表这"劫后余生"的一段,第3期登《病后杂谈之余》,就用这样的前言不搭后语,来嘲讽对书刊的"暗杀"政策。

为了让《病后杂谈之余》继续刊发,徐伯昕亲自去送审,审查官在校样上加上了铅笔记号,退回让作者和编辑自己改定。返回鲁迅后,先生当然不肯就范,在稿子上画了几笔,删了一点就交还给徐伯昕。伯昕再去交涉,最后由审查官动口,伯昕动笔,经过讨价还价般地删改,终于发表了。

这些还是小风波,此后在生活书店历史上,被停刊的期刊有十余种，被查禁的书不胜历数。若论图书被禁的起点，则是 1933 年 10 月出版的《高尔基创作选集》（萧参翻译）。这本书是鲁迅先生间接介绍给生活书店出版的，萧参（瞿秋白笔名）曾任中共最高领导人，时为左翼作家联盟领导者，视文艺作品为推动革命的武器。这部选集当然不同一般的翻译作品，很快就引起了当局的注意。

12 月初，国民党党部人员会同法租界巡捕房密探，来到霞飞路的生活书店门市部，对店员说："叫你们店里的高先生出来，我们要和他谈谈！"书店里当然没有这位"高先生"，对方又说不出"高先生"具体姓名，只好悻悻而去。书店的严长衍、毕子桂等同事立刻警觉到来人应该是要查处《高尔基创作选集》，连忙和大家一起将所有选集全部搬光。然而，国民党当局还是很快下发了禁止该书发行的命令。[①] 第二天"大员们"又找上门来，指名要找"高尔基先生"，店员解释高尔基是外国人，编的书已经卖完了，对方才目瞪口呆，无功而返。后来这本书改名为《坟场》，更换了笔名，1936 年继续出版发行。

第一次交锋，就暴露了国民党当局出版审查制度的混乱和漏洞，以及执法人员的水平。此后，徐伯昕利用这些混乱和漏洞，应付各地政府对书刊、分支店的查禁，竭力挽回被没收的物资财产，解救被逮捕的同事，寻找各式各样的"裂缝"图生存、图发展。

1934 年 6 月，国民党当局颁布了《图书杂志审查办法》，规定一切图书杂志文稿必须在出版之前送审。生活书店此后被查禁之书越来越多，徐伯昕自然不是有如神助、硬碰硬也能赢的"孤胆英雄"。面

---

① 严长衍：《追记生活书店被国民党反动派查禁的第一本书》，载俞子林主编：《书的记忆》，上海书店 2008 年版，第 261 页。

对当局的审查制度，他常常要为书刊的"通行证"而费力争取、疏通关系，有时也不得不投其所好，塞些好处。张锡荣就曾绘声绘色地描写过这样一幕：审查会的人因《联共（布）党史简明教程》审查工作来访，徐伯昕为他做工作，解释这是外国历史书，读者通晓也是好的，最后"笑着说：'这全仗你老兄帮忙了。日后取得审查证，我将要酬谢你，致送一百元酬劳，聊表微意。'果然灵验，数天后就领到许可发行的审查证。"① 作为全面料理生活事务的总管，徐伯昕不得不用些世俗的手段。

在这样的迂回曲折、隐忍坚韧的斗争中，徐伯昕逐渐摸索出与审查官打交道的经验，即所谓"久病成良医"。② 各分支店一旦被当局查处，大家就会第一时间通知徐伯昕，由他想办法、疏通关系。就这样，徐伯昕以自身的经验方法，言传身教青年员工坚持底线、灵活应对，带领大家打着一场艰苦卓绝的文化持久战。

虽然徐伯昕不负责具体编辑方面的工作，但作为生活书店的经理和发行人，他也常常关心编辑事务，并出了很多策划创想。比如，在《文学》月刊创刊后不久，徐伯昕与傅东华商量，请他挑选其中的一些文章汇集出版了好几种单行本，如许地山著的《春桃》，丰子恺等著的《劳动自歌》，茅盾等著的《残冬》等。徐伯昕还请傅东华编辑了一套《创作文库》，其中有巴金的《旅途随笔》、《将军》，臧克家的《罪恶的黑手》等。③

---

① 张锡荣：《在"生活"工作的日子》，载新华书店总店编辑《书店工作史料 2》，1982 年。

② 《生活书店史稿》编辑委员会编：《生活书店史稿》，生活·读书·新知三联书店 2013 年版，第 60—61 页。

③ 邵公文：《徐伯昕同志与生活书店》，载《新文化出版家徐伯昕》，中国文史出版社 1994 年版，第 76 页。

生活书店的重要领导者呈现"三驾马车"的图景，正如学者王建辉所说，邹韬奋是生活书店的"灵魂"，胡愈之是生活书店的"军师"，徐伯昕则是生活书店的"管家"。这两年中，"灵魂"漂泊海外，生活书店的人员队伍和出版业务越来越庞大复杂，徐伯昕除了经营管理业务之外，也常常亲自去约稿，和作者会谈，还要常常因为言论问题而上法庭、托关系，奔走斡旋。于是，他成为生活书店最忙碌的人，也成为因出版而发生的各种事务、因出版而联结的社会多重网络的轴心人物。

五、《新生》事件后心力交瘁

《生活》周刊被封后，1934 年 1 月，徐伯昕多次找胡愈之、艾寒松和毕云程等人商讨，筹划创办一份能够继承《生活》传统和战斗精神的新刊物。于是，《生活》周刊的后身《新生》周刊，于 1934 年 2 月问世了。正如韬奋之前所说："一切仍属旧贯"。

《新生》周刊的主编、发行人都由杜重远担任，而实际由徐伯昕负责发行，艾寒松负责编辑。之所以请杜重远出面，因为杜重远是生活书店的理事，也是《生活》周刊的重要撰稿人，还曾参加了《生活日报》的筹办工作，是与徐伯昕关系密切的同事和朋友。

请杜重远出面为周刊"新生"，还因为杜重远与张学良及国民党上层的关系良好，能够顺利注册。杜重远祖籍吉林，出身贫苦之家，通过刻苦学习，考取了官费留学日本，1923 年留学归国，在张学良的资助下，在沈阳北门外创办了我国首家机器制陶工厂——辽宁肇新窑业公司，生产各类日用瓷器，物美价廉，是国货阵营中的著名品牌，在东北颇受消费者欢迎，打破了日本瓷厂的垄断局面，并因此担任了辽宁商务总会会长。

日军侵占东北，杜重远的瓷厂被霸占，本人被通缉，不得不流亡关内。在《生活》周刊第6卷第47期，杜重远发表了《虎口余生自述》，"自恨手无寸铁，既不得率众杀贼，扫尽妖氛，复未能饮弹就死，以了余生"，痛感"亡国之民，真不如治世之犬矣"。

九一八事变后，杜重远积极投入抗日救亡运动，以记者的身份在上海和湘、鄂、川、赣、皖、粤、闽等省活动考察，他以《生活》周刊的"社内人"身份，一路讲演六十多场，动员团结对敌，又陆续为《生活》周刊撰写了20篇通讯。他描述十九路军淞沪抗日的英勇、马占山等东北义勇军抗争的气节，写信向邹韬奋泣血呐喊："望兄紧握着你的秃笔，弟愿喊破了我的喉咙，来向这个冥顽不灵的社会猛攻！激战！"

《新生》周刊创刊后，杜重远还用自己在内地所办的实业，从经济上给予资助，在内容上也是主力，他在《新生》上开辟了一个自己执笔撰稿的栏目"老实话"，先后发表了73篇文章，杜重远的夫人——日本京都大学毕业的法学女博士侯御之担任了这个栏目的责任编辑。①

《新生》周刊的内容和形式，明眼人一看就知道是《生活》的替身，编撰发行的班底用了《生活》周刊的原班人马，撰稿人有邹韬奋、胡愈之、毕云程、柳湜等，多为原《生活》周刊的成员和作者。每期二十页左右，以时事图片作封面。除了"老实话"之外，还有"专论"、"国际问题讲话"、"时事问题讲话"、"国外通信"、"国内通信"、"杂文"

---

① 杜毅、杜颖：《重撑火炬，勇往前行》，载仲江、吉晓蓉主编：《爱书的前辈们——老三联后人回忆录》，生活·读书·新知三联书店2015年版，第39—42页。

等二十多个专栏。

徐伯昕迅速将这份新周刊投放到他的广告与发行网络之中，第 1 期就刊登了十余幅广告，包括糖果玩具、电器日用、衣袜药品、香烟火柴、银行商场等，不少广告即是《生活》周刊的老客户投放。《新生》的大部分广告，设计风格与《生活》周刊时期徐伯昕的作品差异性较大。此时的徐伯昕，没有太多时间再投入到广告具体工作中去了。此时的他，既负责着生活书店的管理工作，还有越来越多的期刊和社会活动需要投入精力。

1934 年 2 月 10 日，《新生》周刊创刊。徐伯昕随即对《新生》的发行工作作出部署，通知原《生活》周刊订户及批发户，说明《新生》与《生活》的关系，并寄去创刊号试阅。由于《新生》以"求实现中国民族之新生"为宗旨，继承《生活》周刊传统，深受读者欢迎。

《新生》零售每册 4 分，国内全年 1 元 5 角，国外 4 元，价格与《生活》相当，很快就得到了邮局的特准挂号立券。在发行方面，徐伯昕仍然采用了直接订购、本外埠的书店及派送员等发行体系，加快推广。很快，《新生》的发行量达到 10 万余份，有时销量甚至超过《生活》周刊。

《新生》周刊第 1 卷出版了 50 期，延续了《生活》周刊爱国、抗战、揭露政府和社会黑暗的风格，这自然摆脱不了国民党上海图书杂志审查委员会的严密审查，更引起了日本侵略者的憎恨，遂引发了我国新闻出版史上的重大事件——"《新生》事件"。

1935 年 5 月 4 日，当日出版的第 2 卷第 15 期《新生》周刊，发表了易水（艾寒松笔名）所写题为《闲话皇帝》的短文。这篇文章因为"闲话"到日本天皇，而引起一场轩然大波，其中是否有诬蔑或不实言论？读者可以搜原文品读。

这篇文章是经过国民党审查通过的，确实是"闲话"了世界各国的皇帝。其他国家的皇帝并无所谓，唯独"触怒"了日本。6月24日，日本驻沪总领事石射猪太郎突然到访上海市长吴铁城，当面递交内附第2卷第15期《新生》周刊的照会一件，以国民党审查不利而发难吴铁城，提出立即禁止该刊发行并禁止转载、惩办该刊负责人及该文作者等要求。

一篇文章酿成一次外交危机。

吴铁城旋即令上海市公安局局长文鸿恩立即查封《新生》周刊社，并限时将生活书店及全市各书店所存第2卷第15期《新生》周刊全部没收封存，不得继续发售。国民党中宣会主任秘书方治连夜赶到上海处理此事，希望让《新生》周刊承担责任，让杜重远承认《闲话皇帝》一文系未经送审擅自刊登，开脱政府责任。

随后，文鸿恩两次出面与杜重远交谈，但杜重远坚持事实，表示《闲话皇帝》是经过图书委员会审查的，有凭有据，并提出政府不该对日方无理要求妥协，并表示该文作者易水，因来稿未留地址，故无从寻找，如硬要判罪，由他一人担当。

在石射猪太郎的继续高压之下，国民党政府却不敢声张，有意封锁，众多的国文报纸上却见不到一点有关《新生》事件的真实报道。①

上海政府请求杜重远以党国政府为重，勿使事态进一步扩大，先承担责任，应付日方。杜重远最终答应代负责任，出庭受审。

---

① 马长林：《新生案》，《上海档案》1990年第3期。

周刊社被封闭后，《新生》周刊仍继续出版，直到 6 月 22 日第 22 期才猝然停刊，显然，徐伯昕和杜重远都没有意识到这一期就是终刊。这期周刊与《生活》最后一期的告别读者时大不相同，虽然在头版"老实话"栏目发表了《非仅河北问题》，抨击了国民党政府对日军侵略的消极抵抗态度，连载的小说《低能儿自传》还"未完待续"；广告业务仍然继续；发行工作仍然继续——《紧急启事》中还提醒读者有不肖之徒假借推销《新生》周刊之名义骗取订购费用，但周刊从来没有委托任何团体或私人在外兜揽订户，骗取订费，而是一直由本外埠各大书店及派报员担任分销工作，从而提醒大家切勿上当受骗。可见，徐伯昕和杜重远等周刊社的领导层轻信了国民党政府的承诺，也错估了日方的狠毒。

7 月 9 日上午，江苏高等法院二分院再次庭审杜重远。日本的海军陆战队全副武装地登陆示威，法庭内座无虚席，外面也挤满民众。大家对国民党的屈辱外交、日方的蛮横无理以及《新生》周刊被查封大为不满。当局怕出事端，市公安局派出多名便衣特务，四周还安排了大批探捕以及法警。

杜重远当庭辩论，法庭最后仍然重判杜重远有期徒刑一年两个月，庭审后即刻押送杜重远到漕河泾监狱执行。旁听席为之哗然大乱，法庭内外有人高呼"判决不公"、"坚持正义，反对强权"等口号并发放传单，有人还向法官和监庭的日本人投掷石块、铜元，法警不得不出动维持秩序。事后中宣会自秘书项德言以下全部撤职，图书审查委员会全体改组。①

---

① 陆其国：《1935，上海"新生事件"始末》，《解放日报》（朝花周刊·夕拾版）2016年 8 月 18 日。

事情还不算结束，日方还不依不饶，敦促中方侦缉《闲话皇帝》的作者易水，幸有周刊同人守口如瓶，大家并非不知道易水就是《新生》的编辑艾寒松。9月份，艾寒松远赴巴黎避祸，后转往莫斯科参加中共在国外出版的中文《救国时报》编辑部工作；1938年2月回国继续从事生活书店编辑工作。

庭审之后，上海出版界人士组织发起了杜案后援会，上海律师公会、工商界等人士以及上海共产党地下党等革命组织也纷纷掀起抗议和声援的声浪。杜重远的入狱震动了张学良东北军方面的干部、将领，甚至影响到了张学良、杨虎城。这些或多或少为日后的"西安事变"埋下了伏笔。①

杜重远的夫人侯御之提交了万言上诉书。最终，国民党政府迫于舆论压力，提前释放杜重远保外就医。杜重远在监狱关押的三个月内，撰写了七篇文章，发表在生活书店很快又开办的《大众生活》杂志上。

《新生》的停刊，杜的入狱，无疑是《生活》周刊之后对徐伯昕的一次巨大打击。他的反应，是迅速参与策划了新刊的出版——5月18日，《读书与出版》月刊创刊，徐伯昕为发行人，平心、艾寒松主编。

此后，徐伯昕一方面不懈坚持政论刊物的出版发行，《大众生活》、《永生》、《生活星期刊》、《国民》……前仆后继，为生活书店延续精神与声音；一方面吸取《新生》的教训，开启了枕戈待旦式的工作方式，他更加用心地经营出版发行网络，更加精心地维系生活书店和数以万计的读者大众之间的传播通道，让新报刊、新书目可以随时替补"牺牲"掉的报刊和书目。

---

① 徐建东：《西安事变前后的杜重远》，《社会科学辑刊》1988年3月。

若干年后，徐伯昕对这一段时光的回忆，同他其他的回忆笔记一样惜墨如金，只是说，在医院中听说图书杂志审查机关因此撤销、审查员撤职之后，"十分痛快"。徐伯昕平日里没少和这个审查机构打交道，这种交道是最为麻烦痛苦的。杜重远入狱后，徐伯昕勉强支撑病体，处理《新生》善后，坚持着操持店务。

与《新生》事件同时发生的还有另一桩棘手的事情。生活书店员工渐多，在这样进步的文化氛围里，许多店员都是热血青年。5月4日凌晨，也就是《新生》事件发生当日，沈静芷、徐励生、徐耀桢和张梓玉，悄悄跑到法租界写了大标语"打倒日本帝国主义！""拥护红军北上抗日！""中国共产党万岁！"之类，被巡捕房发现逮捕，只逃脱了张梓玉一人。徐伯昕与其他负责人商计后，为了书店安全不得不采取紧急措施，即在书店二楼布告栏贴出通告，宣布被捕三人无故旷工、违反店规、应即开除。几日后，巡捕房押解三人到书店对证，三人承认因为旷工被开除，与书店无关联，巡捕房只得作罢。但这件事情处理得并不完善，对开除的员工，有的进行了生活和工作的安置，有的却没有，以至于跑去兄弟出版单位。对此，徐伯昕是心怀歉疚的。韬奋回国之后，去一一走访慰问了这几位同事，大家互相谅解，携手合作。①

徐伯昕此事处理欠妥，经验不足是一方面的原因，更主要的是因为《新生》事件所带来的危机的困扰。6月10日，国民党就火速出台了《敦睦邦交令》，规定凡以文字、图画或演说为反日宣传者，处以妨害邦交罪，企图以此镇压抗日言论。生活书店正在风口浪尖，徐

---

① 宋应离、袁喜生、刘小敏编：《20世纪中国著名编辑出版家研究资料汇辑》（第3辑），河南大学出版社2005年版，第550页。

伯昕必须花费更多精力处理千头万绪。他要为《新生》善后，还得不停歇地操持店务。况且，此时徐伯昕的身体已经垮掉了。6月初，他就因为患肺病咯血，到江湾医院边治疗边做事。在那个时代，肺病咯血是凶险的病症，随时可以夺走人的生命。韬奋回国后，已经无法走路的徐伯昕被"押送"到莫干山疗养，毕云程接任经理一职，交接之中，许多事情无暇一一对接，导致工作出了一些纰漏。

后来，生活书店大家庭的成员越来越多，徐伯昕始终尽力保障同人的生活，为大家体检、报销医药费、给家属生活补贴、为去世的同事发放抚恤金……，努力营造生活书店平等友爱的关系。此次事件中的沈静芷，后来成长为新知书店的负责人。从兄弟书店互助，到共同成立三联书店，再到新中国成立后共同在出版总署工作，多次与徐伯昕共事，他们二人都保持着互敬互爱的亲密关系。

六、缺席所引发的《译文》风波

邹韬奋在国外的两年，是徐伯昕压力最大的两年，也是成长速度最快的两年。两年中，已经而立之年的徐伯昕，不再仅仅是邹韬奋的得力助手、《生活》周刊的干将，他有了更为广阔的舞台。在广告和发行领域，仍然有王志莘等银行家、实业家的襄助，在出版界和文艺界中，他的交往能力也越来越游刃有余，作为出版家的身份地位也越来越突出。生活书店的业务越来越广，徐伯昕常常亲自出马向作家约稿，鲁迅、茅盾、巴金、郑振铎……都成为他的座上宾。有学者曾评论徐伯昕是生活书店的隐形总管。确实，我们能看到生活书店期刊广告的成倍增长，发行网络的突飞猛进，以及在上海知名度的大幅提高；我们能在邹韬奋的海量文字中看到他丰富多彩的出版行为，以及为《生活》周刊的发行工作所做的考察。但从各种史料中看，对徐伯昕的工作却鲜有系统、详细的描绘，徐伯昕的个人回忆也是惜字如金的，他更注重记述集体出版工作的发展，很少涉及个人的工作成就和社会交往行为，也很少有个人心理的描述文字。

徐伯昕确实如隐形人一样苦心经营着生活书店的出版工作。令人深思的是，恰恰是徐伯昕的一次"缺席"，引发了《生活》周刊与文豪鲁迅之间的风波。在有关这次风波的各种史料文字中，徐伯昕名字被提及的概率，却比他平日"在场"时顺畅工作中的频次要高不少——这件《译文》风波，如同一面反光镜，让我们体会到徐伯昕的"在场"，对于邹韬奋和生活书店是多么的重要。

1934 年 8 月 5 日，徐伯昕在"觉林"餐馆宴请鲁迅、茅盾和黎烈文，商定《译文》月刊出版事宜。该刊名义上是黄源负责编务，实际由鲁迅主编，茅盾也承担编务。但未承想，这引发了一次众说纷纭的风波——生活书店与鲁迅先生之间的著名风波。

黄源是在上海受到鲁迅先生帮助、指导的青年之一，据他回忆，大约是在 1934 年的 5 月间，茅盾到鲁迅家中时，谈及当前文坛因国民党当局采取图书审查制度，写东西比较困难；而后又谈到《文学》连出两期外国文学专号，激发了作家的翻译热情。鲁迅认为，不能正面写文章，就用翻译来揭露时下的黑暗也行，以作借鉴。据此，鲁迅提议办一个专门登载译文的杂志。[①] 于是，茅盾、黎烈文与鲁迅共同

---

① 秋石：《鲁迅、黄源同生活书店风波由来考辨》，《新文学史料》2004 年第 1 期。

作为发起人，创建了《译文》月刊，并推举鲁迅为主编，另外找来在《文学》月刊实习的黄源当编辑。经黄源与徐伯昕商议，《译文》由生活书店出版，每月一期，前三期由三人分头翻译，提供稿件，交由鲁迅汇总编辑。

这件事承担下来不是那么容易的，离不开徐伯昕的尽力促成，茅盾回忆时评论道："徐伯昕听说《译文》是鲁迅主编，也就同意了。但因为现在翻译的东西不好销，提出先试办三期，不给稿费和编辑费，若销路好，再订合同补算。"茅盾觉着条件苛刻，鲁迅对当时的翻译出版情况更为了解，所以一口答应，并说："生活书店还算是有魄力的，其他书店恐怕更不愿意出版了。"① 徐伯昕看重的是鲁迅的声望和《译文》的社会效益，认为有潜力可挖，但目前经济价值不乐观，故谨慎对待，没一口答应，要试三期看成效。8月5日，徐伯昕还提出，版权页上编辑人署名"译文社"恐怕通不过国民党的审查，需用一个名字以示负责。鲁迅和茅盾都不便出面，黎烈文不愿担任，最后编辑人员就印上黄源的名字，实际工作则由鲁迅来做。9月16日，《译文》正式出版，编辑者署名黄源，发行人署名徐伯昕。

第一期初印2500册，供不应求，当月即重印了四次。编到第三期，徐伯昕表示可以签订合同了。从第四期开始，鲁迅认为黄源见习期满，"已经毕业"，便把编辑工作移交给他，自己"退居二线"，继续为《译文》译稿写稿，出主意想办法。

徐伯昕与《译文》的合作，是采取的包干制，即书店每期付钱若干，其中包括编辑费与稿费，编辑人如何分配，书店不管，合同

---

① 茅盾：《茅盾回忆录中提到的生活书店和邹韬奋、徐伯昕同志》，载《怀念出版家徐伯昕》，书海出版社1988年版，第32—38页。

是一年一签。后来不少《刊物》都是采取这种"外包"的方式，直到生活书店迁至重庆后，全国邮政交通网络遭到炮火破坏，许多订户逃难，广告业务亦一落千尺，这些外包期刊亏损严重，徐伯昕才不得不推动这些期刊——和生活书店脱钩，自主发行。

与鲁迅先生合作的良好形势，一年后，就意外中断。

1935 年，邹韬奋得知《新生》事件后情绪激动，震怒且担心杜重远，提前从欧洲回国。他 8 月底回到上海，不禁悲喜交加——悲是因为探望被禁足的杜重远，喜是因为"出国时只有十几位同事，回国时竟然看到六七十位同事，握手握了不少时候！"①

这些新生力量，大多是慕名来到生活书店的青年，他们大多没有受过高等教育，出身贫寒。少数是熟人介绍，大多数是经过笔试、面试被选拔进来，从十几岁的练习生做起，跟在徐伯昕身边学习。作为这么多青年员工的领导者，徐伯昕为这些练习生们营造了一个蓬勃正气、积极向上的集体生活环境。大家同吃同住，一边做事养活自己，一边学习成长。待这些少年成长起来之后，生活书店也迎来了高速发展、逆危难而上的扩店时期，于是他们就成为书店的羽翼——总店的管理层，或者各地分店的创建者。1949 年以后，他们年富力强，大多数都成为了新中国出版战线上的骨干。

回到 1935 年，邹韬奋去探望伯昕，却惊见他已不能行动，上气不接下气地激烈地喘着，那种神气真是不得了！但徐伯昕在这样危殆的情况中，还念念不忘店务，还不肯抛弃一切去养病，邹韬奋极力劝他往莫干山静养，他坚持不肯。

---

① 韬奋纪念馆、北京印刷学院编：《店务通讯》（排印本），学林出版社 2007 年版，第 1398 页。

邹韬奋认为这是店内一件"万分焦虑的事"，只得请朋友"押解"徐伯昕去养病。于是，徐伯昕 9 月份在周雨青的陪伴下，去莫干山休养。由毕云程接任经理一职。在离开上海前，生活书店与《译文》期刊社签订的一年合同正好期满，徐伯昕就把已由他签好字的《译文》第二年的合同交给了黄源。

此时鲁迅正在翻译他所钟爱的《果戈理选集》，拟作为《译文丛书》的重头戏。早在 1935 年 1 月，黄源与生活书店接洽，徐伯昕就接受了这个丛书的出版计划。

2 月，郑振铎从北平来到上海，带来另外一套译丛《世界文库》的出版计划，徐伯昕也答应由生活书店出版发行。

黄源得知经理换人，担心《译文丛书》的事情有变，就打算找邹韬奋商量此事。于是，他写信给邹韬奋并附上《译文丛书》的书目，并说明徐伯昕曾口头答应由生活书店出版鲁迅主持的《译文丛书》，现因徐伯昕离沪休养，特此奉告。丛书事现正在进行，望遵办理，云云。黄源携信专门拜访了邹韬奋，后者在看了信和书目后说："这事我们还需商量一下，才能定下来，请你明天再来一次。"①

邹韬奋与黄源并不熟识，亦不知《译文丛书》出版计划，遂与毕云程商量。毕云程告知邹韬奋生活书店已承担了《世界文库》的出版事宜。

《世界文库》旨在系统介绍外国名著。这是一项庞大的出版计划，为此郑振铎遍邀国内作者达百余人之多，被称为"全国作家的总动员"。毕云程认为《译文丛书》性质似与《世界文库》相近。而他又

---

① 秋石：《鲁迅、黄源同生活书店风波由来考辨》，《新文学史料》2004 年第 1 期。

不详知徐伯昕事前承诺的情况，也没有看到《译文丛书》的隐性价值，只是从书店经营角度考虑，因此不同意出版《译文丛书》。邹韬奋听了毕云程的意见后，待到黄源次日去，就直截了当地回复，因为生活书店已经有了郑振铎主编的《世界文库》，所以不再准备出版《译文丛书》。

无奈之下，黄源向鲁迅汇报了此事，并建议到巴金担任总编辑、吴朗西担任经理的文化生活出版社出版此书，只是不知道这家刚刚成立的出版社是否有这个经济实力。没想到一谈之下，巴金和吴朗西都非常积极。

这样，黄源成功另辟蹊径，最终商定在巴金、吴朗西主持的文化生活出版社出版《译文丛书》。生活书店得知后，认为黄源拿着生活书店的工资，却为外社编书，而此书又可能与本社的选题产生竞争，同时认为是黄源的名气低影响了《译文》月刊的销量，于是，就邀约了一场彻底得罪鲁迅的饭局。

9月17日晚，茅盾和郑振铎代生活书店邀鲁迅吃饭，席间有邹韬奋、毕云程、胡愈之、傅东华，共七人，做东的是邹韬奋。吃饭时，毕云程提出撤换黄源的《译文》编辑职务，并要鲁迅支持。对此，鲁迅、茅盾感到十分突然。他们认为黄源工作有热情，办事很努力，生活书店提出撤换黄源没有道理。鲁迅则更为激动，突然将手中的筷子一放说："这是吃讲茶的做法。"随后拂袖而去。[1]

据茅盾解释，所谓"吃讲茶"，是上海滩流氓为了强迫对方做某

---

[1] 茅盾：《一九三四年的文化"围剿"和"反围剿"》，《我走过的道路》（中），人民文学出版社1984年版，第239页。

件事而在茶馆请对方"吃茶"的做法。①

次日，余怒未消的鲁迅将茅盾、黎烈文以及黄源约到其寓所。他依然很激动，当着大家的面将自己签过字的《译文》月刊与生活书店所签的第二年的出版合同撕碎，并说："这个合同不算数了，生活书店如果要继续出版《译文》，必须与黄源订合同，由黄源签字。"由茅盾通知书店。

眼见事情搞僵，茅盾只好找来郑振铎商量。因为郑振铎与鲁迅和邹韬奋均很熟悉，是唯一适合居中调解的人。郑振铎亦不希望事情发展到如此地步，他提出一个折中方案，即合同由黄源签字，但每期稿件仍由鲁迅过目并签字负责。鲁迅对这一方案基本认同，不料生活书店却不同意，情愿停刊。这样的结果令郑振铎亦感到尴尬和遗憾。

《译文》月刊就这样停刊了。直到 1936 年 3 月，《译文》复刊并改由上海杂志公司出版。茅盾对这件事的评论是这样的："这都是生活书店过分从经济上打算盘的结果，造成了鲁迅后来对生活书店一直有不好的印象。"②

巴金也作出了反应，他原有一册高尔基小说的译本《草原故事》在生活书店出版，1935 年 10 月间便把版权收回，让文化生活出版社重印，为此还增写了一篇后记。多年以后，1989 年 11 月 13 日，他在给王仰晨的信中，承认当时这样做是"对生活书店有意见（尤其是他们停掉《译文》月刊之后）"，但"抗战后形势改变，我对生活书店的工作有了新的看法，1939 年初从桂林回到上海，整理旧作，便把

---

① 茅盾：《一九三四年的文化"围剿"和"反围剿"》，《我走过的道路》（中），人民文学出版社 1984 年版，第 240 页。

② 茅盾：《我走过的道路》（中册），人民文学出版社 1981 年版，第 105 页。

后记删去了"。

　　徐伯昕养病回沪后，觉得此事对不起鲁迅和黄源，为了弥补，他请黄源从《译文》选出两本书，另外又请他翻译一部长篇小说，都由生活书店在全面抗战爆发前予以出版。据黄源回忆，四十年以后，大约是20世纪70年代间，在关于当年《译文》停刊事件的一次调查中，徐伯昕说了"公道话"，书店当时要撤换黄源，把问题搞严重了，怪不得鲁迅十分生气。他说，黄源在鲁迅指导下编辑《译文》，在困难条件下坚持同国民党作斗争，书店不但不予以支持，反而要撤换他，这种做法对谁有利，不是很清楚了吗？……像在《译文》停刊这样重大问题上同鲁迅发生这么深的分歧，还从来没有过。"我认为书店在这件事上犯了错误，鲁迅先生是正确的。"①

　　这件事情，史学界关注已久，黄源先生生前不止一次细说个中缘由，认为这是左翼文学队伍内部"自己人"的一次纷争，系一方误会所致。②茅盾回忆此事，认为是经济上的原因，毕云程才反对印行《译文丛书》——《译文丛书》与《世界文库》性质相同，自相竞争，生活书店不过数万元之资金，经济上负担不了。《世界文库》是杂志性的，可以吸引订户预订，《译文丛书》则不能。《译文》停刊，也是因为考虑到黄源声誉不够，怕赔本。茅盾认为，毕云程单纯从经济角度考虑，而没有考虑到人事关系。邹韬奋早年接受毕云程的学费资助，在《生活》周刊中又是患难之交——毕云程是《生活》周刊创业时期的第一位特约撰稿人，当时每千字只有四毛钱，但他不计稿酬之薄，

---

① 黄源：《忆念鲁迅先生》，人民文学出版社1981年版，第105页。

② 秋石：《鲁迅、黄源同生活书店风波由来考辨》，《新文学史料》2004年第1期。

写完一篇文章后，自己坐黄包车送到周刊社，稿费恐还不够车费。① 此时邹韬奋刚从国外回来，在不了解事情由来始末的情况下，他自然更为尊重毕云程的意见。因此，在黄源没有和徐伯昕事先沟通的情况下，这场风波就发生了。

对于这样一个公案，无须去做太多深追，而是应该更多地去关注一下缺席的徐伯昕。这件事上客观反映出了他作为一个卓越出版经营家的特点。

徐伯昕是一个做事非常温和的人，他"平易近人，作风细致。对人他从不疾言厉色，对事情总是细密地布置安排。他的部下回忆，和徐伯昕相处几十年，从未见过他同谁脸红脖子粗过。同志中有的犯了过错，也总是帮助教育。抗日战争期间，有些同志因各种原因想离开书店，他和韬奋同志总是以最大的热诚，耐心说服，积极挽留。"② 正因为他的细致温和，事情才更容易理顺，进而有了更高的效率和更高的成功率。

身处其中的茅盾在风波过后不久，留下了这样一段关于和徐伯昕的出版交往经历，为了便于大家感受双方交谈的语境，以下将茅盾的原文改为对话的格式表现：

我（茅盾）刚把《中国的一日》编完，生活书店又找上门来。这一次来的是徐伯昕。

---

① 邹韬奋：《生活史话》，载《事业管理与职业修养》，生活·读书·新知三联书店 1982 年版，第 152 页。

② 邵公文：《痛悼徐伯昕同志》，载《怀念出版家徐伯昕》，书海出版社 1988 年版，第 54 页。

他说，"生活书店要出一套丛书，叫《青年自学丛书》，其中一本要请你来写。"

我奇怪道："青年自学丛书中也包括小说么？"

徐伯昕笑道："你误会了，是要请您写一本关于怎样写小说的书，题目由你自己定。"

我说："什么《创作法程》、《小说作法》之类的骗人的书，哪一家小书铺都有现成的，我最反对这种挂羊头卖狗肉的书，你们为何也要出这种书？"

徐伯昕道："你又误会了，那种东西我们是反对的，但是这一类书却有市场，有读者，一些青年的初学写作者，常常饥不择食买这种书来读，结果上当不说，还被引上歧途。所以我们想出一本健康的、对初学写作者真正有帮助的书。世界文学史上的著名作家都有丰富的创作经验，外国研究和介绍这些经验的书就不少，只是中国还没有……"

我打断他的话道："所以你就要我来写这样一本书，可是，这是理论家的工作，他们可以把自己研究的成果用浅显的文笔写出来，以适合初学者的水平，而我是写小说的……"

徐伯昕也打断我的话道："不对，你过去就写过一本《小说研究 ABC》，可见你是能写的。"

我大笑道："那本书是抄来的，是为了换稿费，当时我还没有写小说哩。"

徐伯昕说："所以现在你来写就更合适了，因为有了亲身的体会。我们以为，写这种书只有写小说的人来担任最为相宜，理论家写来总是干巴巴的，他们体会不到也写不出作家创作的甘苦。"

我想了一想道："写小说的人很多，你们何不去请别人。"

徐伯昕道："我和韬奋商量过，认为你是最合宜的人，你平时除了写小说也写评论文章；而且鲁迅在生病，他是不会写的。"

他见我还在犹豫，又说："就从能给初学者以正确的指导这一点讲，写这本书也是必要的。你只要把自己的经验写下来，读者就会欢迎的。"

我看推诿不掉，就只好说："也好，我试试看。"①

这就是茅盾的《创作的准备》选题孕育的过程。感谢大作家的这支笔，把徐伯昕约稿时的艺术和技巧描绘得活灵活现，他简直像一个神奇的园丁，一连几个"你误会了"，就在作家"不可能"的脑海花园中成功地栽下了"可能"的种子，就让作家推诿不掉，似乎有一种四两拨千斤的魔力，又是一种极为诚实的精明。

从这段珍贵的记录中，我们可以看到，此时的徐伯昕已经不单单是个期刊的广告家和经营家了，他已经具备了一个出版家的选题策划和市场洞察能力，并多次亲自出马向作家约稿。因此，无论是《译文》还是《译文丛书》事件，我们都有理由相信，徐伯昕都是经过了仔细斟酌的，既考虑到了社会信誉，也考虑到了经济承受能力。因此，同时约定出版《世界文库》和《译文丛书》，并非一拍脑门子而导致书店选题自我撞车的昏招，也并非如鲁迅先生更多是从提携新人（黄源）、关爱后辈的角度考虑。事实证明，《译文丛书》在巴金的文化生活出版社出版确实取得了成功，成为民国出版史上重要的一套译丛。

---

① 茅盾：《茅盾回忆录中提到的生活书店和邹韬奋、徐伯昕同志》，载《怀念出版家徐伯昕》，书海出版社 1988 年版，第 35—36 页。

徐伯昕的同事在提及他的优点时，往往都说他没有条框，敢于创新，善于应变、动脑子、出点子，思维敏捷。他既善于处理眼前的事务，也善于做长期的打算。可以假设，如果不是这场重到吐血的肺病，《译文》和《译文丛书》的命运，或许会在生活书店的出版史上留下一道辉煌的轨迹，而不会仅仅是一场出版界的优秀代表和创作界的旗手之间令人费解的交锋。

多年以后，黄源在听到徐伯昕所说的"公道话"后，也作了回顾和自我检讨——黄源在给鲁迅致他的第三十封信作注释时这样写道："徐伯昕是邹韬奋流亡海外时的生活书店负责人，他的斗争矛头是很明确的。我们在增加稿费，增加杂志篇幅问题上，有时也有矛盾，总是商量着解决。我们都在为文化战线做后勤工作。他甚至积劳成疾，《译文》停刊就发生在他离沪休养时期。我在四十年后听到他这样的话，觉得当时生活书店回绝出版《译文丛书》时，我没有想到应该把这情况告诉他（他是事先答应出版《译文丛书》的，虽则他当时不在上海），应等到他的回音后，再与第二家接洽。我没有想到这一点，我对徐伯昕同志来说，是很抱歉的。"①

七、为生活书店建造期刊方阵

在韬奋流亡在外的两年中，徐伯昕挑起了生活书店的重担，迅速将它建设得生机勃勃。曾在生活书店工作过的丁裕后来长期从事出

---

① 秋石：《鲁迅、黄源同生活书店风波由来考辨》，《新文学史料》2004 年第 1 期。

版与发行工作，回忆徐伯昕时是这样说的："如果说我对出版工作能够做出一点成绩的话，必须归功于我在生活书店期间所学到的一切……在经营管理上，徐伯昕同志的一整套工作设施及其高超的应变才华和富于创造的工作方法，使我万分钦佩并受益匪浅。"

丁裕还赞道："有人说：'中国没有真正的企业家。'我说：不对，我们早就有了杰出的企业家、真正的总经理——伯昕同志就是其中当之无愧的一个。"①

丁裕此话并非过誉。徐伯昕未能将生活书店推向商务印书馆、中华书局那样的规模是有客观原因的：一是立社较晚，而且很快遭遇了日寇侵华战争，二是国民党当局越来越严酷的压制。在各种史料中，徐伯昕往往自觉"隐形"于韬奋的光芒之下，与集体事业融合在一起，而韬奋不在的这两年，徐伯昕则在事业上留下了相对深刻的痕迹。为此，笔者将着力于这两年时间徐伯昕所建立的期刊方阵，进一步分析徐伯昕在出版经营管理方面的贡献和成就。

邹韬奋出国短短一年之间，徐伯昕就大力推动了图书的出版业务，不仅将《生活》周刊时期的各类合订版再次装帧出版，还与许多作家、组织签订合作出版协议，业务日益多元。在他的苦心经营下，生活书店的业务量与日俱增，办公场所也扩大了。1934年9月1日，生活书店迁至四马路闹市区的一栋三层楼房（现福州路384弄4号）办公，二楼用作门市，三楼为办公用房，后又自盖了四楼，作为职工的宿舍和书店的栈房。

四马路是上海著名的文化街，这里书店林立，商务印书馆、中华

---

① 丁裕：《我们的总经理——徐伯昕同志》，载《新文化出版家徐伯昕》，中国文史出版社1994年版，第323页。

书局、世界书局三大巨头，以及光明书局、光华书局、北新书局、开明书局等都已在此安营扎寨，这里处处是琳琅满目的图书、报刊。20世纪20年代到上海沦陷，这条街一直都是上海乃至中国当时各种观念、知识、思想进行传播、贩卖的集散地，阅读界的各色人等，都能在这里满足自己的阅读愿望。将生活书店迁至此处后，一直到1937年撤到武汉，徐伯昕利用这条街上的出版文化资源，细密耐心地编织着生活书店的人脉关系，为后来向全国的辐射推广打下了基础。

邹韬奋流亡的两年中，生活书店的建设与发展，主要依靠徐伯昕所组织团结的三个方面的力量：一是著作人、作家的合作和支持；二是读者的信任和爱护；三是书店本身干部的勤劳和努力。而多种期刊的创办，成为生活书店快速发展的有效驱动力。这些刊物的创刊，离不开徐伯昕的积极促成和推动，刊物的编辑基本都是社会名流，不占生活书店的编制，印刷发行则均由生活书店负责。

其中，《世界知识》是一份存在时间较长且有广泛社会影响的代表性刊物。该刊1934年9月16日创刊，徐伯昕担任发行人。至此，这个新生的生活书店，已经先后创建了《新生》周刊、《文学》月刊和《世界知识》三种期刊，凝聚了上海文化界的众多名人，迅速在社会上产生了巨大的影响力。

《世界知识》的主编为胡愈之，编者、作者汇聚了一批关心国际问题的学者名人。该刊是应九一八事变之后国内外形势而办：日军对我国步步紧逼，不仅企图吞并全中国，还入侵了亚洲其他地区。世界局势风雨飘摇，欧美诸国发生了严重的经济危机，德国不甘第一次世界大战的失败，希特勒得到时机，在1933年上台开始法西斯统治，人类社会所面临的局势更加复杂。近代以来，中国试图效仿"导师"

欧洲诸国和日本以图强国的路途，变得迷雾重重，令人困顿踌躇。中国面临亡国之危，英、美、法等国却一味迁就日本，未能制止事态发展。中国的前途似乎更加黑暗了。无数有志之士希望寻求一个出路，想通过国际形势和世界思想厘清思路，再一次开眼看清楚世界，于是，《世界知识》应运而生。

《世界知识》所汇集的国际问题研究者之中，有中共地下党员，有党外进步作家。因此，这个期刊很快成为宣传马克思主义，指导读者用辩证唯物主义和历史唯物主义认识世界、看清世界趋势的载体，为厘清中国问题提供了一条逻辑清晰的途径。该刊提供的不仅仅是知识，更是理念和旗帜，吸引了更多的作者和读者，引领了国内国际问题和社会科学研究的潮流。[1]

徐伯昕虽然至此还从未走出国门，但他对《世界知识》、《译文》、《译文丛书》、《世界文库》的支持，体现出他清晰的时事大局观，他已成长为进步出版潮流的引领者。

与《译文》的合作性质不同，《世界知识》不仅由生活书店出版发行，编辑工作也在书店内部进行。多数供稿者和生活书店不只是一般的书店和著作人之间的关系，也是一种政治上合作共事的关系。

这种合作关系的纽带，是胡愈之。自胡愈之旅欧回国，《生活》周刊自1932年下半年起就经常刊登胡愈之以"伏生"为笔名撰写的有关国际问题的分析评论文章。在一次次与当局交锋的政治旋涡中，徐伯昕、邹韬奋与胡愈之逐渐从出版关系上升为知心朋友和亲密战友的关系。后来，胡愈之越来越紧密地参加到生活书店的出版工作中

---

[1] 徐伯昕：《〈世界知识〉与生活书店》，载《新文化出版家徐伯昕》，中国文史出版社1994年版，第204—205页。

来，并为生活书店的建设提出了卓越的见解。

因此，当胡愈之向徐伯昕提出要出版《世界知识》时，徐伯昕愉快地同意了。《世界知识》开办后，就如同一个桥梁，为徐伯昕的出版事业联结起一个新领域的社会网络，网络"节点"有钱亦石、金仲华、钱俊瑞、章汉夫、张友渔、乔冠华、张仲实、张明养、郑森禹、冯宾符、刘恩慕、张铁生、王纪元、梁纯夫、邵宗汉等人。本书重点介绍历任《世界知识》主编，以及参与到生活书店出版工作的几位出版家，他们都是中国共产党精心培养的文化骨干，是徐伯昕走向共产主义事业的最初伙伴，也是长久的战友。

胡愈之（1896—1986），是一个集记者、编辑、作家、翻译家、出版家于一身，学识渊博的中国新闻出版界"全才"，新中国成立后任中央人民政府出版总署署长，全国人大常委会副委员长和全国政协常委。胡愈之1914年考入上海商务印书馆为练习生，开始发表著译文章。1915年起任《东方杂志》的编辑。1933年初参加中国民权保障同盟，同年加入中国共产党。邹韬奋流亡海外时期，胡愈之成为徐伯昕思想转向共产主义的接引者，以及徐伯昕与共产党文化骨干共事合作的中间人，徐伯昕则为胡愈之在国统区中运筹帷幄中共的出版事业建造了一个个坚实的载体，以及广阔的传播发行网络。新中国成立后，徐伯昕曾担任了胡愈之任署长的国家出版总署办公厅副主任及计划处处长一职。

金仲华（1907—1968），《世界知识》的撰稿人，并担任过实际主编工作。大学毕业后曾就职于商务印书馆，历任《妇女杂志》助理编辑、主编。淞沪会战中商务印书馆被日军炸为废墟，经朋友介绍，金仲华1932年进入苏联国家通讯社塔斯社（TACC）上海分社担负编译工作，并开始研究国际问题。1933年秋，与胡愈之、钱俊瑞、钱亦石、沈志远、章乃器等在中共地下组织的领导下，在上海组织了党的秘密外围组织"苏联之友社"，研究和介绍社会主义，宣传中国共产党的抗日救亡主张。藉《世界知识》，金仲华走进生活书店，1935年10月起担任了生活书店编辑部主任，同年参与创办了《大众生活》周刊，后来他又担任了生活书店理事会理事。金仲华主编这本《世界知识》的时间最长，他还是一个漫画爱好者和地图收藏专家，因此也在《世界知识》的大众化和形象化方面有了独特的创造。新中国成立后他历任多家报刊社社长之职，最后任上海市副市长。

张仲实（1903—1987），著名马列著作翻译家、编辑出版家，其译作得到了毛泽东的高度赞扬。他的加盟，对于徐伯昕走向革命出版道路乃至面见周恩来起到了关键作用。张仲实早在1924年就加入了共产主义青年团，1925年1月加入中国共产党，1926年10月受中共派遣去莫斯科东方劳动者共产主义大学学习，1928年转入莫斯科中山大学跟随张闻天领导的翻译班从事马克思主义理论著作和教材的翻译工作。张仲实1930年回国后，中共先后派他去唐山、天津从事地下党工作；省委遭破坏后，1931年他去上海，1935年经胡愈之介绍担任了《世界知识》的主编工作。邹韬奋于1935年11月邀请张仲实担任了生活书店图书部的总编辑职务，后来，张仲实又兼任了理事会主席。① 晚年的徐伯昕与张仲实共同呼吁恢复三联书店的独立建制，落实三联老同志的革命工龄问题。

在编辑出版工作中，徐伯昕与张仲实紧密配合，上文所提到的

---

① 《马克思主义传播者的杰出代表——张仲实》，《传记文学》2015年第12期。

徐伯昕去茅盾家中约稿，即是为张仲实策划主编的《青年自学丛书》而约。此外，张仲实还邀请进步作者，在生活书店编撰出版了《黑白丛书》、《救亡丛书》、《世界学术名著译丛》等颇受读者欢迎的读物，参与主编了《国民公论》、《抗战》三日刊等进步读物，传播革命思想。

钱亦石（1889—1938），我党早期著名教育家、理论家、社会活动家，被称为"红色教授"。1924 年 4 月，钱亦石经董必武、陈潭秋介绍，加入了中国共产党。后被党组织先后派往日本、苏联，在莫斯科的中国劳动者共产主义中山大学特别班学习。1930 年 12 月回国，经党组织的联系，钱亦石被上海法政学院和暨南大学聘为教授。他参与领导了上海文化界的中共秘密组织工作。钱亦石担任《世界知识》的实际编辑工作的时间不长，但他是这本杂志最早的日常撰稿人，也为书店编撰过一些重要的丛书，比如为《青年自学丛书》撰写的《中国怎样降到半殖民地》、《产业革命讲话》等。

钱俊瑞（1908—1985），经济学家，1929 年参加了陈翰笙领导的农村经济调查团，1935 年加入中国共产党，经胡愈之介绍担任了《世界知识》的撰稿人和主编，他也是新知书店的创办人之一。

由《世界知识》的以上阵营可见，徐伯昕此时的出版合作者和服务对象，皆是中国共产党在上海的文化学术骨干。虽然此时徐伯昕不是中国共产党党员，但他实际所做的工作，已经是共产党宣传出版工作的组成部分了。

徐伯昕大力推进期刊出版的路线，对生活书店的发展起到了至关重要的作用，正如他回忆所说，《文学》月刊和《世界知识》所团结联系的两批作家学者，形成了生活书店编辑工作的两大支柱。如果没有编辑工作上这样的两大支柱，以及许多个别的进步著作人和作家的支持，是很难有多大作为的。①

值得一提的刊物还有《太白》半月刊，1934年9月20日出版，徐伯昕为发行人，主编陈望道（1891—1977）是《共产党宣言》第一个中文全译本的翻译，也是中国共产党最早的党员之一。1920年5月，陈望道与陈独秀等在上海组织马克思主义研究会，并参与社会主义青年团筹建工作，8月加入上海共产主义小组，曾任复旦大学、上海大学等高校教授，并担任了《文学》月刊的编辑工作。1934年，针对当时社会上出现的"文言复兴"现象，陈望道与人商议共同发起"大众语运动"，并以拂晓前太白星"追求光明"的寓意，创办了现代文艺杂志《太白》半月刊。该刊与《译文》类似，属于生活书店的外包刊物。1935年9月5日停刊，共出2卷24期，编委包括艾寒松、傅东华、郑振铎、朱自清、黎烈文、陈望道、徐调孚、徐懋庸、曹聚仁、叶绍钧、郁达夫等。《太白》与左翼文艺运动相配合，与当时风行的逃避现实，刊载幽默、闲适小品文的《论语》、《人间世》等刊物相对垒。鲁迅、茅盾、巴金等都在《太白》上发表了一些文章。② 这份刊物匆匆而终，与经营不善有一定关系。徐伯昕精力有限，没能对这份刊物的具体工作进行太多投入。

像《太白》这种徐伯昕任发行人、生活书店负责出版的外包刊物，还有戴伯韬主编的《生活教育》半月刊、傅东华主编的《创作文库》等。双方的合作，既是基于思想上的共同理念，也是基于徐伯昕所创

---

① 徐伯昕：《〈世界知识〉与生活书店》，载《新文化出版家徐伯昕》，中国文史出版社1994年版，第206页。

② 谢婷婷：《从〈太白〉停刊说起》，《南方文坛》2011年第5期。

建的较为成熟的发行网络。虽然这些刊物没有取得《生活》周刊、《新生》周刊那样的社会影响力，且与生活书店的关系松散，却为书店带来了更多的出版资源，连接了不同的人际网络，进而增加了书店的活力，培育了人才，共同营造了 20 世纪 30 年代上海最为著名的进步出版事业。因此，我们可以将这一系列期刊的出版发行工作视为徐伯昕出版事业的外围组成部分，与他这一阶段在生活书店的主要经营工作相区分开来。

八、为生活书店建章立制，奠定根基

徐伯昕这两年中的主要工作，还包括为生活书店建立规章制度，拓展广告和发行业务，这奠定了生活书店腾飞的基础。

首先，徐伯昕为事业日益壮大的生活书店制定了多项规章和办法，比如，徐伯昕视邮购为生活书店发行工作的重要环节，1934 年先后制定的《特约银行免费经汇购书汇款办法》、《通讯邮购简章》、《通讯购书办法》等条例，都是就邮购问题的科学管理、简便手续、改进工作等所作的专门规定；他还为读者办理查询未收到的期刊及停刊后立即为读者办理退款等事项，制定了专门规范。是年底，书店的各种期刊订户和邮购户已近十万户。

其次，在宣传和发行方面，徐伯昕创造性地构建了"全国出版物联合广告"和银行免费汇款购书业务。

1935 年 1 月 1 日，徐伯昕首创了"全国出版物联合广告"这种书刊广告方式。生活书店成立之后，一直经销、代办全国各类图书杂志。这些书刊经过挑选，不少都是进步书籍，生活书店由此渐渐成为全国的新文化出版的发行中心。当时，出版机构往往会登报宣传书刊，生活书店也要在《申报》等大报上刊登自家销售发行的本、外版书刊，但《申报》广告每天十几版，书刊广告夹杂在各种商品、婚丧嫁娶的广告中，并不起眼。

此时，商务印书馆因 1932 年惨遭日机轰炸，东方图书馆又遭日本浪人纵火焚毁，遂奋发图强日出新书一种，在《申报》头版登全版广告，在其他版面设固定广告位置。这种做法启发了徐伯昕，于是联合一些中小出版社将《申报》头版广告位置承包下来并代为设计，黑红两色套印，刊登"生活书店出版及经销图书联合广告"，划分为十英方寸的长方形格子以安排各家广告，广告费用按参加出版社所占面积分担。全版广告的上端，用美术字通栏刊登生活书店经销代办全国图书杂志、办理邮购十大银行免费汇款购书等字样的广告。① 徐伯昕还邀请了蔡元培题词，每月 1 日、16 日各登一次。并于 1 月 1 日广告刊登当天，在《申报》二、三版的备用半版刊出 33 则书刊广告。

其后，徐伯昕将《申报》、《大公报》两大报纸的版面定期地承包下来，名为"促进文化、服务社会的生活书店联合广告"，每期列一个编号。丁裕介绍过其中一期《申报》刊登的联合广告："学友图书美术所"广告介绍一种国耻挂图《日本侵略组》，一种国防常识挂图《国防武器组》，广告词是"敌军炮火声中国民应备的挂图!!!"。还有"中国史事研究所"出版的《淞沪抗日画史》，广告词是"淞沪战役绘

---

① 范用编：《爱看书的广告》，生活·读书·新知三联书店 2015 年版，第 207 页。

影绘声的巨著"。可见，"联合广告"是一种很有腔调和色彩的广告，[①]
同时也是一种创举，很好地解决了一些小出版社（书店）登不起广告
的困难，加强了书业的团结，自然受到出版界的关注和拥戴，也帮一
些自费出版图书的作者找到了宣传出路，并且颇得到读者的欢迎。在
徐伯昕精心运筹下，生活书店的广告费支出，仅占营业额之两三个百
分点。

徐伯昕爱惜生活书店的声誉，对加盟广告者要进行严格审查，
1935 年 9 月重定的《刊登办法》规定：凡参加"联合广告"的书刊必
须"宗旨纯正，内容充实"，并经生活书店"审阅认可"。[②]生活书店
的社会知名度更因此得到了极大的提高，在国统区的进步书店行业中
很快树立起了领袖地位。

生活书店诞生之时，商务印书馆、中华书局、世界书局已成三足
鼎立之势，基本瓜分了利润最厚的教科书出版领域，其他中小出版社
无论在资产还是赢利方面，都难望其项背。这些大型出版企业都采取
公司制制度，利润是第一追求，导致当时出版市场的竞争极其激烈。
生活书店能够存活并壮大起来，有多方面的原因，其中重要原因之
一，是大出版企业在教科书领域的角逐，都追求政府政策的支持，因
此它们的政治趋向是保守内敛的，不轻易涉足进步出版物市场；生活
书店的出版方针，恰恰是在这片相对荒芜的领域耕耘，徐伯昕过人的
经营才能得以施展，使生活书店很快成为进步出版企业的领军者。

1934 年 3 月 16 日，徐伯昕又首创了十大银行免费汇款购书业务。

---

① 丁裕：《我们的总经理——徐伯昕同志》，载《新文化出版家徐伯昕》，中国文史出
版社 1994 年版，第 329—330 页。

② 范军：《生活书店的"联合广告"》，《中国编辑》2009 年第 1 期。

依托在《生活》周刊时代就与各银行建立的良好关系，与中国银行、交通银行、上海银行、新华银行、江苏省农民银行、浙江兴业银行、聚兴诚银行、华侨银行、大陆银行、富滇新银行等签约，十大银行在全国有五百余处分支行，给读者提供了诸多便利，扩大了书店影响。

再次，徐伯昕还在编辑出版业务上付出了大量心血，除了上文提到的亲自登门约稿、商定选题外，对于出版物的质量和发行的效率，也是极其认真负责的。从《生活》周刊社时代开始，他就负责了图书的出版校对、装帧设计等工作，对生活书店所出版的各种书刊，他努力确保内容充实，装帧设计精良，校对无误，风格独特。《生活》周刊社和生活书店出版的期刊，按时出版从不拖期。生活书店出版书籍，一般存书不多，再版迅速，出版周期短。如《青年自学丛书》有的重版十多次，都能保证供应。生活书店的流动资金来源，全靠吸收读者邮购户存款、新书及期刊的预定款，若是稍有差错，存书积压，资金周转就会发生困难。徐伯昕为此煞费苦心，他随时收集出版界的信息和读者的需求，充分调查了解市场的销售情况，并对如何提高图书发行的工作效率时常进行精心的研究。

这期间，徐伯昕推出了生活书店最具分量的丛书《世界文库》，这也是他一生出版工作的代表作之一。1935 年 5 月，由郑振铎主编的这套丛书在生活书店出版，徐伯昕担任发行人，并亲自参与了排印和装帧设计工作。

这套丛书硬皮装帧，简洁庄重，每一册书的扉页采用不同颜色，插图精致，封底图案中心有"生活"之著名标识。这套丛书以期刊的形式出版，每月一册，共 12 册，集世界文学、中国古籍珍本精华。古籍有《醒世恒言》、《警世通言》、《金瓶梅词话》、《王右丞集笺注》等；

翻译作品有徐梵澄早期的重要翻译著作《苏鲁支语录》（尼采）、傅东华译的《吉诃德先生传》（塞万提斯）、梁宗岱翻译的《蒙田散文选》、鲁迅翻译的《死魂灵》、李霁野所译《简·爱自传》、黎烈文翻译的《冰岛渔夫》等。

1935 年，被称为民国时期的"翻译年"，这套丛书则是翻译作品中的集大成者和代表性丛书。丛书出版后，社会反响强烈，各界人士赞誉有加。茅盾评论《世界文库》所介绍的外国文学名著，"单是这第一集已经称得研究文学的基本书籍的集大成了。这个伟大的计划，在现今居然就实现了，无论如何可说是极有价值的工作"。朱光潜认为："多年来我们对于翻译事业东打一拳，西踢一脚，不但力量不集中，而且选择得很乱。重其所轻，轻其所重，不能使读者对于外国文学得到一个很正确的认识。《世界文库》是近来翻译事业中第一个有计划、有系统的，所以我们应该希望并且赞助它的成功。"陈望道更是希望这项工作能从文学领域扩展到世界美术、历史、政治、经济等诸多领域。①

《世界文库》第一集起讫时间为 1935 年 5 月至 1936 年 4 月，其中囊括了中国古典文学名著 66 种，外国文学名著 61 种。可惜，后续的出版计划被日军侵华打断了。徐伯昕非常珍爱这套丛书，新中国成立后家中一直收藏着一套，从售书印章看，是分别从生活书店和美华书店打折时购买的。他的儿子徐星钘十分喜欢这套书，自己原本也保存了一套，但在"文革"中被抄家时丢失了，故曾开口向父亲要这套书。徐伯昕没有同意，而是在遗言中将这套书和其他藏书全部捐献给

---

① 何琳：《泽被后世的〈世界文库〉》，《世界文化》2013 年第 5 期。

常州图书馆。

这样高速发展的出版事业，不仅需要徐伯昕的天赋和智慧，更需要他日夜操劳，沈粹缜回忆徐伯昕患肺病后，"韬奋见了他那种样子，又吃惊，又心疼，不顾他的反对，硬是停下他的工作，派人安排停当后，把他送到莫干山去，强迫他休养了半年，总算使他恢复了健康"①。从这一段话，我们可以更好地理解《译文》风波，一向谨慎细致的徐伯昕为何没有交代好相关工作，就匆匆离开的原因了。

邹韬奋在《生活史话》中回忆，他这次流亡回国后看到生活书店两年来的发展状况时，说了这样一段话："本店在我出国后，由于诸位同事的努力，在我出国后的二年间，不但不衰落，而且有着长足的发展。伯昕先生的勤劳支撑，劳怨不辞；诸位同事的同心协力，积极工作；愈之先生的热心赞助，策划周详，以及云程、仲实诸先生的加入共同努力，为本店发展史上造成最灿烂的一页。"②

---

① 沈粹缜：《追念伯昕同志》，载《怀念出版家徐伯昕》，书海出版社1988年版，第48页。

② 生活书店史稿编辑委员会编：《生活书店史稿》，生活·读书·新知三联书店2007年版，第53页。

第四章

文化救国：抗战中扩张出版网络

　　浙江省湖州市境内的莫干山，为天目山余脉，其名来自于"干将莫邪"的传说。这里翠竹如海、清幽寂静，民国时期，已是江浙沪名流富商避暑和休养的胜地。自 1935 年 9 月到 1936 年 2 月，徐伯昕在妻子周雨青的照料下，病体渐渐痊愈。这几个月，虽然仍旧没有放下工作，但也算是他人生中最轻松的时光。病愈后他回到上海继续为出版事业而忙碌，又迎来了一波又一波的惊涛骇浪。

一、病中部署

　　徐伯昕一生之中，有五次因重病而休养，

31 岁时在莫干山，47 岁时在大连，48 岁时在北戴河，50 岁时在苏联北高加索，78 岁时在庐山，这些重病都是积劳成疾、工作压力太大而导致，但每一次休养，他都不曾忘记出版工作。

1935 年 11 月，徐伯昕在莫干山部署了生活书店的新刊《大众生活》周刊的宣传与发行工作，并亲笔写下"大众生活"四个字作为刊头。

《大众生活》于 1935 年 11 月 16 日在上海创刊，实可谓《新生》周刊的"转世"、《生活》周刊的"三世"，邹韬奋任主编兼发行人，是一份宣传抗日救亡的时事政治性周刊，16 开，设有"星期评坛"、"时事论文"、"国内外通讯"、"社会漫画"、"随笔小品"、"大众信箱"等栏目，封面和封二、封三、封底刊登彩色时事照片。邹韬奋在发刊词中提出三大努力目标："力求民族解放的实现，封建残余的铲除，个人主义的克服"。在徐伯昕的抱病部署下，《大众生活》很快接续了《生活》周刊、《新生》周刊的影响力和发行网，发行量达到 15 万份。

《大众生活》创刊后不久，一场声势浩大的学生爱国运动让这个刊物闻名于海内外。九一八事变后，日本帝国主义加快了侵略中国的步伐，他们在天津和河北等地制造事端，并以武力相威胁，先后迫使南京国民政府接受了"何梅协定"和"秦土协定"，丧失了包括平津在内的河北、察哈尔两省的大部分主权。之后，日本帝国主义积极策动所谓华北五省"防共自治运动"，策划成立由其直接控制的傀儡政权，全面在华北推进侵略。中国共产党向大众发出抵御侵略、保卫华北的号召，组织北平大中学校学生成立了"北平市学生联合会"并发表了《北平市学生联合会成立宣言》。"华北之大，已经安放不下一张平静的书桌了"，12 月，学生们振臂高呼，举行抗日救国游行示威，反对"华北自治"，激起了北平乃至全国人民的抗日救国新高潮。这就是著名的一二·九抗日救亡运动。

《大众生活》周刊创刊后，积极响应中共的号召，宣传抗日民主政策，激发青年们的爱国热情。游行示威爆发后，《大众生活》迅速明确立场，全力报道评论一二·九运动，刊登学生爱国斗争的照片，爱国学生也纷纷把自己的斗争实践和感受写下来寄给《大众生活》。这个小小期刊，迅速成为这场浩大运动的宣传、组织中心。群情激奋中，《大众生活》销数迅速由 15 万份增至 20 万份，再次打破全国期刊发行纪录。

养病期间，徐伯昕所策划的又一创举——生活书店版的《全国总书目》也出版了。《中国出版百科全书》对该书的定义是：第一本中国现代出版物的书目。此前，生活书店编印了《全国出版物目录汇编》，每年增订一次。徐伯昕休养前，特约平心（李平心，1907—1966，历史学家、社会学家，当时是中共地下党员）在此基础上编辑《全国总书目》，以便图书馆、学校及读者购书。

该书在生活书店员工的集体帮助下，历时一年多，搜集了自1911 年以来各种书目两万余种，封建迷信、诲淫诲盗、低级趣味的除外。该书自编科学分类法，按总类、哲学、社会科学、宗教、自然·社会科学（指介乎自然科学与社会科学之间的科学，如人类学、心理学等）、自然科学、文艺、语文、史地、技术知识等 10 类编排，后面还附有"全国儿童书目"、"主题索引"、"洲别国别索引"及"外国著者索引"等多种索引。① 全书一千多面，32 开，硬纸封皮精装，只收一部分印制费 4 角钱（按一般书价应在 2 元以上），不够成本的

---

① 许力以主编：《中国出版百科全书》，书海出版社 1997 年版，第 865 页。

部分，就在书目里刊登广告弥补，不给读者增加购买负担，从而使之真正发挥工具书的工具之用。①

二、险渡"七君子事件"

1936 年 2 月，徐伯昕病愈回沪，继续负责书店的经营，与书店同人一起，着力于抗日救亡的宣传工作，在反"文化围剿"的斗争中壮大文化阵地。

这正是上海各界抗日救亡运动风起云涌之时。据有关方面透露，蒋介石对上海的救亡运动非常担忧，认为与《大众生活》周刊的影响力关系很大。国民党政府已经展开对《大众生活》的破坏和压制，先是散播谣言，后是停止邮寄，其间国民党中央宣传部部长还曾请邵洵美为中间人，约谈邹韬奋，甚至要杜月笙陪邹韬奋去南京面见蒋介石。邹韬奋拒绝去南京见蒋介石。《大众生活》最终在 1936 年 2 月 29 日遭到当局查封，仅出刊 16 期。

在徐伯昕的努力下，这份刊物后来在香港复生。1941 年 5 月 17 日，徐伯昕协助邹韬奋找到一位港绅作为发行人，使《大众生活》得以在香港复刊，韬奋继续担任主编，金仲华、茅盾、乔冠华、夏衍、胡绳、千家驹任编委。该刊坚持宣传团结抗日、民主进步，刊发救国会在港代表韬奋等 9 人联合署名的《我们对于国事的态度和主张》，连载茅盾的小说《腐蚀》，发行量达 10 万份；同年 12 月太平洋战争

---

① 范用编：《爱看书的广告》，生活·读书·新知三联书店 2015 年版，第 207 页。

爆发，香港沦陷，该刊出至新 30 号后终刊。

1936 年 2 月，《大众生活》被查禁后，迫于政治环境所带来的出版压力，生活书店的领导层召开会议商量对策，最后决定，徐伯昕留在上海，负责书店业务；邹韬奋因未去南京，大家担心他得罪政府，建议他二次流亡。因为他第一次欧美之行的负债未清，经济能力不允许，只能去近处避祸，于是，邹韬奋与毕云程共赴香港，分别筹办《生活日报》和生活书店分店。

3 月 7 日，生活书店出资创办了《永生》周刊，金仲华主编，以接替停刊的《大众生活》周刊。至当年 6 月 27 日，《永生》周刊出到 17 期，被国民党当局封禁。

徐伯昕一边操劳店务，一边为《生活日报》的创办筹措资金。经多方斡旋，他终于为报纸创办筹集到了一笔资金，协助邹韬奋在当年 6 月 7 日出版了《生活日报》周刊。邹韬奋在香港的办报条件极其艰苦，为了省钱，选在贫民窟里的一条小街（利源东街 20 号）上开办报馆，房租每月 90 元。

为响应中共中央"八一宣言"，《生活日报》上刊登了邹韬奋与沈钧儒、章乃器、陶行知四人联署发表的宣言——《团结御侮的几个基本条件与最低要求》，内地印小册子分发，受到了毛泽东的肯定。尽管《生活日报》销售达到两万多份，而当地报纸每日销售最多不过五六千份，但香港却不适宜向全国发行报纸，一是时间落后，二是邮费奇贵，于是入不敷出，月月亏本。因经济枯竭，《生活日报》只出版 55 天，就于当年 8 月 1 日停刊——给徐伯昕苦心经营的生活书店带来了经济上的相当损失。

邹韬奋等人只得于 8 月折返上海，和徐伯昕一起积极筹划《生活日报》在上海复刊。该刊改为《生活星期刊》，于 23 日在上海出版，社址选在维多利亚路（今延安东路）泰晤士报大楼 319 号。

局势如此紧张，为了应付突发情况，1936 年 8 月 31 日，生活出版合作社召开第二次社员大会，决定由理事会、人事委员会、监委会联合组成临时管委会主持店务，选举徐伯昕和邹韬奋、王志莘、杜重远、张仲实等 11 人为委员，张仲实为主席，徐伯昕被选为经理。①

10 月，生活书店被卷入了又一场轩然大波之中。阴差阳错，徐伯昕再次"缺席"。

早在 5 月 31 日，邹韬奋与沈钧儒、章乃器、陶行知等人发起组织了全国各界救国联合会（简称"全救会"），呼吁全国各党各派停止军事冲突，立即派遣正式代表进行谈判，建立一个统一的抗敌政权。"全救会"在上海多次组织开展抗日救国活动，尤其是 10 月 19 日，鲁迅先生病逝，"全救会"出面组织举行隆重的出殡仪式，有近万人参加。送殡的人流浩浩荡荡涌向万国公墓。墓前，由蔡元培、宋庆龄、沈钧儒、章乃器，还有胡愈之、邹韬奋等致悼词、演说。事后，邹韬奋在《生活星期刊》第 1 卷第 22 号编发了"悼鲁迅先生"的特辑，号召大众"应该承袭鲁迅先生的积极的斗争精神，为民族解放的伟大而艰苦的工作，努力前行"②。如此一来，鲁迅先生的葬礼实际上成了一次声势浩大的爱国游行。

"全救会"的主张与活动令担心激怒日寇的国民党当局恐惧不安，

---

① 生活书店史稿编辑委员会编：《生活书店史稿》，生活·读书·新知三联书店 2007 年版，第 353 页。

② 邹韬奋：《伟大的斗士》，《生活星期刊》第 1 卷第 21 期。

上海市市长吴铁城指责"全救会"是个"反动的东西"，[①] 日本驻沪总领事也要求逮捕"全救国"会成员。矛盾激化的顶峰，便是"七君子事件"。

国民党政府对"全救会"的活动惶恐不安，于 11 月 22 日深夜到凌晨，逮捕了"全救会"领导人沈钧儒、邹韬奋、李公朴、章乃器、王造时、史良（后自行投案）、沙千里七人，关押在苏州江苏高等法院看守所。

邹韬奋被捕时，是凌晨两点半，在床上睡得正酣，被法国巡捕和上海公安局的人闯入家中带走。据徐伯昕的家人推测，徐伯昕当时也在公安局的搜捕名单之中，但恰逢他的妹妹徐方结婚，他已赶回常州参加婚礼，但其上海的家同时亦被查抄。11 月 23 日下午，徐伯昕接上海急电，才得知韬奋等被捕。倘若徐伯昕当时也在上海，这个著名历史事件或许就应该有"八君子"了。

得知消息后的徐伯昕未及吃喜酒当即赶回上海，为营救韬奋等而四处奔走。12 月 2 日，徐伯昕与胡愈之一同回到职教社，与黄炎培共同商议营救方案，并发动了生活书店的一切社会力量。在中共地下党冯雪峰、潘汉年、胡愈之等人领导和配合下，"全救会"很快在全国各地及国外掀起了一场国内外援救"七君子"的运动。国民党政府在全国运动及国内外舆论压力下，再加七七事变发生，卢沟桥打响了全面抗战的枪声，蒋介石不得不在 1937 年 7 月 31 日无条件释放了"七君子"。

"七君子事件"虽是一场祸事，但无疑将邹韬奋、徐伯昕和整个生活书店推向一个新的高度，成为全国进步出版文化事业的典范，也

---

① 陈家新编著：《中华女杰·现代卷》，四川人民出版社 2013 年版，第 53 页。

赢得了中共和各界爱国人士的信任和赞誉，生活书店向革命出版道路更走近了一步。

继《大众生活》停刊之后，1936年3月7日，生活书店出版了由金仲华主编的《永生》周刊，继承抗日救亡传统，但也只出版了17期，1936年6月27日被迫停刊。之后又创办了由谢六逸、张明养（张弼）主编的《国民》周刊，出版了19期，于1937年11月19日终刊。生活书店20世纪30年代在国民党统治区出版进步书刊，在反动派的压制和迫害下坚守并壮大文化阵地的努力，时事政治性期刊一而再再而三被查禁，《生活》—《新生》—《大众生活》—《生活星期刊》—《国民》周刊等，如此前仆后继，斗争不止。在这样艰难的过程中，当家人徐伯昕工作的繁重程度可想而知。他一方面要反反复复更替信息、部署发行网络，另一方面又要频频应对国民党的书报审查，此外还要投入相当大的精力在选题策划、市场考察、人事管理、制度建设、产品创新上。

徐伯昕在1934年创制《文艺日记》，1935年创制《生活日记》的基础之上，又推出别出心裁的"免费代烫金字姓名及各种纪念馈赠词句"服务。"日记"系列是一种颇有特色的生活书店"文创产品"，是一种集鉴赏阅读和写作为一体的新型日记本。他不仅主持了编印工作，还精心设计了日记本的样式。

《文艺日记》的具体样式是：36开本，采用无光道林纸精印，五百余页，封面封底硬布面烫金。在每个月的日记页前配以插页，刊登鲁迅、茅盾、巴金等24位作家执笔的随笔和日记，为读者写作做示范。每一页下端刊登一两条中外名人语录，来自鲁迅、茅盾、高尔基等。

此时正是国民党"文化围剿"最为严重的时期，左翼作家的作品多在查禁之列。因此，考虑《文艺日记》每页都有高尔基、鲁迅等名人语录，估计一次送检肯定通不过，徐伯昕就采取化整为零的办法分批送审，竟然被糊里糊涂地通过了。鲁迅先生随笔《拿破仑与隋那》部分语录最初就发表在其中。出版后，当局审查官发现问题，急令禁售，而日记本已发大半，事后徐伯昕还将此事告诉了编辑黄源，两人捧腹大笑。[①] 这一类型的出版衍生产品，大大受到读者的欢迎，成为生活书店的重要动销品，带来了可观的经济收入，在一定程度上弥补了书刊薄利甚至亏损的局面。[②]

但也不是总能侥幸安渡审查，1937 年，徐伯昕再次走上法庭成为被告。国民党当局和英国租界合谋，就生活书店出版的《锦绣山河》一书，指控书店妨碍"敦睦邦交"。徐伯昕在法庭上申辩，说明该书的文章早在《生活》周刊发表过，又出示了国民政府内政部注册证，上海公共租界法院无法查禁，只好不了了之。

三、徐伯昕的期刊方阵

在整体的经营思路上，徐伯昕表现出开阔的眼光，在经营策略上，以期刊发展带动图书出版，并且，建立了一套灵活多变、严格细致的高效经营发行体系，这在民国时期是有一定的超前性的。首先，

---

① 邵公文：《徐伯昕同志与生活书店》，载《怀念出版家徐伯昕》，书海出版社 1988 年版，第 77 页。

② 生活书店史稿编辑委员会编：《生活书店史稿》，生活·读书·新知三联书店 2013 年版，第 61 页。

我们系统地来看一下徐伯昕该阶段所建立的期刊方阵。

出版的期刊主要包括时事政治类周刊和多领域的进步刊物。政治类周刊是生活书店的喉舌和主营业务，牵扯徐伯昕的精力最多，在"文化围剿"的氛围中，出一种禁一种，先后出版《生活》（邹韬奋主编）、《新生》（杜重远主编）、《大众生活》（邹韬奋主编）、《永生》（金仲华主编）、《生活星期刊》（邹韬奋主编）、《国民》（谢六逸、张弼主编）等，方针和任务一脉相承。由于生活系期刊一贯的品位和理念，以及徐伯昕多年来对广告的维护和服务，读者对这一系列刊物上的广告都比较信任，广告效应好，广告主愿意在徐伯昕的刊物上登广告，甚至有上封面的要求。广告费的收入冲抵了不少成本，这种态势在《新生》、《大众生活》、《永生》等都得以延续，成为生活书店的一大经济来源。

除了上述周刊，徐伯昕还策划出版了一批进步刊物，这些刊物涉及国际知识、教育、语言、妇女问题等各个方面，联系着各个方面的进步作者，读者遍布海内外。生活书店的联系面之广、影响之大，是其成为期刊聚集出版平台的主要原因。从经营方面来看，如上文所说，这些期刊属于徐伯昕"外包"的刊物，每月结款，不干涉其编撰工作。也可以说，这些不同领域的作者群，凭借徐伯昕所建立的期刊发行网络，有效地扩大了读者群体，在民国期刊史上或深或浅地留下了一笔。我们在前文基础上再来集中梳理一下这些刊物。

1.《文学》月刊。1937年11月因抗日战争全面爆发而终刊，一共出版9卷，这份刊物作者阵容强大，是20世纪30年代上海寿命最长、影响力最大的大型文艺杂志。刘增人曾说，该杂志与《小说月报》是中国现代文学期刊史上前仆后继的两座高峰；苏雪林也说，登上了

《文学》也就意味着登上了文坛。该刊"以其内容的充实、见解之敏锐精到、编排之严谨细致而赢得三十年代中国第一刊的美誉"。茅盾曾说，《文学》是"枪刺尖上的文化"，对左翼作家开门，团结进步作家，对法西斯蒂关门。该刊也因此被国民党中央宣传委员会定为左翼刊物，时时有被查禁的危险，四年来如履薄冰，依靠茅盾迂回曲折、百折不挠的韧性，[①] 同样也少不了发行人徐伯昕的心血付出。

2.《太白》半月刊。1934 年 9 月创刊，1935 年 9 月停刊，主编陈望道。编委连鲁迅共 12 人。刊物以鲁迅式的杂文为核心内容。这份刊物以科学启蒙为己任，促成了科学与文学的联姻，其中每期必刊的"科学小品"栏目在社会上影响最为广泛。这类小品文着眼于解答民众日常实际问题，践行了文艺大众化的路线，团结培育了一批优秀的科学科普作家，比如周建人、贾祖璋、刘薰宇和顾均正等。《太白》编辑部还发起过小品文理论征文活动，在全国展开了理论讨论，论文集《小品文和漫画》一书亦由生活书店出版。[②]

3.《译文》月刊。1934 年 4 月创刊，由鲁迅、茅盾、黎烈文发起，为专门介绍外国文学的刊物。当时国内介绍外国文学作品很少，鲁迅先生的重视和徐伯昕的支持让《译文》起到了"戈壁中的绿洲"的作用。因为前文所述原因，这份期刊后来移到上海杂志公司出版。

4.《妇女生活》半月刊。我国妇女解放运动的先驱沈兹九主编，1935 年 7 月 1 日创刊。沈兹九原是《申报》副刊"妇女园地"的编辑，该副刊宣传妇女解放，宣传抗日救国。1934 年 11 月，史量才被暗杀，沈兹九担心"园地"会被查禁，就创办了《妇女生活》。原本

---

① 徐文娟：《茅盾与〈文学〉月刊》，硕士学位论文，河北师范大学 2014 年，第 1—12 页。
② 程民、陈罡、鲁珉：《浙江科学小品论》，浙江大学出版社 2015 年版，第 36 页。

发行单位是上海杂志公司，但该公司担心此刊鲜明的政治立场会殃及池鱼，只半年就退出，生活书店勇担道义，继任该刊的发行工作。未久，《妇女生活》因连续报道了上海妇女界救国会的相关情况被禁一次，又因报道"七君子"事件而被勒令停刊，都是经过费力疏通才准许复刊。这份刊物倡导妇女解放，曾是联系妇女界进步力量的枢纽。

5.《光明》半月刊。文艺刊物。1936年6月10日创刊，洪深、沈起予主编。该刊重视戏剧创作和理论研究，以散文、小说、诗歌、戏剧、报告文学等多种文体作为抗日救国的武器，发表了不少东北作家的作品。八一三抗战爆发后停刊，出版到第3卷第5期。

6.《生活教育》。为一综合性的文化教育半月刊，陶行知主持，白桃（即戴伯涛）实际编辑。它针对反动派的谬论，宣传抗日救国的教育，是以后《战时教育》半月刊的前身。

7.《中华公论》月刊。1937年7月21日创刊，为大型的学术性杂志。钱亦石主编，编委有王志莘、杜佐周、张志让、张仲实、郑振铎等，只出了两期。

此外，还有三种综合性的文化半月刊：《生活知识》（沙千里主编）、《新知识》（王达夫等编辑）、《新学识》（徐步主编）。①

这些杂志都是秉承抗日救国、批判社会的宗旨，团结了大批左翼作家，吸引了无数进步青年，今天仍是文学史、期刊史的重点研究对象，但对于其经营和发行的研究却非常少见，只是简单提及受胡愈之、邹韬奋或者徐伯昕的帮助，在生活书店发行。这些刊物的编者们，无论是鲁迅、茅盾，还是沈兹九、洪深等，他们是社会名流，是

① 生活书店史稿编辑委员会编：《生活书店史稿》，生活·读书·新知三联书店2007年版，第44—47页。

文艺家也是社会活动家，没有精力、没有能力，也没有专业人才去琢磨经营发行之道，仍然是徐伯昕，以近乎"隐形"的姿态，算之又算的精明，无孔不入的宣传，为这些刊物的发行铺路搭桥。

在徐伯昕的发行网络里，书刊往往是连锁反应、捆绑销售，在三联书店成长起来的当代著名出版家范用是如此评价前辈徐伯昕的期刊经营艺术：一本期刊带来一个领域的进步作家，带动扩大一个方面的读者群，带来一个领域的系列丛书，比如《世界知识》带来《世界知识丛书》，《文学》杂志带来《创作文库》、《世界文库》，《妇女生活》带来《妇女生活丛书》，等等。订阅《文学》一年，先赠送《文学百题》一册，再订阅《文学》一年，赠送《中国的一日》一册；订阅《太白》一年，赠送《小品文与漫画》一册；《世界知识》订户购买《世界知识年鉴》给以半价优待等。书刊互补，合并推广，书店和读者双双获利。

范用还替徐伯昕的这种做法算了一笔明白账：《文学》月刊一年定价是 3.5 元，赠送的《文学百题》定价 1.5 元，《中国的一日》1.6 元，读者所得赠书价格达《文学》订费的 45%，自然大有吸引力。从书店看，订费 3.5 元加书款 1.6 元，共 5.1 元，若由同业经销，批发价打七折是 3.57 元。现在走直接订户，实际是把批发的好处转给读者，书店不仅不会亏空，还能得到一年整笔订费，数万订户能汇成一大笔资金，不用贷款出利息，自然是好处大大的。[①]

徐伯昕精心拨打的算盘，作家们是不会清清楚楚的，只管写好稿子、编好文章，就有稿费润笔。上海不缺精明的生意人，但做进步文化出版的却不多，徐伯昕以他生意人的精明，将生活书店营建为 30

---

① 范用编：《爱看书的广告》，生活·读书·新知三联书店 2015 年版，第 203 页。

年代进步文化传播的平台网络，没有他的存在，这些刊物难说能够长期生存，也不会有如此批量的传播扩散。

四、以刊带书，铸造本版书系

图书出版，是随着出版多种杂志带动起来的，从1932年的10种，到1934年出版了56种，到1936年，一年就出版了105种。所需资金的筹措和运用，全靠徐伯昕精打细算，量入为出，从不在经济上打没有准备的仗。生活书店的本版书日渐成规模，这离不开邹韬奋、胡愈之等人的选题策划，也离不开徐伯昕从预算、发行、市场考察等角度的策划设计。从作者阵容和图书内容看，不少优秀书籍都是期刊方阵中编者们的作品，并且，延续了徐伯昕当初为《生活》周刊文章选编出版的思路，精选刊物文章结集出版，重复开发利用内容资源，实现利润最大化。可见，徐伯昕的办刊出书思想往往是从整体角度考虑，通盘筹划，而绝非就一刊一书的市场前景单独考虑。

我们来浏览一下生活书店此时形成的图书出版品种，会发现如上文所说，生活书店的图书与其期刊方阵有着千丝万缕的联系。

1. 文艺期刊的衍生品：文艺读物。丛书有《创作文库》、《文学丛书》、《小型文库》等，以及重要丛书《世界文库》。《世界文库》分中国之部和外国之部，中国之部中有《元明传奇二集》、《警世通言》等，外国的单行本有高尔基著、罗稷南译的《燎原》，梭罗诃夫（今译为肖洛霍夫）著、立波译的《被开垦的处女地》等。

生活书店出版的文艺读物还包括许多单行本，如茅盾的《泡沫》、

《黎明》等；译作有鲁迅译的《桃色的云》、《小约翰》等；文艺评论和研究，如郑振铎、傅东华编的《我与文学》等；文艺修养类如征农的《文学问答集》等。

2.政治刊物的衍生品：时事政治读物。有《世界知识丛书》、《时事问题丛刊》、《黑白丛书》以及其他专著。

这方面还出版了韬奋的著述多种：如《小言论》（一、二、三集）、《大众集》、《坦白集》、《展望》等时事评述，海外通讯《萍踪寄语》（一、二、三集）等。

参考工具书如《1935年世界政治经济地图》、《1936年世界知识年鉴》等。

3.张仲实开启策划的哲学社会科学知识读物以及马列主义经典著作。这方面的出版物，可以说是曾任《世界知识》编辑的张仲实担任生活书店总编辑以后开始注重起来的。

张仲实主编的书有：《青年自学丛书》、《百科小译丛》、《世界学术名著译丛》等。

4.《妇女生活》的衍生品：《妇女生活丛书》，出有：沈志远著的《妇女社会科学常识读本》；柯伦泰著，兹九、罗琼译的《新妇女论》等。

以上书籍中不少成为生活书店的长销书，在后来抗日战争最艰难困苦的时期，组稿、出书困难重重，多亏了这些书的反复印刷，才勉强维持了生活书店的开支。

徐伯昕所坚持的对读者负责的服务精神，努力探求创新有效的书刊推广发行方式，是生活书店赢得社会信誉和事业成功的重要条件。

自《生活》周刊于1930年设立"书报代办部"，到1932年7月正式成立生活书店，其资本只有《生活》周刊结存下来的2000

元资金。[①] 在当时的消费水平下，2000 元可以买到 700 余令白报纸，仅够生活《周刊》一个月的用纸。为了经营下去，徐伯昕想尽办法，从办刊到出书，从单一业务到多种经营，他不断开拓创新，创造了许多前文提到的经营策略，但始终贯穿着的一个指导思想是：从广大的读者中去吸收游资，根据不同的读者采取多层次的办法；对读者投入的游资（各种预订款和预付款），企业要负责使读者获得预付款的实益和周到的服务，并且要真诚地负责到底。

如此一来，生活书店的信誉越来越好，各种游资也越来越多。有时发生邮寄投递失误而使读者收不到刊物，徐伯昕严格要求，只要读者来信查询，就立即免费补寄给读者，甚至在刊物上发布致歉消息，赢得了广大读者的信任。

即使在《生活》、《新生》等惨遭禁止后，徐伯昕依然努力做好善后工作，承诺为读者退回存款，但许多读者却没有要。

五、精心营建发行、融资战略

研究徐伯昕的经营战略，是无法离开其时代背景和政治环境的。复杂的现实因素，既限制了徐伯昕进一步的鹏程展翅，又为他带来独特的灵感和施展空间。

从晚清到民国，任何一家出版企业的发迹，都离不开不断的融资过程。即使如商务、中华、世界这样的出版巨子，也如同其他本土实

---

① 生活书店史稿编辑委员会编：《生活书店史稿》，生活·读书·新知三联书店 2007 年版，第 34 页。

业一样，往往面对资金不足的困难。出版经营家们必须依靠自己的人脉和市场运作，各显神通，解决资金难题。

商务印书馆，早年的掌门人夏瑞芳在遭遇经济困境时，将合伙公司改为股份有限公司，邀请大股东张元济入股，原始资本从最早的3750元跃至5万元，① 开启了第一次腾飞之路。王云五执掌商务时，政府的扶持政策对其成功起到关键作用，教育部和内政部命令各地政府购买《万有文库》以充实各地公共图书馆，1935年，该丛书出版了3679套。而在法令颁布之前，《万有文库》的销量并不乐观。②

中华书局迅速崛起的背后，是陆费逵开展的多元业务。他的董事会中有一批政府官员，实力最强的，是1930年被推举为中华书局董事长的国民政府实业部长孔祥熙，孔的政治影响力为中华带来了可观收益，其后公司承接了国民政府的债券和小额钞票、烟草公司香烟盒等印制工作，利润达到40万元。1935年中华创办了实业公司，生产橡皮船、防毒面具等国防产品，卖给国防部。③

世界书局创办人沈知芳少年失学，却不妨碍他成为一位极具冒险精神的出版业"怪才"。他以出版"鸳鸯蝴蝶派"小说、黑幕小说、人物传记、罗曼史甚至是荒诞传奇等通俗文学为世界掘了一桶金。为了能够与商务、中华在教科书领域分庭抗礼，他聘请教育界名流为教科书审定人，甚至想方设法向教育部官员疏通感情，再精心策划教科

---

① ［美］芮哲非著，张志强等译：《古登堡在上海——中国印刷资本业的发展》(1876—1937)，商务印书馆2014年版，第221页。

② ［美］芮哲非著，张志强等译：《古登堡在上海——中国印刷资本业的发展》(1876—1937)，商务印书馆2014年版，第250—251页。

③ ［美］芮哲非著，张志强等译：《古登堡在上海——中国印刷资本业的发展》(1876—1937)，商务印书馆2014年版，第265—266页。

书产品以抢占市场空缺。为了能够推动本版教科书的发行，他甚至千方百计地对各地教师进行公关，这让世界的教科书迅速覆盖了全国，成为了商务、中华的最大竞争对手。

从三大出版巨子来看，获取政治资源、推动教科书出版、策划通俗书刊、开展多种经营、运用商业潜规，样样都是推动出版事业的燃料助剂，在资本主义的竞争市场，这些运作都不足为奇。但是，单纯从生意的角度而言，生活书店的出版方针和文化激进主义①限制了徐伯昕商业才能的纵横捭阖，并处处掣肘，危机重重。生活书店建立于九一八事变之后，整个中国出版界弥漫着抗敌救国的强烈气息，上海如《东方杂志》这样一向保守稳健的刊物也转向激进。徐伯昕和邹韬奋都受到了救亡图存的鼓舞，生活书店的办刊出书方针，也经历了三个不断深化的阶段，对政府的批评态度，步步猛烈激进：一是从有限批评促使其改良，发展到对"不抵抗"主义的猛烈攻击；二是由改良转向革命，即抛弃三民主义，宣传马克思主义，坚持走社会主义道路；三是走向大众，依靠大众的力量进行民族解放斗争。②

在生活书店日益激进的发展道路上，外部政治环境则是日益严峻的。生活书店起步之时，国民政府已经完成北伐战争，国民党行政能力大大增强，舆论管控严苛。面对日军压境，政府执行的却是"攘外必先安内"政策。从北伐结束的 1928 年，到全面抗战爆发前夕的

① 所谓"激进"，是与"保守"相对应的一种概念，是知识分子在中国长期积贫积弱、面对亡国灭种的危机中所产生的忧虑情绪的必然结果。
② 孙敬可：《生活及其系列刊的不断激进化研究（1925—1936）》，硕士学位论文，华中师范大学 2015 年，第 2 页。

1937 年 6 月，国民党当局查禁的书刊有一千一百多种，罗列的罪名如"含有反动意识"、"挑拨阶级斗争"、"讥评政府"、"言论反动"、"鼓吹抗日"、"妖言惑众"、"欠妥"、"左倾"等，甚至威胁、绑架、暗杀革命进步人士。[①] 给予生活书店不少支持的上海报业大亨史量才，由于不肯妥协，竟遭暗杀。

整个 20 世纪 30 年代，生活书店一直是国民党当局严查紧守的重要对象，政治危机接踵而来，直到皖南事变后的毁灭性打击。在这样的发展道路上，尚不是中共党员的徐伯昕已经开始经营一张传播革命思想文化的发行网络，不可能也不会借助当局政治助力，更遑论必须经由政府首肯和支持才能有大发展的教科书出版，以及与当红大银行家、大资本家合作的机会。因此，缺少大宗资金来源的徐伯昕，必须时时面对资金短缺的局面，但他仍然以政治家的敏锐结合生意人的精明，为生活书店的书刊发行打开了局面。

20 世纪 30 年代的中国出版业，出版与发行还没有真正的社会分工。徐伯昕一方面努力创新出版物的出版发行方略，另一方面积极与各地作风正派的零售书店建立业务往来关系，以使自办发行同社会力量结合起来，逐步形成多渠道、多形式的发行体系，并想方设法地扩大资本来源。主要创举如下。

1. 重点出版物采取预订费制。如《世界文库》全年出 12 册，徐伯昕将其划分出甲种、乙种两种版本：甲种一次预订全年收 14 元，半年收 7.5 元；乙种全年 9 元，半年 4.6 元。分期预订，甲种先付 5 元，自第二月起每月付 1 元，连付 10 个月，共 15 元；乙种先付 3 元，第

---

① 　孙敬可：《生活及其系列刊的不断激进化研究（1925—1936）》，硕士学位论文，华中师范大学 2015 年，第 16 页。

二个月起 10 个月每月付 7 角，共 10 元。这样以照顾不同层次和不同经济负担的读者，实属"细分市场"。①

2. 创新推出"定制版"日记产品。如前文所述，生活书店每年出版一次的畅销"文创产品"《生活日记》及《文艺日记》，都是徐伯昕亲自参与设计。他创新式地推出了当时的"定制版"——凡是预订的读者，生活书店就把读者的亲笔签名制成锌版，用金粉烫印在日记的封面上，不另收费。读者们可以留念收藏，还可以赠送亲友。② 这种日记本同时刊载生活书店书刊广告，这种方式，今天的三联书店仍然在使用。两种日记本发行量都上万册。虽然事务繁忙，徐伯昕不再亲自设计期刊广告了，但当年"一毛不拔，脱毛包换"的创意，完全延续到《生活日记》等图书出版工作中来。值得一提的是，负责期刊广告的店员们，也都谨遵徐伯昕广告不能喧宾夺主的要求，延续着徐伯昕的风格和样式。

3. 推行邮购代办服务。徐伯昕格外重视邮购代办业务，对这项工作严格要求，制定制度，保证一流服务，包裹牢固还打九折，同时还附寄有关的推荐书目等。读者们十分欢迎和信任，在来信中常常表达赞赏喜悦之情。因此，有些读者、图书馆和单位等会将多达几百元的整笔款项汇寄到书店来，或者开列购书名单，或者指定要书的种类范围，让书店主动为之配发书刊。许多读者都把结余款长期存在生活书店，当时，邮购读者户高达数万户（抗战前在上海生活书店就有

---

① 丁裕：《我们的总经理——徐伯昕同志》，载《新文化出版家徐伯昕》，中国文史出版社 1994 年版，第 323—328 页。

② 丁裕：《我们的总经理——徐伯昕同志》，载《新文化出版家徐伯昕》，中国文史出版社 1994 年版，第 323—328 页。

五万户），在书店流转的邮购户存余额近十万元。①

为了方便读者订购，徐伯昕亲自游说全国十大银行，请其为在生活书店购书的读者提供免费汇款服务。由此，读者除了全国各地的邮局汇款之外，还可以在这十家银行分布在全国共五百余处的网点汇款。十大银行同意办免费汇款，因为他们可以从汇款甲、乙两地调用资金的时间差中获得利息，超过汇款汇费所得。为此，徐伯昕归纳出给读者的六大利益：一是免收汇费，二是节省信资（信随汇款单一并带走），三是减低折扣（本外版一律九折），四是汇款迅速（银行用快递汇来），五是手续简便（汇款单与购书单随汇随填），六是办理妥捷（汇款随到随办）。采取了这个办法，邮购代办业务更加兴旺繁忙，邮购课主任张锡荣和几个骨干如李济安、李文、金汝楫等，几乎天天加班到午夜，即使没有加班费和夜餐费，大家也忙得很高兴。②

4. 多元销售合作。徐伯昕想方设法扩大书刊销售点，开展批发业务，建立特约经销户，吸收商业保证金。随着生活书店的日益发展，不少同业要求建立经销或特约经销关系，有的还要求总经销。为确保商业信誉，徐伯昕采用了签订有关合同并收取保证金的办法，以扩大自身的流通资金。③

5. 灵活付酬扶持进步作家。对图书稿酬，徐伯昕采取了一次性付款买断稿费的方式，以及按图书销量抽取版税、定期结算两种方

---

① 生活书店史稿编辑委员会编：《生活书店史稿》，生活·读书·新知三联书店 2007 年版，第 65 页。

② 丁裕：《我们的总经理——徐伯昕同志》，载《新文化出版家徐伯昕》，中国文史出版社 1994 年版，第 326 页。

③ 丁裕：《我们的总经理——徐伯昕同志》，载《新文化出版家徐伯昕》，中国文史出版社 1994 年版，第 326 页。

法，可根据作者的意愿灵活处理。

对于一些经济情况比较困难的进步作家和出版机构，徐伯昕尽力积极扶助，也有经过商量而预付一部分书款的。如当时萧红所著的《生死场》、萧军所著的《八月的乡村》、叶紫所著的《丰收》等，被国民党当局禁止出版，徐伯昕往往采取换书名、笔名的做法设法印刷销售，并在付款方面给予照顾。

6. 财务制度科学严格。徐伯昕与已经担任会计课长的孙梦旦对加速资金周转一丝不苟。如门市部销售所得现金，各方面寄来的汇款和解交来的账款，一般必须在当天解交会计课转解银行。邮购代办汇款及信件等日以千百笔计，就由专门的收发员一面将来信及汇款单分户分类进行登记交邮购课办理，一面将汇款（包括无法汇款而寄来的邮票）全数于当天列账后交会计课，各业务部门除掌握客户出入账务外（这些都与会计课的总账密切衔接的），不得留现金和款项。会计课协助徐伯昕处理资金周转。生活书店的经济账目，每年请上海立信会计事务所进行检查审核，由潘序伦总会计师签署审核证明。

7. 与银行保持良好关系，应对经费困难。《生活》周刊时期，银行是徐伯昕拉来的大客户，投放了大量广告。在与银行往来方面，生活书店信誉很好，因为大部分时间生活书店都是"存款户"，少有借款。当然，徐伯昕也无法如商务、中华那样进行大宗抵押贷款业务。一旦要借款时，徐伯昕多半是向新华银行商借，因为该行行长正是王志莘，作为《生活》周刊的首任主编，徐伯昕的老同事，以及生活书店的理事，王志莘可以说是有求必应的。当然，银行家不同于慈善家，必须有借有还。生活书店的借款，也展示了徐伯昕精明的生意头脑——主要是用在购进出版用纸上。在纸张价格比较便宜时，徐伯昕会低价大量买进。因为当时出版用纸基本上是进口的，外汇升降会影响到纸价。徐伯昕会格外去注意掌握信息，观察时机，当机立断，降低企业的成本。每每此时，徐伯昕就会去借款，而这类借款通常能在很短时期内如数归还。

8.重视书刊广告宣传与装帧。徐伯昕采用各种方法、见缝插针地为图书做广告。比如在图书的扉页、勒口及空白处，为生活书店出版的同类图书作推荐，如《青年自学丛书》、《创作文库》等；约李平心主编《读书与出版》杂志（后为林默涵），刊登书评、图书介绍及一个时期的新书目录，赠发给各类读者。生活书店所有的信封及邮寄书刊的封袋上，都交由专门制作封袋的上海荣业制袋公司，印上生活书店的书刊或业务介绍的广告。徐伯昕一直非常重视书刊的装帧设计，尤其是大型丛书，力求表里如一，锦绣其外，金玉其中，这些书刊设计最终都由他来定稿。比如他非常重视的《世界文库》，装帧高雅，曾被上海电通影业公司拍摄电影《桃李劫》时列为特写镜头。[①]

9.力推生活书店的标识标准化。生活书店的书刊，都采用了"生活"作为标准字体，开创了我国出版界用标准字体作为统一标识的先河。[②] 如前文所说，"生活"二字最初是黄炎培为《生活》周刊题的字，生活书店开办时，徐伯昕为"生活"补上了"书店"二字，后来《大众生活》也是徐伯昕手书。在香港开办生活书店时，没有原字，徐伯昕便仿效上海的"生活书店"重新摹写了新的招牌，后来，生活书店

---

① 丁裕：《我们的总经理——徐伯昕同志》，载《新文化出版家徐伯昕》，中国文史出版社1994年版，第329—331页。

② 丁裕：《我们的总经理——徐伯昕同志》，载《新文化出版家徐伯昕》，中国文史出版社1994年版，第332页。

的标识就统一使用了"徐体"。忠实的读者看到"生活书店"的标志，都会备感亲切，并将其作为质量保证的标志。

本节最后，将对徐伯昕1937年迁至武汉之前出版的整体思路和特长作一个汇总。

第一，出版事业兼顾事业性和商业性。徐伯昕始终坚持生活书店的服务与营业并举，这与邹韬奋所说的事业性和商业性兼顾是完全一致的，两个方面力求做到对立统一。这样的原则，为当时之必需，对今天也有现实意义。

第二，开门办店和精兵简政。在当时的情况下，徐伯昕不能也不愿意采取一些特殊途径融资，资金一直不宽裕，因此采取各种书刊编辑"外包"的方式，吸收更多同道者参与出版工作。知名作家和社会活动家可以增加书店的影响力，实现小成本大制作，生活书店也可以"轻装"上阵，店内人员在迁汉前不到一百人。

第三，涓滴积累，精细化管理，加强规划预算。徐伯昕采取的多种融资方式，比如吸收邮购户结余存款、吸收书刊订金、必要时向银行贷款进行资金调节等方法，都建立在精细化管理的基础之上，开源节流，聚少成多，是解决扩大再生产的资金问题的有效途径。

第四，加强规划，发掘产品多元价值。资金来之不易，用到生产时，徐伯昕努力加强生产规划，对内容资源进行多重挖掘，重复利用，以实现价值最大化。同时通过图书设计造型的规范化和艺术化，增强出版物吸引力，强化品牌价值，极大地推动了产品的销路，取得了很好的市场效益。

第五，书刊并举，最大化地占有作者资源。在商务、中华、世界书局发行所之宏大规模面前，如前文所述，徐伯昕迎难而上，树立起生活书店的独特形象和品格，逐渐成为上海乃至全国书刊的新型发行中心，也为众多作家建立了稳定的发表、传播平台，从而成功聚拢了作者资源。

第六，支援革命出版事业，新知书店和读书出版社相继成立，最初的出版物大都是由生活书店总经销的，这两家书店的经济状况始终非常困顿，徐伯昕和生活书店都给予了不少支持。

新知书店的发起人钱俊瑞，是中国共产党中央"文委"领导下的左翼文化同盟的宣传委员（胡乔木任书记），他和薛暮桥、徐雪寒等人共同发起创办了新知书店，但创办时资金短缺，除个别人有固定职业收入外，大部分人都靠稿费维持生活，只能10元、20元地凑，甚至有人捐献一篇文章充作股资，其中有一位工作人员李如柏因父亲去世得到一些家产，向书店投了500元，已经相当于大家"股份"的总和了。1935年，徐雪寒经胡愈之、钱俊瑞介绍找到刚从美国、苏联考察回国的邹韬奋请求援助，徐伯昕从生活书店紧张的经费中拨出了1000元投资，占新知书店最初资金的一半。

第七，注重本社人才培养。徐伯昕在出版经营方面的成就，离不开他亲手培养的店员队伍的集体奋斗。生活书店的业务比《生活》周刊时代繁忙得多，每次考试录用练习生，已经从一两个提高到十个左右。尽管报名人数极多，但每个录用的成员，都是经过徐伯昕亲自面谈，精心确定的。他非常关心青年店员的成长，培养教育了一批又一批的出版人才，此后这些青年成长为全国各地出版力量的骨干，在新中国成立后，许多都成为了国家出版事业的领导干部。

在研究中，笔者发现有些研究邹韬奋出版管理思想的论文，将邹韬奋在国外流亡时期生活书店的发行管理成就也归到其名下，笔者认为，这是不符合历史事实的。毋庸置疑，邹韬奋始终是生活书店的光芒、灵魂和徐伯昕的导师，但在出版经营管理方面，还是由徐伯昕承担了大部分的规划、制度建立和具体工作。对他的出版成就做更为清晰的研究总结，有助于我们更加深入具体地了解这个进步出版文化事业得以生存并不断壮大的内在原因。

六、与中共中央建立紧密联系

1937 年上半年，国家危在旦夕，各地救亡运动蓬勃开展，徐伯昕也在生活书店内部组织青年店员们开展相关爱国活动，比如组织读书会，出版油印宣传抗日的小报，散发传单，参加社会上的各种抗日救亡活动。邹韬奋尚和其他"六君子"在狱中，店员也经常因为参加救亡活动而被拘捕扣留，有些店员是在学校贴标语时被捕，有些则是在参加抗日救亡活动时被捕。为了不耽误工作，这些活动往往是在晚上进行，白天青年们的精神仍然不松懈。书店里常常混进特务，也常常收到匿名恐吓信。[①] 面对这样的白色恐怖，徐伯昕开始思考生活书店的长期发展问题，悉心策划生活书店的异地发展工作。2 月份，经徐伯昕筹划，生活书店的第二个分店广州分店建立。

1937 年 7 月 7 日夜晚，日军在北平西南的卢沟桥发动事变，并炮轰宛平城。中国当地驻军第二十九军一部奋起抵抗。8 日，中国共产党通电全国，号召实行全面抗战，全国各界支援前方将士，开展战

---

① 徐伯昕：《历史回忆片段》手稿，1969 年 1 月。

时服务。日军决定向华北增兵，扩大侵略战争。7月17日，蒋介石发表庐山谈话，表示了中国政府的抗战决心。7月下旬，第二十九军英勇抗战，副军长佟麟阁和师长赵登禹壮烈殉国，北平失守，日军以30万兵力，向华北腹地大举进攻。

8月9日，日军生起事端挑衅；13日，日军大举进犯上海，淞沪战役开始；20日，国民政府颁发战争指导方案，将全国划为五个战区。9月22日，国民党公布《国共合作宣言》，国共两党第二次合作正式开始，以国共合作为主体的抗日民族统一战线正式形成，抗日民族革命战争开始了。

淞沪会战打响后，上海各界纷纷捐款支援部队抗击日军。徐伯昕作为上海文化界救亡协会的成员，一边忙于各类抗日救亡活动，一边操劳筹划生活书店如何应对全面抗战开展后的新形势。他与邹韬奋一起带领生活书店，以出版为进行思想抗战的堡垒，大量编印各种抗日救亡读物和可供大众阅读的马克思主义思想的书籍，同时带领书店认购了大量救国公债。

在生活书店同人的共同努力下，8月19日，生活书店突击出版的《抗战》三日刊在上海创刊了，邹韬奋任主编，徐伯昕任发行人。《抗战》三日刊卷首写道："在这整个民族生死存亡的最后关头的时候，个人的前途与国族的前途已混织在一起而无法分离。个人的前途只有在争取国族前途里面得到。国族如果没有前途，个人即得苟存生命，过奴隶生活，也是生不如死。故为国族争光明的前途，必要时虽牺牲个人而无所怨悔。"

今天看来，这篇卷首语正是生活书店的共同宣言，从此以后，集体主义、国家利益成为徐伯昕出版事业的最高准则。这开启了生活书店近似战争的出版模式，唤起了大家为了集体和国家忘我奉献的精神，既有激勇前进，也有惨烈牺牲。

徐伯昕全力组织《抗战》在战时的出版发行，与店内职工到上海各主要马路上发行《抗战》。该刊自第七期起改名为《抵抗》，1937年12月随着生活书店一起迁至武汉出版，出版到第三期又恢复了《抗战》刊名。

除了《抗战》三日刊外，徐伯昕还组织、支持与生活书店关系密切的作家们创办新杂志，以生活书店为平台，出版大批适合大众需要的战时读物供应前后方读者。如《国民》周刊、陶行知主编的《战时教育》半月刊，王志莘、钱亦石、张仲实、张志让等编辑的《中华公论》月刊等。上海战事爆发后，徐伯昕还推动《国民》周刊、《世界知识》、《妇女生活》、《中华公论》四刊联合起来，在8月底出版四刊的"战时联合旬刊"。

在书籍出版方面，徐伯昕与编委会共同组织作家编写了几套战时丛书，为国民提供思想上的子弹，如"黑白丛书战时丛刊"、"战时大众知识丛书"、"世界知识战时丛刊"等一大批大众读物。自七七抗战到上海沦陷的四个半月内，生活书店共出版三日刊、周刊等杂志六十余期，战时读物近百种，成为当时书刊市场上战时读物的主要供应者。

10月，战局开始恶化。在出版大量战时读物的同时，生活书店常委会作出一个重要决定：为便于面向内地开展抗日文化宣传工作，决定总店迁往当时政治中心武汉。从1937年秋起，书店员工就开始筹备物资打包运往武汉，大部分书店干部也被分配到内地开展工作，第一批派出的是去西安、重庆、成都、长沙等地设立分店的人员。

上海危急，邹韬奋忙于以笔为枪，在《抗战》三日刊上发表了大量文章，评论时局，宣传抗战。书店搬迁和成立分店之事，主要交与徐伯昕承担。

这种搬迁工作是花销巨大的，计划已定，而盘缠没着落。徐伯昕花费了一些心思处理，他看到上海出版业停顿，纸张价格跌落，就做了一笔纸张生意，出乎意料地赚了三千块钱。[①] 他又赊购了一批《申报》馆编印的《中国地图集》运往内地销售，从而解决了书店转移和在后方开设分店的资金问题。

总部撤离上海前，徐伯昕安排将书店的纸型、筒纸等重要物资运往武汉总店。1937 年 11 月，徐伯昕在上海创设了远东图书杂志公司，作为生活书店在上海的隐蔽据点，同时叮嘱留守上海的同志们重视环境变化，以留守为主，如果能应付，就照常印书；资金紧张就找新华银行总行行长王志莘贷款；并要保持与在沪作家的联系，保存好书店的资产等。

在徐伯昕的细致安排下，随后几年间，上海联络点成为书店造货的三个中心之一，保障了生活书店书刊源源不断地发往各地。留下来的同志们，在韬奋病重就医及后来徐伯昕从事地下出版文化工作时，都提供了必要协助。

1937 年底，徐伯昕先离开上海到广州生活书店，检视安排好分店工作后，次年春天，由广州抵武汉，和邹韬奋、张仲实、金仲华一同住在交通路 63 号生活书店门市部对门的金城钢笔公司楼上。在徐伯昕的部署联系下，12 月 19 日，生活书店重庆分店在武库街开业，西安、长沙分店也先后成立。邹韬奋则在上海沦陷后，于 11 月 27 日

---

① 邹嘉骊编著：《邹韬奋年谱长编》（下册），上海交通大学出版社 2015 年版，第1159 页。

在潘汉年的安排下，与何香凝、郭沫若等人乘船离开上海抵达香港，12月2日与钱俊瑞、金仲华、张仲实、杨东莼、沈兹九等14人由广州绕道广西前往汉口。

12月29日，在汉口继续出版的《抗战》第32期刊登了"来件"《中共中央对时局宣言》，落款"中国共产党中央委员会"。此后，生活书店与中共中央开始建立了直接联系。

1938年1月22日，为了配合抗战，配合书店向全国发展业务的需要，指导各地分店工作，生活书店总店编印的内部油印刊物《店务通讯》在汉口创刊，自21期起迁至重庆出版，1—90期为周刊，91期后改为半月刊。徐伯昕为了给各地分支机构更好地指导工作，撰写了多篇出版业务、发展规划、解疑答难方面的文章，在关键时刻和困难时期，稳定了人心，增进了信心。

来到武汉之后，徐伯昕迎来人生的巨大转折——或者说是升华，那就是见到并结识了中共中央领导人周恩来，他深深为周恩来的人格魅力所折服，终其一生，都始终敬仰周恩来，视周恩来为榜样。在他的遗物中，有一封他亲手所书给邓颖超询问韬奋入党时间的信，信的抬头亲切称呼为"邓大姊"。

1937年12月，中共中央政治局决定由周恩来等人组成中共中央代表团，到武汉开展抗日民族统一战线工作，并决定成立中共中央长江局领导南方各省党的工作。12月18日，周恩来和邓颖超、王明等到达武汉，长江局正式成立，王明是书记，周恩来为副书记，委员有秦邦宪、项英、叶剑英、董必武、林伯渠等。周恩来同志到武汉后的第三天，即12月21日，便和王明、秦邦宪一起会见了蒋介石，就两党关系、扩大国民参政会、制定共同纲领、出版《新华日报》等问题进行会谈，推动了国共两党的合作和抗日统一战线的形成。

邹韬奋听闻周恩来在武汉，非常迫切地希望见面。此前在"七君子"案中，毛泽东和周恩来亲自致电中共秘密党员潘汉年，推动释放邹韬奋等人。张仲实向周恩来转达了韬奋的请求，周恩来欣然同意。1937 年 12 月下旬，在八路军驻武汉办事处，邹韬奋见到等候多时的周恩来，他们畅快会谈。在会谈结束时，邹韬奋邀请周恩来到书店指导工作，周恩来愉快地答应了。

1938 年 2 月初，周恩来果然应邀来到汉口的生活书店总店，在这里看望编辑和发行人员，并给全体人员作《关于当前抗战形势和青年的任务》的报告，可惜此时徐伯昕还在广州。很快，徐伯昕也与周恩来见了面，还与董必武、徐特立等中共领导同志时有接触，听他们作关于战局、工运、读书学习等方面的报告，同时也常常聆听韬奋介绍在八路军办事处了解到的根据地情况，阅读学习了有关的政治书籍，与中共中央和后来的南方局建立了密切的联系，后来，在紧要关头，周恩来甚至亲自指导生活书店的出版战斗。

在抗日统一战线成立的局面下，邹韬奋也接触到了国民党中央的高层，他以救国会主要领导人的资格，被聘为国民党参政会参政员，参加了国民参政会第一届第一次大会，并在 1938 年 7 月 9 日参加了蒋介石招待全体参政员的茶叙。作为国共两党的座上宾，邹韬奋选择了共产党，他向书店的同人、秘密共产党员钱俊瑞要求加入共产党，后来又多次提出，甚至直接向周恩来提出入党要求，但中共中央认为他以党外身份更容易开展统战工作，[1] 直到他去世后被追认入党。徐

---

[1]　邹嘉骊编著：《邹韬奋年谱长编》（下册），上海交通大学出版社 2015 年版，第 896 页。

伯昕此时也有了和邹韬奋一样的明确的内心选择。

在《历史回忆片段》中，徐伯昕此前一直说自己埋头业务工作，政治觉悟不高，相比邹韬奋等生活书店负责编辑业务的领导者，徐伯昕的政治热情确实温度低一些。来到汉口之后，氛围大为不同，徐伯昕深深受到影响，虽然此时的他还不是中共党员，但已经心向往之，开始从一个以事业为主的实干家，转变为主动配合共产党出版宣传工作的编外成员。

七、在武汉布局全国发行网络

自生活书店总店迁往武汉，徐伯昕的出版规划就愈来愈被经济所困。1938年初，店中重版书放在印刷所不能印刷者，达到49种之多，这需要大量纸张，但现金缺乏，总店只得向各分店催汇款项，但各分店事业刚刚起步，无法满足总店需求。现款进货，每月需要1.5万元以上。[1]面对这种情况，徐伯昕尽最大力量筹措资金，比如设置同人储金，到新华银行透支款项，督促各分店一有结余就尽快汇到总店。在这样的勉力支持下，即便后来失去粤汉两店，生活书店无论是分支机构的扩张，还是出版书刊的数量，都仍然呈现上升之势。

迁往武汉之后，日军的炮火给生活书店带来的突然损失越来越多，越来越惨重。第一笔损失是1937年由沪转粤运汉的新书共计26件，价值3000元左右，在粤汉路银盏坳被敌机投弹炸毁。

---

① 韬奋纪念馆、北京印刷学院编：《店务通讯》（排印本），学林出版社2007年版，第11页。

徐伯昕和邹韬奋对局势进行了评估，认为抗战是全民抗战，而且是持久战，因此需要配合抗战，供给大量精神食粮，这就需要大力加强编辑组稿力量，同时要应对随时恶化的战局，加大分店布局，将邮购、批发乃至杂志的发行工作逐步分散至分店进行，以方便就近办理业务，避免邮程辗转延迟。

首要任务是建立充实编审委员会，明确编辑出版方针。1938 年 1 月，生活书店成立编审委员会，成员包括韬奋、胡愈之、钱俊瑞、金仲华等 11 人，委员会下设编辑部，由张仲实主持。根据当时政治形势和读者需要，确定了几条编辑方针：一是出版学术研究参考用书，但偏重救亡理论读物的出版；二是出版大众通俗读物；三是出版战时读物。

1938 年之后，随着抗日战争进入相持阶段，政治形势逐步发生逆转，出版物如何更好地适应客观需要，也有待进一步商讨策划。1938 年 12 月，胡愈之应韬奋之邀到重庆商洽生活书店大计，经商定，改组和充实新的编委会，聘胡愈之、沈志远、金仲华、邹韬奋等为编审委员会委员，胡愈之任主席。

胡愈之对编审工作做了周密部署。他提出了适应抗战建国需要、服务大众文化的出版原则和编审工作计划化的工作要求，作为总方针。他制订了全年和各季各类出版物的变身计划、出版计划和具体措施。把过去的出版物合并成 A、B、C、D、E 五类，由每个编委分担一个种类出版物的编审工作，还制订了《编审委员会组织及办事细则》20 条。对于编辑出版工作的计划化，徐伯昕尽心尽力去执行落实。在共同努力下，生活书店的各种丛书和初中级读物的出版量猛增。生活书店 1937 年新出版的图书 150 种，比 1936 年增加二分之一；1938

年出版新书 200 余种，重版书近 200 种；1939 年出版图书 240 种，这是生活书店图书出版记录上最高峰的三年。①

1. 主要丛书有"救亡文丛"、"世界知识丛书战时丛书"、"黑白丛书战时丛刊"、"战时大众知识丛书"、"问题与答案丛刊"、"抗战中的中国丛刊"、"中国文化丛书"等。这些书的稿件执笔者中，有陈云、周扬、陈伯达等中共和八路军的高级干部。

2. 战时读物有以教科书形式出现的《战时读本》，以深入浅出的写法，使广大读者获得抗日救国的知识，曾多次重印。1939 年又出版了一套《抗战建国读本》。此外还有介绍游击战争方面的读物，包括朱德的《抗日游击战争》、毛泽东的《抗日游击战争的一般问题》等。

3. 马列主义哲学著作继续发展，1938 年和 1939 年两年时间中，生活书店就出版了《共产党宣言》、《马恩论中国》等 18 种马列原著。以马列主义观点撰写的理论著作，1938 年到 1940 年三年间出版了一二十种，其中较有影响的有沈志远著的《近代经济学史纲》、邓初民著的《新政治学大纲》等。

4. 邹韬奋的译著仍然是生活书店的畅销书，比如《革命文豪高尔基》、《萍踪寄语》、《萍踪忆语》、《读书偶译》和 1937 年在苏州监狱中写成的《经历》（自传）等。1940 年 11 月，徐伯昕又出版了邹韬奋著《事业管理与职业修养》，这是从《店务通讯》上邹韬奋的 112 篇文章中选出 54 篇编成的文集，亦是经久不衰的被出版从业者公认的好书。

5. 反映抗战的文艺作品及大量通俗文艺作品。全面抗战前三年，此类作品占出版量的 40%，约 200 种。比如报告文学类的"抗战中

① 生活书店史稿编辑委员会编：《生活书店史稿》，生活·读书·新知三联书店 2007 年版，第 106 页。

的中国丛刊"、"西北战地文化服务团丛书"、抗战剧本 20 余种以及图文并茂的抗战连环画。

6. 继续加强期刊的出版工作。1937 年底徐伯昕到汉口安排开店事宜时，恰逢茅盾将一双儿女从上海送往长沙后返回，途经汉口，徐伯昕即邀他会面，请茅盾在武汉主编一个类似于《文学》那样中型的文艺刊物，以应对抗战局势。1938 年 2 月 7 日，茅盾到达武汉，和徐伯昕、邹韬奋一起讨论办刊方案，确定刊名为《文艺阵地》半月刊，每期约 5 万字，体裁包括创作、论文、短评、书报述评和国内外文艺动态等。

茅盾提出，将编辑部设在广州，因为广州相对于汉口的印刷条件好一些，而且从战事的发展看，汉口也比较危险。1938 年 4 月 16 日，《文艺阵地》创刊，为了该刊，徐伯昕还专门派人到广州负责其宣传、推广工作，取得了发行上的成功。

7 月 7 日，《抗战》三日刊与《全民周刊》合并为《全民抗战》三日刊，由生活书店出版，徐伯昕为发行人，邹韬奋、柳湜为主编，该刊于 1941 年 2 月 27 日终刊。

从主题看，以上大部分出版物可视为生活书店的"文化子弹"，其读者对象相较"八一三"之前，已大大扩展，从城乡尤其是城市中有一定文化基础、追求进步的青年学子、白领、中小企业家、家庭妇女、用人等，向文化水平相对更低的普通居民扩散，尤其要包括抗战前线的士兵。为了应对战时邮路交运的断隔，让这些书刊迅速传播开来，徐伯昕大规模地调整了印刷发行方案，其最主要战略是加快分支店的建设，这开启了徐伯昕出版生涯最辉煌的时期。

全面抗战开始，徐伯昕如同一个亲临战场的将军，彻夜筹划，调配物资，筹划资金，重整发行任务，布置邮购卡片的大规模更新调整工作，最重要的，是在建立多处分支店的基础上启动全国发行网络建设计划，并尽可能深入内地和临近战区地带。1938 年 6 月，徐伯昕提出建立分区管理办法，其后将全国发行网初步方案提交理事、人事委员会，讨论通过后以经理徐伯昕的名义向全体职工公布，全店同人欢欣鼓舞。① 这张生活书店历史上最宏伟的蓝图，在民族最危亡的时刻铺展开来。

扩店首先需要成本，但此时徐伯昕备感拮据——7 月份本是大量对外结算出版支出（进货账，版税）、支出下半年造货成本之青黄不接的时段，又兼战事导致上海店门市批发邮购收入锐减，迁移武汉的运费旅费支出数量巨大，而且还要储存大量纸张以备不时之需，他不得已向银行做了抵押透支，"开书店经济困难的新纪录"。② 为此，负重前行的徐伯昕一面调配资金，一面尽量谋求低成本高效率扩张门店的方式。

扩店需要人力，派往各地开店的经理、会计，都是徐伯昕精心物色、悉心培养的人才，不少是从练习生干起，比如薛迪畅、孙明心、邵公文、赵晓恩、毕子桂等——这些人大多成为新中国成立后出版业的领军人物。

确定分店地址后，邹韬奋和徐伯昕（大部分时候是徐伯昕）会与被任命的经理仔细商议，反复叮嘱经理到当地后要全面考察政治环境、文化氛围、读者需求，要去同业那里主动拜访请教，消除敌意，

---

① 生活书店史稿编辑委员会编：《生活书店史稿》，生活·读书·新知三联书店 2007 年版，第 116 页。

② 韬奋纪念馆、北京印刷学院编：《店务通讯》（排印本），学林出版社 2007 年版，第 3 页。

再授以该地生活书店老读者的姓名和地址，或一些地方上的关系（有的也没有熟人、关系）。这些经理揣上微薄的差旅费，背上行李就出发，到当地先找这些读者，请求帮助。从找房屋到搞书橱桌椅、装修门面、上招牌，都是精打细算的。在门面装修时，就通知总管理处发运图书，再招聘几个工作人员。等到书运到，立即开门营业。最初的开设速度和销售速度都非常喜人，有的不到十天时间就开出一爿崭新的生活书店分店，令当地书店同业十分惊讶于其速度。① 这种效率所言非虚，比如，邵振华乘民轮去宜昌筹设办事处，1937 年 1 月 4 日出发，8 日到达，9 日就觅得房间，月租 18 元先付两个月，带去新书码洋 700 余元，12 日就已经批发出去 200 余元。②

　　向文化欠发达地区扩展，当地消费水平也低，让开店变得相对容易。比如，周积涵到万县筹备办事处，寻到每月不到 8 元租金的便宜房子开办临时营业处，家具都可以低价租用，于是信心满满"用办事处的开支，做分店一样的生意"。③ 安徽六安是安徽省政府移驻地，书店托友人寻找的一楼一底房屋全栋，月租金仅 4 元，略为装修即可营业。④

　　当然，办分店的路上荆棘丛生，经常会遭遇"匪先生"、书刊运输困难、被索要好处、缺吃少穿、遭遇敌机轰炸等艰难险阻，到了当地，也会面临租不到房子、租金太贵、用人太贵、同业排斥、政府敌

---

　　① 丁裕：《我们的总经理——徐伯昕同志》，载《新文化出版家徐伯昕》，中国文史出版社 1994 年版，第 323—328 页。

　　② 韬奋纪念馆、北京印刷学院编：《店务通讯》（排印本），学林出版社 2007 年版，第 3 页。

　　③ 韬奋纪念馆、北京印刷学院编：《店务通讯》（排印本），学林出版社 2007 年版，第 14 页。

　　④ 韬奋纪念馆、北京印刷学院编：《店务通讯》（排印本），学林出版社 2007 年版，第 37 页。

视等困难。多年来，在徐伯昕的严格训练下，这些骨干都能以一当十、独当一面，通过徐伯昕为书店多年积累的各地人脉，一次次克服困难，并向《店务通讯》投稿发表了大量进展情况、经验教训，供大家交流学习，也为今天的我们拼接了一幅栩栩如生的全国居民阅读概况图谱。

书店成员如此"骁勇善战"，与其受到的三重教育不无关系：除了徐伯昕业务上的训练，还有来自于邹韬奋永远充满斗志的精神鼓舞，以及胡愈之、张仲实等地下共产党员润物无声的革命教育。因此，开店办店不仅仅是工作职责，更赋予每个人崇高的使命感，艰辛刻苦，也有甘之如饴的味道。正如邹韬奋在《抗战以来》中所说："有同事因经济困窘，登岸后即在码头上露宿一宵，然后努力建立新的工作据点，执行经理职务。他们所以能有这样苦干的精神，是深刻明了他们的勤苦不是为少数人谋利，而是为中国的文化事业奋斗。"

在徐伯昕的精心布局下，从 1937 年到 1939 年，生活书店在全国共成立分店、支店、办事处、临时营业处等共 56 处，海外分店新加坡分店 1 处，另外还有 9 处流动供应所，每个分支店计划配备经理和会计各一人，店员在当地招聘。[①] 每个地区以分支店为据点，向四周辐射，发行网遍及城乡。各地分支店均设有门市部，保持了上海门市部的风格。服务方式除了门市，也有批发、发行、邮购业务。

有人力条件的分店还增设了流动供应业务，流动供应可分两类，一类有比较固定的流动供应书刊的线与点，尤其是各类学校，周而复始地循环往复；另一类则是在需要时，临时抽调人员设点售书。流动

---

① 生活书店史稿编辑委员会编：《生活书店史稿》，生活·读书·新知三联书店 2007年版，第 437—445 页。

供应工作一般都会先与地方接洽、宣传。

分支店按规模的大、中、小，分为甲、乙、丙三级店。内部组织，依各店营业范围与实际需要而定。分店设经理，统辖总务、会计、营业三科。总务分文书、事务、人事三组；会计分出纳、账务两组；营业分门市、批发、发行、邮购、进货、栈房六组。

分店 21 家，按成立时间顺序如下：

1936 年，1 家：汉口。

1937 年，5 家：广州，上海，西安，重庆，长沙。

1938 年，10 家：成都，梧州，衡阳，桂林，兰州，贵阳，昆明，香港，金华（后改为办事处），常德。

1939 年，5 家：曲江，赣州，广州湾（湛江），新加坡，罗定。

支店 24 家，按成立时间顺序如下：

1938 年，14 家：万县，南昌，天水，余姚，吉安，丽水，南城，丰都，沅陵，柳州，南宁，遂川，恩施，邵阳。

1939 年，10 家：南平，零陵，百色，桂平，乐山，福州，屯溪，梅县，立煌，开江。

办事处 10 家，按成立时间顺序如下：

1938 年，5 家：宜昌，六安，南郑，金华，巴东。

1939 年，5 家：玉林，延平，沙市，宜山，汕头。

临时营业处 3 个：于潜，天目山，宜川。

此外，还有流动供应所 10 个：海门，云岭，泾县，青岩，甘谷，平乐，八步，贺县，那坡，四会。

徐伯昕的这张发行网络，上海、汉口、广州三家分店是在抗战全面爆发前建立的，其他都是在抗战全面爆发后的两年中建立的，除了东北三省、华北、内蒙古、台湾等日据地区，以及青海、西藏、宁夏、海南岛之外，分支机构遍布全国 14 个省份。

在重要城市，早有商务、中华、中正等书局分店的驻扎，论硬件设施、书刊供应能力，生活书店的分支店自是与之有差距，但生活书店的足迹延伸到了许多只有一两家当地书店，甚至没有书店的小城市、县城，这在商业勇气、服务精神而言，又是大书局们所不能比的。从民国出版史看，在战争的环境中、资金极为困难的情况下，生活书店能迅速建立起全国发行网，在出版界是个绝无仅有的奇迹。

从新建分支店的数量看，1938 年是扩张速度最快发展的一年，共建大中小分支机构 28 家。徐伯昕在汉口的经理室悬挂了一幅他亲手设计的"全国分支店分布图"，并将分布图制成锌版，送往武汉《中央日报》《大公报》作为广告刊登，以扩大书店在广大读者中的影响，也极大地鼓舞了同事们的士气。

这张宏伟蓝图快速铺展开来，被徐伯昕分为四个"战区"，分区管理，每区设有中心，以点带面。分别是：

西北区：中心在西安，包括兰州、南郑、天水等。

华西区：中心在重庆，包括成都、贵阳、万县、宜昌。

西南区：中心在桂林，包括梧州、长沙、南昌、衡阳。

华南区：中心在香港，包括昆明、上海、广州、新加坡。[1]

四区的中心店，最早建立的汉口、广州分店以及沦陷后在租界尚安全的上海分店，是徐伯昕着力打造、极其倚重的重要分支，它们分别肩负着未来造货中心、区域发行中心的使命。这几家分店，在成本

---

[1] 生活书店史稿编辑委员会编：《生活书店史稿》，生活·读书·新知三联书店 2007 年版，第 358 页。

价格、印刷质量、文化资源、交通运输等方面各有长短，正好彼此能够配合互补。比如，重庆纸贵，就在汉粤两处印刷；上海印刷技术精良，大批出版机构撤离后纸张相当便宜，就承办厚书、重点出版物的造货工作；广州到西部的邮路不畅，就由汉店转运；营业状况良莠不齐，收入汇集到总店再统筹分配。如此一来，大分店带动小支店，将来可以编织一张信息、资金和货物畅流流转的线路网。

若不是在抗战时期，这些计划很可能会推动生活书店成为继出版三巨子之后的重量级出版机构，但战争蔓延的速度之快，加之后来政治环境恶化加剧，都如烈焰一般摧残、吞噬着徐伯昕的雄伟战略，直到这一宏图灰飞烟灭。

八、痛折汉粤两店，转战重庆布局新"战场"

广州分店和汉口分店本来是徐伯昕在布局书店撤往内地后大费心血培育的"两员大将"，汉口是总管理处所在地，将辐射湖北、湖南、浙江等地。粤店拟长期供应广西、广东、福建、云南相关及国外等往来客户。两店是营业中心，是大量造货供应的中心，也是营业收入的支柱。1938 年 1 月，汉店占门市总收入的 26.2%，粤店占 20.7%，在各店中排名前二位。

1938 年上半年，徐伯昕考虑到汉地纸张昂贵，汉粤两地纸张运输又困难，所以作了将发行工作南移广州的决定，欲将广州打造成书刊造货发行中心。武汉在 1938 年上半年共印出书刊 2560632 册，虽然战局紧张，但因为成为战时全国政治经济文化中心，大批读书人迁往此地，营业仍然平稳且节节攀升，1937年1月到3月门市收入分别为9550.77元、9798.41元、14006.36元，批发收入分别是2508.21元、6880.81元、7501.85元，此后仍然一直上涨。这种局面让徐伯昕期待，待东线战局有更大的胜利，武汉平稳后业务会发展得更好。①

对于战事威胁，徐伯昕也不是没有预料的，早在1938年4月台儿庄大捷之后，武汉万众齐欢，生活书店参加庆祝胜利大游行的第二天，徐伯昕在造货运书谈话会上，就表示敌人相当注意武汉，有被威胁的可能，并提出汉口退路不如香港畅通。

未承想战事发展太快，1938年5月下旬至6月，日军攻陷河南，蒋介石下令炸开花园口大堤。此后，日军围攻武汉，武汉会战历时四个多月，是抗战以来规模最大的一次战役。生活书店总处自7月1日开始陆续迁往重庆，收缩汉店。9月，武汉门市营业跌落到平均每日二百元，②10月减至百元。

10月中旬，日军从东南北三面包抄武汉，以9个师团的兵力，25万余人，并各型舰艇约120艘，各型飞机约500架围攻武汉。10月4日，邹韬奋与沈钧儒等乘小型水上飞机先去重庆，提前准备提案，参加参政会。10月17日，徐伯昕乘轮船离开汉口，到宜昌转赴重庆，一路的惊心动魄，令他当晚立即决定汉店后撤，并通电粤店后退。18日汉店后撤，码头上挤满难民，部分财货无法转移。24日，国民政府军委会下令放弃武汉，撤退部队，日军随后占领武汉三镇。

---

① 韬奋纪念馆、北京印刷学院编：《店务通讯》（排印本），学林出版社2007年版，第37—38页。

② 韬奋纪念馆、北京印刷学院编：《店务通讯》（排印本），学林出版社2007年版，第196页。

徐伯昕一行则在 28 日抵达重庆。

汉口告急当口，广州却出乎意料地先遭受了日军的登陆袭击，10 月 21 日沦陷，粤店 18 日还在挣扎营业，收到急电后于 19 日仓促将存货装成 32 箱又 450 包，虽已商妥载运，但因为事变急迫，只运出七八十包，损失巨大。①

广州分店只存在了一年八个月，汉口分店两年五个月，生活书店顿时失去了全体营业三分之一的收入。这两店损失资金占了生活书店资金总额的二分之一，元气大伤，书店同人们备尝流迁困苦，但好在都于危险中安全撤退，是不幸中的万幸。② 粤汉两地陷落，不仅造成经济损失，也破坏了徐伯昕的区域发行网络。交通运输是分支店的生命线，他必须设法接续断裂的"血管"。

抵达重庆之后，书店总管理处举行了欢迎茶话会，徐伯昕在会上报告了一年来书店营业情况。这篇报告的主体思路于 11 月 19 日发表在《店务通讯》第 31 期，题为《粤汉退出后我店业务的新布置》，供各地分店学习。在这篇文章中，徐伯昕通告了书店的变动情况，并从"各店的后移与伸展"和"造货中心与分区供应"两个方面部署了工作新计划。

在"各店的后移与伸展"中，徐伯昕分析了战局对生活书店各地分店生存及联系的威胁，对此他提出三条原则：第一，注意与造货中心的交通能取得多方的密切联络，确保供货不断绝；第二，伸展的

---

① 韬奋纪念馆、北京印刷学院编：《店务通讯》（排印本），学林出版社 2007 年版，第 264 页。

② 韬奋纪念馆、北京印刷学院编：《店务通讯》（排印本），学林出版社 2007 年版，第 268 页。

目标暂以交通中心和学校区域为前提；第三，扩展的最重要原则是每店至少能自给自足。对于生活书店在全国的工作，他分了六大区域进行——部署，可见徐伯昕对全国的发行网络了然于胸，并相当了解战时格局发展态势，不啻为出版战场上运筹帷幄的将军，确实不愧有邹韬奋所盛赞的"出将入相"之才。在生活书店之中，再无他人能担此重任。笔者将这份闪现着徐伯昕出版智慧的方案作如下简述。

1. 粤桂、汉宜部分：将广州失守后西南的中心移至桂林，布置在南宁、柳州两处成立支店作为下一步的退路，并积极筹划在新加坡开办分店事宜；武汉后撤后，将大部分力量先移湖南，再分配至沿海地区发展，期待通过海上交通将上海、汕头、福州等地联系起来。湖北区域积极发展施南，以联系常德、沅陵。立煌的交通被切断了，只得收缩（撤店）。

在徐伯昕布置之下，湖北施南开始筹建办事处，巴东建立了办事处，可惜因交通困难，两处皆很快收缩。广西柳州支店于 11 月开店，当地商旅云集，交通便利，同业有商务、中华、北新等十余家。南宁支店接踵成立。

2. 湖南部分：长沙、常德危机，指挥将存货分散到浙赣及沅陵，成立邵阳支店作为湘店的退路，并布置准备开两家新分店，一是湘桂路上的全州，二是湖南至贵阳要道上的镇远。

果然，当年 12 月长沙大火，湘店撤离及时，但也损失了橱窗等笨重木器三百元左右。[①] 常德也随后迁移至沅陵复业。

3. 西北部分：目前潼关吃紧，西安若受影响就到迪化建新据点，当

---

① 韬奋纪念馆、北京印刷学院编：《店务通讯》（排印本），学林出版社 2007 年版，第 297 页。

地纸价便宜运输便利，以供西北区域。陕店已经分散，暂时侧重兰州。

徐伯昕特意提到新疆的建店计划。此前杜重远远赴新疆，准备开设分店事宜，新疆边防督办盛世才也极表示欢迎，杜因此来电"望伯昕兄积极进行为盼"。[①]1938 年 11 月杜重远、萨空了自新疆回重庆后，带来了更多振奋人心的消息，杜在书店同人茶话会的讲演中盛赞盛世才的为人，说他文武兼全、思想进步，令新疆气象一新，盛在各种场面都会提到生活书店，令书店同人欢欣鼓舞。翻过这充满希望的一页，1940 年，多面而残忍的盛世才软禁了杜重远。1944 年，在受过多种酷刑之后，杜重远惨烈牺牲。

4. 浙赣部分：浙江文化需要急切，并与上海交通能联络，所以计划必须时在温州、绍兴、宁波设立支店。南昌后移到赣州求发展。

5. 川筑部分：川筑是后方重要部分，提出向乐山（嘉定）、资中、遵义、丰都等地延伸方案。

在"造货中心与分区供应"方面，徐伯昕根据成本、印刷技术和运输等条件作了周密部署，确立了以上海（1937 年 11 月上海沦陷至 1941 年 12 月日军偷袭珍珠港，租界区域尚未被日军占领，沦为"孤岛"）为重心，以重庆、桂林两地辅之的方案，同时，徐伯昕详尽安排了各店躲避敌机轰炸的方案。[②]

自建发行网会影响到原有特约分销处的生意，故徐伯昕对原有特约分销办法进行了修正：在保留普通折扣的基础上，补给回佣，销售

---

① 韬奋纪念馆、北京印刷学院编：《店务通讯》（排印本），学林出版社 2007 年版，第 253 页。

② 韬奋纪念馆、北京印刷学院编：《店务通讯》（排印本），学林出版社 2007 年版，第 268—272 页。

额越高回佣越高，以刺激对方积极性。

面对战时局势，徐伯昕和生活书店的领导层多次开展讨论。1938年12月15日，胡愈之从桂林飞抵重庆，与徐伯昕、邹韬奋、沈志远、张仲实、艾寒松等自16日起，举行每月工作例会，会期一周，检讨工作，制定今后的大政方针。会议结束，《店务通讯》24日第33期刊载了邹韬奋执笔撰写、凝结着会议集体智慧的文章《适应大时代的文化工作》。

12月25日，徐伯昕在《店务通讯》第33期上发表了《本版书刊怎样来印造和发行》一文，提出重庆着重于期刊，桂林着重于图书并争取开辟新的造货地点的决策。27日，徐伯昕主持召开了书店营业会议，对改订定价、造货、划区管理业务、分支店调整等问题，作出相应的决议。

徐伯昕的部署继续推进，这一年，生活书店在衡阳、兰州、贵阳、南郑、六安、昆明、南昌、香港、南宁、柳州、常德、南宁、遂川、成都、宜昌、万县等地建立了分支店，分支机构达三十余处，成为出版市场上抗战书刊的主要供应者。

九、接受党的领导，推动生活书店改革

这一年，中共办事处的徐冰经常约请徐伯昕等人谈话，讲解国内外形势和党的重要政策。对此，徐伯昕在自传中说："生活书店的工作已是党的文化工作的一部分，我在为党的事业，为革命事业工作。""我直接接受了党的领导。"徐伯昕走上革命道路，开始了对共

产主义的信仰，与邹韬奋一样，是出于自我的自觉选择。

徐伯昕和邹韬奋不仅已经以共产党员来自我要求，并积极邀请中共领导，让书店同人共同了解共产党的思想和决策。1938 年 12 月 14 日，邀请了徐特立为重庆生活书店同人演讲了《读书与学习问题》的报告，历时三小时。

18 日晚上 8 时，徐伯昕和邹韬奋以书店总管理处的名义，邀请了周恩来到生活书店作了关于"目前抗战形势"等问题的报告，书店举行了盛大的欢迎会，近三小时才散会。1939 年 1 月 31 日，在生活书店的总管理处茶话会上，又邀请叶剑英作了题为《当前及今后的抗战形势》的演讲。这些演讲消息，都发布在《店务通讯》上，以飨各地书店同人。

随着业务、人员规模的扩大，以及共产党领导组织的影响，生活书店开始进行组织管理方法的革新，徐伯昕的组织管理思想也相应有了极大变化。

首先是业务改革。

徐伯昕看到了急速扩张背后的危机，1938 年八一三事件爆发一周年之际，他发文检讨业务的得失，认为："一泻千里，扩速太快，一切都缺乏精密的整个计划，以致工作上反发生许多无谓的障碍。虽工作没有停顿，但进展却因之迟缓了。"① 组织和计划的落后，造成了业务发展和事务管理、资金保障之间形成了脱节。

生活书店内部架构接连进行了两次改革，第一次是在 1938 年 7 月，总店改为总管理处，下设总务部、主计部、营业部、编辑部和出版部五个部分。除编务由邹韬奋负责外，其他经营业务及分支店的

---

① 徐伯昕：《我店今后的工作》，《店务通讯》，1938 年 8 月 13 日第 21 号。

管理均由徐伯昕主持。第二次是在 1939 年 1 月，邹韬奋担任总经理，徐伯昕担任经理，之下设秘书处辅助工作，张锡荣任秘书处主任，另有黄宝珣等 4 个职员。总管理处内部机构重新划分为总务部、事务部、生产部、营业部、服务部五部门，强化了生产部对生产计划的制订、执行能力，每部门下设科室。

成立总管理处与以前的总店的不同点是：第一，把门市部归并于所在地的分店；第二，总管理处工作因分店的增加，其业务较前扩大和复杂了。它既是管理机构，又是编译出版机构和发货店。总管理处直接管理总务、会计、营业、编辑、生产，综合整个店的工作，以起到提纲挈领的效用。这样的改革，方便徐伯昕加强对整体的规划和对各项工作的考核、指导和调整，方便吸收各分店意见，解决困难问题。各部门的职责更加清晰，便于领导。

改革之后，徐伯昕监制完善了加薪的具体办法、考勤办法、生产计划安排以及发货记账流程，组织设计了大量表格单据，明确责任，以期实现精细化管理，尽快推动编印发的良性循环。

其次是人事改革。在改革中，徐伯昕必须要面对以下新问题。

其一，生活书店人员骤增，情况复杂，时有摩擦。生活书店已经成为青年们眼中进步、自由、爱国的象征，在汉口的一次校对人员招聘，应征者竟达七八十人。[1]1938 年 10 月，生活书店的员工已达两百以上。[2] 随着各店人员的急剧增多，人事管理越来越重要。这一时

---

① 韬奋纪念馆、北京印刷学院编：《店务通讯》（排印本），学林出版社 2007 年版，第 28 页。

② 韬奋纪念馆、北京印刷学院编：《店务通讯》（排印本），学林出版社 2007 年版，第 218 页。

期生活书店的人员情况更为复杂，徐伯昕和邹韬奋与中共南方局取得联系的同时，书店成员已有不少共产党员，与延安往来密集，但大家身份没有彼此公开，发展党员也是秘密进行的，与党组织单线联络。在这样的整体氛围下，许多老员工也加入了党组织。比如当年十三四岁就进店的"小弟弟"陈其襄，1937 年加入共产党。国民党情报组织自然不会放松对生活书店的严格把控，既有官方检查，也有身份不明的人士试图混入店中套取秘密。

陆续进店的店员、练习生不少都非常向往延安、向往共产党，多人曾向店中共产党员要求去延安，也有不少青年确实是从生活书店出发，去陕北读抗大，加入八路军队伍，甚至血洒沙场。但青年往往激情稚嫩，更容易被人寻到把柄；也有一些青年修养和认识水平不足，有的纪律散漫、违反店规，有的产生人际摩擦乃至动武。

对此，徐伯昕往往是亲自处理，采取严格规定、宽大处理之法。对于因公受到个人损失的员工，生活书店通过《奖惩案》规定给予弥补，对于战事迫近时擅自撤退或不应过早撤退者，经核实后给予扣薪警告或停职处分。擅自离职者也作警告处分。在武汉和重庆期间，徐伯昕要拆阅大量外地职工的信件，这些信件有汇报工作、提出请示的，也有提出质疑和困难的，徐伯昕都要悉心解答，保持良好的信息沟通。对于各店出现的问题，比如西安分店员工因口角动武惊动外警，带到局里审问，[①] 总店员工未填假条就擅自离开求学，[②] 广州分店

---

① 韬奋纪念馆、北京印刷学院编：《店务通讯》（排印本），学林出版社 2007 年版，第 227 页。

② 韬奋纪念馆、北京印刷学院编：《店务通讯》（排印本），学林出版社 2007 年版，第 246 页。

员工假公济私，利用职务之便翻刻书籍意图私利，等等，[①] 徐伯昕都会亲自处理，会尽量当面过问，交心长谈，给对方一个自我申辩、自我认错的机会，再尽可能采取宽大温和的处理方式，最后提交临委会通过，登《店务通讯》公布，对各店员工起到触动警醒的作用。1939年11月、12月间，徐伯昕还与邹韬奋一同拟意，由秘书执笔，在《店务通讯》上连续载文，答复书店同人有关分店业务管理、分店财务管理、住外津贴等问题。

其二，各分店负责人骤然负责一店，千头万绪，难免会出现失察、冒进等各种纰漏，经理处理不当，直接会影响到分支机构的命运。生活书店吸引来无数热血青年，和地方许多商业机构的员工不同，他们不抽烟、喝酒、赌博，作风纯洁，鄙视"商女不知亡国恨"的灯红酒绿，没有家眷，拼命工作，本是一股清新向上之风，但在当时的世俗社会里，却很容易引发当局怀疑。一些青年在私人信件文字中表露抗战爱国、向往共产党的心意，结果在查抄书店时成为证据。

最为惨痛的一桩案例来自于西安分店。1938年底，总管理处调西安分店经理张锡荣往重庆任总管理处秘书处主任，由周名寰继任西安分店经理，周是上海浦东人，非常年轻，一种说法是1921年生，1942年牺牲。据张锡荣回忆，周名寰初到西安时，是个朝气蓬勃、热情洋溢、喜欢唱抗战歌曲却缺乏"商人面貌"的青年，他送给张锡荣一张半身照片，后面亲笔题字"致布尔塞维克的敬礼"和签名，张锡荣晓以利害，说此照落入国民党手中，后果不堪设想，周才抢回来

---

① 韬奋纪念馆、北京印刷学院编：《店务通讯》（排印本），学林出版社2007年版，第482—487页。

将照片撕得粉碎。被委任经理后，周先后两次在国民党当局查禁书单时被捕入狱，徐伯昕及沈钧儒、邹韬奋等想尽办法积极营救而未果，最后因患淋巴结核病死在劳动教养所。[1]

对此，徐伯昕加强引导老同志教导年轻人学会运用"商人面貌"，和地方同业处理好关系，注意结交各方面的朋友。不少年轻人逐渐学会披上"商人面貌"的外衣，成长为善于隐蔽的红色文化战士。

其三，要处理"社员"和"雇员"的矛盾。生活书店最初采取的是合作社的制度，社员大会是决定社务的最高权力机构。经过长期考验和锻炼，最初的社员成长为生活书店的核心成员，是分散到各地开展分支店业务的骨干，他们对于书店所承担的进步文化工作更为心领神会，对于徐伯昕的社会网络关系也更能了解运用。在小规模运作时代，生活书店社章曾规定，凡任职满六个月的员工，即为社员，有选举和被选举权。随着急剧扩张阶段的到来，书店领导层认为必须严格把关。

因此，生活书店临委会于1936年9月对这种制度进行调整，决定新进员工需要先试用三个月，再试用六个月，最后再试用一年，在一年九个月的试用期内，都是试用雇员，依照决议，雇员是永远不得为社员的，这是出于严密管理，防止因组织的庞大而产生腐化松散的考虑而制定的。

社员和非社员不同之处在于是否能参加"社员大会"，是否有"选举"和"被选举权"，但薪水待遇是一律平等的。到了1938年，生活书店无论在组织性质还是内部结构上都发生了很大变化，面对急剧扩张的事业，全体员工都非常繁忙，新进员工对"同工"却不能得到

---

[1]　张锡荣：《在"生活"工作的日子》，载新华书店总店编辑：《书店工作史料2》，新华书店总店，1982年8月，第76页。

同等的身份对待——不能参加社员大会，没有选举权和被选举权——是多有意见的。大量雇员和少量社员的二元结构，客观上也造成了组织的松散、感情的疏离。徐伯昕和书店领导者们意识到这种情况的弊端，就取消了"雇员"之名，一律称为职员，也取消了职员永不能成为社员的规定，并详细规定考核方式。

其四，组织管理的另一大问题来自于距离。在上海时期，大家朝夕相处，店务问题只消碰头开会即可。随着分支店增多，沟通也成了一个大问题。信息对接易脱节，易产生误解。

这种脱节产生了许多问题。比如造成总管理处与分支店、上级和下级之间的对立。长期以来，生活书店形成了一种通力合作的集体工作模式，从"两个半人"的过街楼到九一八事变时的彻夜奋战，徐伯昕和邹韬奋身先士卒，大家自发加班，不计酬劳，这也是生活书店能够迅速崛起的重要因素。

然而，到了武汉之后，临委会规定工作时间自上午九时到下午八时，就"引起了一部分同人的愤怒"。新来的员工不了解生活书店的历史，没有同甘共苦的经历，大家希望薪水提高，工作时间减少。临委会听从了大家的呼声，又修改决议实行七小时工作制（各地情况不同，执行情况也不同），并规定各级最高薪额，限制减低大薪水，通过考核定期提高小薪水[1]。对于这些内部矛盾，徐伯昕极其重视，通过职工来信、面谈等各种方式收集意见，带领人事部门改革管理方式，在条件允许的情况下尽量满足大家的要求，并且委派干部到各分支店去检查工作，听取意见，交流心得。

---

[1] 韬奋纪念馆、北京印刷学院编：《店务通讯》（排印本），学林出版社2007年版，第188页。

　　1939 年，生活书店的历史中，再次迎来了组织结构的蜕变。第一次蜕变，是由同人办刊向合作社的过渡，自书店成立开始，到韬奋归国时基本完成，徐伯昕利用期刊方阵为书店极大地扩展了社会人力资源，店内则采取合作社的模式，精兵简政实现了腾飞。这一次显然无法将全体人员纳入社员大会，在领导层的集体决策下，采取了民主集中制的办店原则，这种方式显然受到了苏联执政方式的影响和启发。邹韬奋及多位负责人在《店务通讯》上都屡屡类比苏联的民主模式，希望这种方式既能够让书店骨干承担其责任，又能发扬民主精神，激发大家的创造力以及人人当家做主的热情。

　　为了落实民主集中制，就要召开社员大会。第一次社员大会于 1933 年 7 月在上海举行。以后每年如期举行，第五次大会适逢全面抗战爆发，未能举行。1939 年 2 月 24 日，在重庆再次启动社员大会。大会通过了由徐伯昕等共同参与讨论、胡愈之起草的《生活出版合作社章程》，选举产生了第五届理事、人事、监察委员会组成人员，从而结束了临时委员会管理决策的时代（1936 年 8 月 31 日开始）。徐伯昕在会上报告了临委会负责的两年五个月期间的业务情况，列出营业开支、人事等方面的具体数字，给全体社员一个具体概念。最终，当选理事 11 人，徐伯昕得到 100 票的最高票数，理事中邹韬奋第二，90 票，还有杜重远 89 票、胡愈之 86 票、王志莘 72 票等。邹韬奋被推选为总经理，徐伯昕为理事会主席兼经理，胡愈之为编委会主席。

　　3 月 14 日，徐伯昕与黄炎培、邹韬奋共进午餐，商讨生活书店经营的扩展及资本的运作问题。4 月 28 日，生活书店第五届理事会举行第一次会议，选举徐伯昕、邹韬奋、沈钧儒等 6 人为常务理事，徐伯昕为理事会主席、书店经理，邹韬奋为总经理，金仲华为秘书。

邹韬奋虽任总经理，但他的社会事务和撰稿工作繁忙，对生活书店的出版实务，韬奋只是思想上指导，具体工作要由徐伯昕来主持策划，布局管理。战时条件很差，困难重重，徐伯昕为此煞费苦心。①

从开办第一家分店，到1941年撤离到香港，徐伯昕所布局的事业呈现出抛物线状的发展趋势，后半段的急剧下滑，是店内外的压力共同导致的。外部是政治环境恶化，审查制度的针对性越来越强，在国统区渐无立锥之地；战火蔓延，交通中断，物价飞涨，无力造货；轰炸、火灾，直接造成门店巨创。如此一来，多地门店难以为继，只能收缩。内部压力是外部压力直接的后果。1939年之后，生活书店流失了严长衍、孙明心、张志民等一大批业务骨干。最大问题来自于开支困难，职工们薪水微薄，无力养家糊口；其次是人员结构变化，新老员工中出现隔阂，老员工感觉被边缘化而离开，我们在后文还将做详细分析。

此时，《店务通讯》成为徐伯昕的重要平台，此前几乎没有公开发表过文字的他，在这个内部平台上连续发表了多篇文章，有宏观的情况分析、布局，也有具体的业务指导。梳理这些文章，有助于我们了解徐伯昕在这一阶段所付出的努力，以及他在整个书店事业中的重要作用。

韬奋纪念馆和北京印刷学院共同整理编印的《〈店务通讯〉排印

---

① 赵晓恩：《生活书店的经营之道和斗争艺术（二）》，《出版发行研究》1999年第9期。

本》，收录了徐伯昕署名的文章共计 27 篇，兹录于下：①

1938 年（3 篇）

第 21 号：我店今后的工作

第 31 号：粤汉退出后我店业务上的新布置

第 33 号：本版书刊以后将怎样来印造和发行

1939 年（15 篇）

第 40 号：处理检查书刊问题

第 41 号：悼何中五和陈元两同志

第 43 号：怎样发挥业务系统的力量

第 44 号：从"自我批评"谈到"操守严谨"

第 47 号：为什么成立读者顾问部

第 48 号：略论流动供应问题

第 59 号：分支店管理上的几个原则

第 60 号：调整港沪的生产

第 61 号：调整港沪的生产（续）

第 62 号：进货工作的检讨和改进

第 63 号：今年是试行计划年

　　　　 进货工作的检讨和改进（续）

---

① 《店务通讯》，该刊自 1938 年 1 月 22 日汉口创刊，1941 年 1 月 31 日于重庆停刊，共 108 期，《〈店务通讯〉排印本》收录了 99 期（缺少第 5—8、10、15—18 期）。1948 年 4 月 10 日，该刊在香港复刊，徐伯昕接续韬奋的《生活史话》，从壮大时期（1937 年 8 月到 1938 年 10 月）写起，并发表了三篇文章：《"店讯"复刊的意义》（新 1 号）、《文化工作的战斗性》、《书籍基本定价计算标准》（新 2 号）。1949 年 12 月，在三联书店总务管理处编印的《店务通讯》创刊，取代了生活书店的《店务通讯》，徐伯昕发表了《店讯应负起指导工作的任务》。

第 64 号：半年来的生产工作

第 65 号：改进业务的三个问题

第 78 号：给严长衍同事的一封信（韬奋、伯昕联合署名）

1940 年（9 篇）

第 96 号：关于孙、陈、赵三同事的来鸿去雁

第 98 号：再谈定价问题

第 99 号：今后业务的动向

第 102 号：集中力量经营重要据点的主要任务与愿望

　　　　　生产工作的过去、现在和将来

第 103 号：关于造货技术上的几个问题

第 105 号：调查统计工作在业务管理上的重要性

第 106 号：劳动英雄的故事

　　　　　杂志书籍定价计算法

这些文章大多是指导具体业务，比如发行网布局和变动、生产的管理原则方法、业务的组织方式、如何应对书刊审查、分支店的管理原则、书刊编印技术标准等。徐伯昕的文风是平实、专业、细致，逻辑清晰，重在说明问题、解决问题，没有赘言复语，几乎不用形容词。仔细阅读，联系生活书店在这两年中的发展、遭遇，即可见这些文章的战略意义和重要作用（我们将在最后一章分析《今后业务的动向》这篇重要文章）。

总管理处成立，社员大会召开，新的社章和新的领导机构诞生，《店务通讯》的编印，这一切都为进一步发展生活书店的事业，使之逐步实现科学的企业化管理创造了有利条件，徐伯昕的经营管理才能得到了前所未有的展现。

在徐伯昕的布局下，生活书店迎来了辉煌的发展期，在出版方面，紧密配合抗战需要，团结全国进步的著作家和翻译家，为民族的解放和人民革命事业出版了大量进步书刊。在造货方面，徐伯昕的主要思路和成就如下。

其一，分区造货，刊物为重。

到 1940 年底，生活书店出版的周刊、半月刊、月刊、季刊等共 8 种，内容包括时事、政治、国际、文艺、教育、妇女、学术理论、读书指导八个方面。在各地出版的期刊因时间性强，运输滞阻，徐伯昕便采取分区造货供应的办法。

这一阶段，生活书店最重要的刊物是《全民抗战》三日刊。1938 年 7 月 7 日，全面抗战爆发一周年，生活书店将《抗战》与《全民》周刊合并，出版《全民抗战》三日刊。因为刊物重要，故安排在重庆编印，打纸型两副，分别航寄桂林和香港两地印发。销数很快达到 30 万份，成为代表全民公意、宣传抗日最有力的工具。该刊于 1941 年 2 月皖南事变后停刊，出至第 150 期。

其他刊物，还有《文艺阵地》，1938 年 4 月在广州出版。《国民公论》，1938 年 8 月创刊于武汉，张仲实主编，政论刊物，武汉撤退后迁桂林出版，在重庆重印发行。《战时教育》半月刊，陶行知、戴伯韬主编，该刊和《国民公论》在桂林时就于当地编印出版，垂直发行。

1939 年新的编审委员会成立后创办了《读书月报》月刊，各打一副纸型，航寄桂林印一次后再经香港带到上海，在上海改用另一种形式印行。

此外，《妇女生活》月刊在重庆编印出版，《世界知识》半月刊在香港编印出版，打一副纸型，航寄桂林印发内地。

徐伯昕对各地造货的期刊发行范围均有详细规定，订户由原出版地寄发为原则。书籍的造货发货计划，由总管理处生产部、营业部统一安排。每一种新书在付印时，先须准确地估计其受众，如适合于沿海、内地及敌后之需要者，应打纸型三副，分别寄去应用。凡内地分区印造者，发货任务由当地分店承担。①

各地的造货成本差异很大。徐伯昕 1939 年 5 月飞抵香港讨论各店布局管理及造货系统时，专门调查了各地成本差异，以上海最为便宜。如上海为 100 元，则香港为 168 元，桂林为 330 元，重庆为 448 元。如在上海造货运到香港再转发内地加上运费，仍以上海的 100 元为标准，则香港为 108 元，桂林为 254 元，重庆为 282 元，还是上海造货比内地便宜些，因此，徐伯昕一直将上海视为重要造货中心。但是，运输费时，资金周转滞缓，还有可能出意外风险，所以不能完全依赖沿海地区造货供给。对此，徐伯昕多次调整方式，夜不成寐，努力加强内地造货能力。在内外交困的情况下，徐伯昕屡次找王志莘等人反复商计，期间也曾有过一笔贷款，但仍然不足以改变局面，只好采取了收缩一些店面，将《全民抗战》之外的合作期刊发行工作推出去，以求"瘦身提速"，增加周转能力。

徐伯昕在领导总管理处制订生产计划时，仍然延续了通盘考虑的做法，把握期刊与各种图书之间的比例、初版书与重版书之间的比例、各类图书之间的比例，还要考虑到出版物内容，照顾造货地区的政治环境，对出版物的印制质量要求和及时供应问题等。1940 年之后，国

---

① 赵晓恩：《生活书店的经营之道和斗争艺术（二）》，《出版发行研究》1999 年第 9 期。

家更加动荡不安，大部分期刊有亏损，高级学术著作只能保本，徐伯昕将利润来源定位为再版书和一些畅销书。为此，通过品种搭配、调节损益，争取做到以盈补亏，保本而有薄利，以利于再生产。[①]

与之相对应的，是这个时期书店编辑出版方针的不断调整，展现出从出版抗日普及读物为主，到出版马列主义社科哲学读本为主，再到再次加强大众文化、通俗理论读物为主的不断调整的过程。并且，1937年之后书店大力出版新书，到了1940年左右的艰难时期，书店开始加大力度重印邹韬奋著作等生活版的特色畅销书。显然，这种编辑出版方针的变化是与徐伯昕对市场的判断紧密相联的。毕竟，对于一家政治主张鲜明但缺乏政策支持的民营出版机构来说，盈亏永远是无法逾越的边界，是生存和灭亡之间的边界。

其二，打造重要文化据点。

除了前文详细介绍过的粤汉两店外，徐伯昕重点打造了西安、桂林、香港、上海等地的分店，作为在各个区域传播文化的据点。这些分店发挥了不同的作用，但由于无法估量的政治和战争因素，与他的构想有所差异。

重庆分店：1937年12月19日开业，经理李济安，会计华风夏。重庆本是四川省的重要商埠，抗战时是国民政府的陪都，公职人员、知识分子大量迁入，生活书店的门市读者络绎不绝。战前这里只有商务、中华的分店，武汉撤退后，又迁来不少出版机构，在武库街集中开办新店，生活书店门市也在这里，与商务、中华、世界、开明、光明、读书、新知等数十家同业参加了重庆书店图书同业公会。李济安

---

① 赵晓恩：《生活书店的经营之道和斗争艺术（二）》，《出版发行研究》1999年第9期。

还被选为理事。

1938 年 10 月，生活书店总管理处迁重庆，原总店办理的邮购、批发业务都并入分店，供应西北、华西片区，业务扩大，人员增加。分店还在川东的泸州、江津、綦江、内江、永川、宜宾、合江、北碚、沙坪坝等建立了分销处。

此外，不少作家学者到重庆后，分店要亲自迎接给予妥善安排住宿，接待任务较重。分店还承担了少量书刊的出版任务，但重庆印刷费、纸价都很高，比汉口贵三分之一，因此只能排印时间急迫的书刊。

重庆分店地处总部，发挥了重要作用，尤其是 1939 年政局良好时，该店的顾客既包括国民党——中央宣传部照实价订购生活书店七大杂志联合编行的《国民精神总动员特刊》一千份，发各机关阅读，也包括共产党——发行每天开出的二百余张订单中，就有毛泽东订阅的三十余种刊物。[①] 国共两党都在该店购买书刊。但自 1938 年 2 月开始，日机对重庆进行了长达五年的战略轰炸，重庆分店和总店都遭受了惨重的损失，好在一旦雾季来临，敌机投弹次数就大大减少了，门店营业就能有所恢复。

西安分店：1937 年 12 月成立，经理张锡荣。西安是西北重镇，也是通往延安的要道。陕店肩负着为延安供应书刊，为兰州分店和天水支店补充货源的责任，还负责批发书刊，并和新疆的同业有往来。

张锡荣和李济安、华风夏都是生活书店秘密共产党支部的负责人，在重庆时期接受南方局的直接领导。当时有许多青年、名人取道西安去往延安，张锡荣都会热情招待，帮助解决困难。《铁流》、《列

---

① 韬奋纪念馆、北京印刷学院编：《店务通讯》（排印本），学林出版社 2007 年版，第 491 页。

宁选集》第 12 卷，以及徐励生从延安带来的《论持久战》等书籍，都经由张手寄往武汉总店出版发行。

陕店热烈的革命精神是值得称颂的，但该店不仅仅是革命的据点，更要发挥西北出版发行网络文化中心的功能。可惜，陕店很快成为遭受政治冲击最大的分店，饱受审查之苦，屡遭宪兵进店查抄，封存停售涉及马克思主义、苏联、共产党领导人著作等方面的书刊，在车站关卡也被扣留书刊货物。1938 年 12 月底，政府限陕店办理最后准备，总处将张锡荣调回重庆，委派年轻的周名寰任经理，西北区的中心改为迪化。1939 年 4 月，西安分店突遭当局查封，经理周名寰被捕，徐伯昕等多方营救无效，最后病死在狱中。

桂林分店：1938 年 3 月 15 日成立，经理卞祖纪，是西南区中心。武汉、广州失守后，许多文化人士、学校、出版机构迁移桂林，这里成为了西南的文化城。生活书店汉粤两分店撤退的职工周幼瑞、施励奋等调到桂林分店，增加了批发、邮购等业务，原汉口出版的《国民公论》和《文艺战线》也移到此处编印发行。

1938 年 10 月，胡愈之到桂林开展文化活动和统战工作，带领分店成为了生活书店在西南的出版发行中心。

香港分店：1938 年 7 月 1 日正式开业，第一任经理是甘伯林。上海沦陷后，香港成为上海的出版物向内地转运的主要渠道，同时也使香港分店成为香港进步文化的一个坚强据点。

香港门市部建立后，迅速开展了批发业务，同时对国内分店进行支援，如采购印刷物资等，并利用香港的印刷、纸张等有利条件在香港造货。

香港分店还肩负着另一重大任务，就是建立东南亚发行网，与东南亚书店建立进销关系，主动建立试销关系，逐步扩大往来，在马来西亚、越南、泰国、缅甸、印尼、菲律宾等国的大中城市都有销售网点。经理甘伯林也被派往新加坡开设分店。1940年秋，国民党通过港英当局施加压力，加之其他种种复杂原因，总管理处决定自动收歇港店。

上海分店：1938年年中后，沪店因为在法租界，所以相对安全。尤其上海的纸价低廉，印刷装订精良，唯一不足是运输成本高，但整体合算。因此徐伯昕决定将无时间性的和大量重版的书籍都放到上海印刷，并由上海供应华南甚至是整个沿海片区。

沪店于1938年初全部转入地下坚持出版，向内地供应的出版物有《国家与革命》、《左派幼稚病》、《列宁主义问题》等书籍，还有韬奋的时论集《再励集》等新书。重版书方面，"青年自学丛书"和"黑白丛书"、"世界知识丛书"等也不断地再版运寄内地。除本版书外，上海分店还要向内地供应在孤岛出版的内容优秀的外版图书，例如光明书局的《辩证法全程》、开明书店的茅盾和巴金的小说等。在内地不得不用土纸印刷的艰难时期，徐伯昕对于上海工作安排指示，保证了优质书籍的持续出版。据1939年统计，沪店印刷出版新书153600册，重版书291500册，《文艺阵地》88056册。[①] 其中，《文艺阵地》在广州沦陷后也转到上海，编排、校对、运输等任务集于沪店一身，且需逃过敌寇的封锁分发至大后方和海外各地，难度可想而知。1941年后，《文艺阵地》才移到重庆继续出版。

这些分店及支店的装潢布置、书籍陈列都延续了徐伯昕的美学风

---

① 生活书店史稿编辑委员会编:《生活书店史稿》，生活·读书·新知三联书店2007年版，第141页。

格：简约便利，整齐美观，统一悬挂徐伯昕体的"生活书店 × × 分（支）店"作为招牌匾额，风格醒目。

在接下来的几年里，生活书店经历了无法预料的大起大落，徐伯昕精心构建的一个又一个方案往往被突发事件全盘打翻，但在他的竭力推动下，生活书店的足迹踏遍了大半个中国，并远涉南洋，如同燃烧的引线，传去革命的火种，引燃了无数读者的心。

十、继续践行竭诚为读者服务的出版理念

对于竭诚为读者服务这个理念，徐伯昕一直是忠实的践行者，他将其视为生活书店安身立命之本和成功的条件。他曾写道："本店的基础，是建筑在广大的读者层上面的。本店始创时，就以'读者的一位好朋友'自视。"他积极推动各分支店贯彻这种精神，成立读者顾问部，为此，他专门在《店务通讯》上撰文回顾了生活书店为读者代办书刊文具的历史，"只要我们力所能及，无不尽最大的努力为读者服务。因此在本店成立仅六年，团结各地邮购读者达五万户以上，普遍到穷乡僻壤、南洋与海外各地"。[1] 为此，抗战期间，徐伯昕为了利用发行网络进一步发挥这种服务精神，也为了强化物质资金基础，主要做了以下四项工作。

其一，举办流动供应。

向前方和内地穷乡僻壤之处提供流动供应，是抗战中生活书店竭

---

[1]　韬奋纪念馆、北京印刷学院编：《店务通讯》（排印本），学林出版社 2007 年版，第 528 页。

诚为读者服务的一项创举。1938年初，前方救亡团体反映，在前方很难看到书报杂志。为解决这一困难，生活书店发起，联合在汉口的一部分文化出版工作者，成立了一个战时书报供应所，专门做向前方输送精神食粮的工作。到重庆之后，徐伯昕及总管理处职工，利用周末和节假日的时间，也经常与青年职工互助会到郊区工厂、农村流动供应书刊，宣传救亡。

继建立战时书报供应所之后，生活书店派往浙江金华设立分店的张又新、毕青等同志，目睹浙江前线许多地方缺少报刊供应，但又不具备条件设立分支店，他们进行了流动供应的尝试。以金华分店为中心，派人携带书刊，到各县去流动供应，每到一县，停留一至三个月。前来流动供应点批发、邮购的书刊销售者，遍及浙、苏、皖、赣四省三十多个县。

浙江办流动供应成功的消息在《店务通讯》上报道后，各省支店也纷纷效仿。到1938年底，已有汉、粤、渝、陕、湘、蓉、梧七店办了流动供应。多年来，书店售书主要靠门市及同业代售，后来增加通信邮购，突破了地域限制。现在把书送到穷乡僻壤，送到读者手中，便于他们亲自看书选购，这种方法不能不说是图书发行工作的一项创举。

其二，创设服务部。

服务部是在第五届社员大会后增设的，主要工作有三项：一是举办战地文化服务；二是设立文化工作问讯处；三是举办为海外华侨服务。

在战地文化服务方面，与许多战地文化团体、机关建立了联系，来往信件数百封，与陕西、湖南、浙江三省书报供应所建立了联系。文化工作问讯处，建立半年间与四十余所大、中、专学校发生了广泛联系，为 16 所院校代办了书刊购买业务。为海外华侨的服务因条件不具备未能开展。

其三，创设读者顾问部。

《读书月报》创办后，读者来信猛增，需要读书指导，即成立读者顾问部，徐伯昕还专门为此撰写了《为什么成立读者顾问部》，并另组"推荐图书委员会"，每月就生活书店所出版书籍汇总推荐一册或两册为"生活推荐书"，帮助读者有计划地读书，并且希望各分支机构能发动读书运动，如组织读书会、时事座谈会等。同时，徐伯昕还希望尽快成立读者顾问部，更多地担负起读书指导的任务，为读者指导读书方法。近八十年后，在全民阅读理念兴起的今天，出版机构纷纷开展的各种阅读推广活动，恰恰是对徐伯昕这种创见的实践，他的其他关于出版的思考，也都是非常经得起时间考验的。加入读者顾问部的读者，只需缴纳"生活推荐书"预约金每年五元，全年就可以阅读至少六册，《读书月报》十二册，价值总额至少在十元的书刊。对于这个创意，大家可以设想，如果有五千到一万个预约读者，预约金就会成为一笔可观收入，这对于生活书店的流动资金会有很大帮助。①

可惜，随着战争对交通、邮政的破坏，生活书店无法将预约书刊按时寄给读者，大家费尽心血所设计的"生活推荐书"推广方法，最后无疾而终了。

其四，为降低定价而努力。

价廉物美，尽量降低读者负担一向是徐伯昕的出版策划理念，多年来他一直致力于降低生产成本、发行成本。战时物价波动剧烈，纸

---

① 韬奋纪念馆、北京印刷学院编：《店务通讯》（排印本），学林出版社 2007 年版，第 530 页。

价、印刷费普遍大幅上涨，徐伯昕想尽办法降低成本，但无奈出版物定价调整的频率跟不上成本的上升幅度。根据生活书店的调查，1940年年中，重庆同业的书价平均到每面如下：

商务：一分一厘

中华、开明：八厘八

生活、读书生活①、新知：约八厘

维持这个低价相当不易，纸张价较战前涨了 13 倍，排版费涨了 5.5 倍，印刷费涨了 11 倍，邮运费涨了 3.5 倍，而生活书店的书价只涨了 2.2 倍。

降低生产成本是个综合工作，特别是在战时，困难更多。徐伯昕悉心调查，尽量在印制成本较低的地区造货。为比较各地造货成本，徐伯昕 1939 年 8 月专程赴香港研究、处理全国的生产造货任务。他从出版技术着手，降低每本书的成本，比如扩大版心面积，缩小字号，减少用纸量；封皮不用硬皮，改用土纸粘贴几层代替。他要求做好市场调查，及时印制重版书，这是利润的主要来源。

书籍定价由原来的每面多少钱乘面数直接计算定价，改为在物价上涨时按每面多少钱乘面数定基本定价，再乘倍数出售，出售倍数按物价指数随时调整，以防赔本。此种办法延续运用到新中国成立初期，与当时使用折实单位的精神是一致的。②

降低书价是徐伯昕及全体同人为读者服务精神的充分体现，但其背后的努力是巨大的。在动荡的时代，能做到合理定价，并不简单。

---

① 读书生活出版社 1938 年更名为读书出版社。

② 赵晓恩：《生活书店的经营之道和斗争艺术（二）》，《出版发行研究》1999 年第 9 期。

徐伯昕（1905—1984）

徐伯昕少年时就读的
冠英高级小学

常州武进湖塘镇老街徐伯昕故居

徐伯昕故居小楼

徐伯昕故居院内

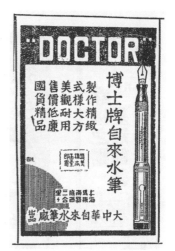

徐伯昕设计的广告，刊于《生活》周刊

徐伯昕设计的广告，刊于《生活》周刊

徐伯昕为《生活》周刊创作的插图，署名"伯昕"、"吟秋"

徐伯昕为《生活》周刊创作的插图，署名"B.H."

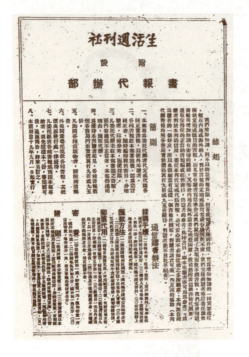

《生活》周刊初期，徐伯昕编辑、策划的图书

上海华龙
路（今南昌
路）环龙别业
2 号，1931
年 7 月 1 日生
活书店正式挂
牌成立之处

1932 年，《生活》周刊社全体工作人员合影，后排右一为徐伯昕

徐伯昕亲笔所写的合影名录

1933 年 7 月，徐伯昕为出国考察的邹韬奋码头送行。左一徐伯昕，左二邹韬奋，左三胡愈之，右一沈粹缜

上海霞飞路（淮海中路）桃源坊，生活书店 1933 年 12 月 1 日迁于此处，并开设了第一家门店

桃源坊斜对面，现开设了上海香港三联书店

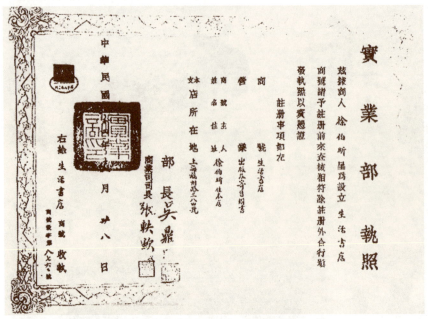

1935 年
生活书店营
业执照

徐伯昕发行的
部分刊物、设计的
封面

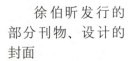

徐伯昕发行并珍藏的《世界文库》

1950 年 8 月，徐伯昕在新华书店全国经理会议上作工作报告

1954 年 1 月 12 日，徐伯昕在北高加索某城公园莱蒙托夫纪念碑前。此时徐伯昕患有严重的神经衰弱，正在苏联疗养

1954 年，徐伯昕当选第一届全国人大代表的代表证

自右向左：徐伯昕、叶圣陶、周建人

1982 年 10 月，生活·读书·新知三联书店纪念革命工作 50 周年，三联老同志合影。站立者第一排左起第四人为徐伯昕

徐伯昕（左一）与长子徐星钊（右一）、长孙徐冈在北京寓所前合影

常州市图书馆所藏徐伯昕赠书

徐伯昕收藏的绘画美术图书

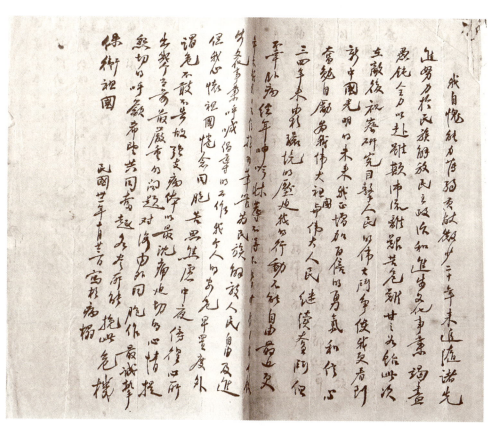

邹韬奋临终口述、徐伯昕亲笔记录并珍藏半生的《遗言纪要》

徐伯昕的两方印章

徐伯昕的眼镜

徐伯昕遗言

常州东坡公园，园内运河河畔小山上有舣舟亭，亭下有几棵罗汉松，即为徐伯昕及周雨青、胡耐秋长眠之处

第五章

万水千山：出版战场的重重突围

　　自汉口至重庆，徐伯昕以其过人的气魄和才能，为生活书店建构了数量超过商务印书馆的分支店，以及庞大灵活的出版发行网络，出版了大量书刊读物。在抗战的洪流中，徐伯昕为之献身的出版事业迎来了一个灿烂而悲壮的时期。生活书店所到之处，即使如流星划过，也能为读者留下深刻的印象。白崇禧的秘书曾告诉邹韬奋，有一次陪白经过生活书店桂林分店门口，只见人山人海，拥挤不堪，白崇禧还以为是观众在戏院门口争先恐后地购买戏票。各地分店都是如此自朝至暮，读者川流不息，晚上都难以关门。①在这样振奋感人的场景背

---

　　① 生活·读书·新知三联书店编：《韬奋：韬奋画传·经历·患难余生记》，生活·读书·新知三联书店 2012 年版，第 363 页。

后，是徐伯昕的枕戈待旦，日夜操劳，他比任何人都清楚生活书店面临哪些危机，以及危机迫近的速度。

其中，日军侵略的炮火时时会带来的物资财产的损失、交通要道的断绝乃至店员的牺牲，国民党的出版审查制度则带来了搜查、查禁、关店、拘捕。1939 年 2 月 26 日，国民党中宣部秘密传达特种谈话会上制定的《禁止或减少共产党书籍邮运办法》及《查禁新知、互助及生活等书店所出书刊办法》；①3 月 3 日，重庆生活书店被国民党中央图书杂志审查委员会搜查，搜去库存图书七千余册；3 月 8 日，浙江天目山生活书店临时营业处被查封；多位与徐伯昕同甘苦共患难的同事撒手人寰，孙梦旦、毕子桂病逝在工作岗位上，何中五死于日军轰炸，周名寰、黄晓萍殁于狱中……。1939 年后期，各种灾难困苦接踵而至，徐伯昕不仅要统领书店的出版业务工作，还要在没有硝烟的出版战场上，颇费心思地进行周旋、抗争，应付检查，营救同志，诚如胡绳所言，"在他身上，可以说，既有'生意人'的精明，又有革命家的胆识和远见，他把这两者结合起来，因而在任何情况下，都能找出有效的斗争方式来。"②

一、与书报检查政策周旋

自《生活》周刊创办以来，徐伯昕就是在政治压力与桎梏中成

---

① 邹嘉骊编著：《邹韬奋年谱长编》（下册），上海交通大学出版社 2015 年版，第 986 页。

② 胡绳："序"，载《新文化出版家徐伯昕》，中国文史出版社 1994 年版，第 11 页。

长起来的。他主持的出版事业，如同一棵风雨中的幼苗，不管地上的部分如何饱经摧残，地下的根系却越来越深入壮大。即使后来在国统区无立锥之地，但同人们仍然能以徐伯昕式的智慧、邹韬奋式的精神隐蔽起来，生存下去，等来春天。自 1938 年 7 月，国民政府颁布《战时图书杂志原稿审查办法》起，刚刚兴旺起来的民营进步出版业就受到了自由限制。据解放后从国民党中央图书杂志审查委员会的档案中获得的材料，1937 年到 1940 年生活书店出版的书籍，被国民党中央或地方图书杂志审查委员会明查暗禁的书籍，有目录可寻的达 203 种，占该时期生活书店出版物总数的 40%。尽管如此，生活书店依然竭力维持 8 种定期刊物按时出版，并在艰难的 1940 年出版了新书 80 种，但也仅相当于 1938 年的三分之一。

武汉沦陷后，抗日战争进入相持阶段。英、美等国考虑到自己在亚太地区的利益，对日本采取绥靖主义，推行东方慕尼黑政策，劝国民党与日本讲和。日本开始对国民党政府实施分化、诱降政策，汪精卫公开投敌，国民党发生内部裂变。面对共产党力量的发展壮大，蒋介石集团的反共倾向明显增长。1939 年 1 月国民党五届五中全会上，虽然继续声明要抗战到底，但又制订了"溶共、防共和限共"的方针。随后，在国统区内，国民党加强了中统和军统的活动，甚至设立集中营，囚禁和杀害共产党、进步人士。①

就在这次会议上，有人攻击生活书店，说"生活书店的书籍刊物，虽穷乡僻壤，随处可见，可谓无孔不入，其努力实在可怕。而

---

① 中共中央党史研究室：《中国共产党历史》（第一卷），中共党史出版社 2011 年版，第 529—530 页。

本党的文化事业却等于零，不能和他竞争，所以非根本消灭不可"①。会后，生活书店成为国统区书报检查制度的重点处理对象。国民党中央有中央的查禁书单，地方又有地方的另外一套，审查标准也是各地不同，宪兵团、警察局、党部都可以检扣书店，甚至连一张收据都不肯写。

直到皖南事变，徐伯昕和邹韬奋等书店领导屡屡向当局交涉、抗辩，并大量编印蒋介石抗战言论集。期间，徐伯昕采取了以下各种应对措施，使各地分支店做好面对严苛环境的准备工作。

一是针对书刊检查，指导各店具体应对措施。

1939 年 3 月 18 日，徐伯昕在《店务通讯》第 40 期上发表了《处理检查书刊问题》。

在这篇文章中，徐伯昕叮嘱大家应付各种书报检查事项，态度要平和，意志要坚决，有理由要申说得简明而有力，要用不卑不亢的态度机动应付。他针对不同的情况，总结了四个方面的应对策略。

1. 已注册的书应力争继续发售权。对于这部分符合了国民党出版发行标准的出版物，如果被检查禁扣，要告以注册号或出示执照的铜图样张，据理力争，先呈当地行政机关，如向县、市、省政府申诉，要通知总处以便向内政部交涉。

2. 录出书报检查有关法令和常识，以备随时援用。包括要了解查禁书籍的等级，禁书每周的通知，发售禁书的处分，可以要求退还原出版处，办理申诉的手续，已有审查证者内地不再受审检等六点常识。

3. 强行扣检时要注意的三点内容，包括检查员需要有正式令文，

---

① 生活·读书·新知三联书店编：《韬奋：韬奋画传·经历·患难余生记》，生活·读书·新知三联书店 2012 年版，第 364—365 页。

应有具体理由，要有正式收据。

4.扣检后应办理的手续。一是要把检查经过详函总处，二是外版图书被查扣需要商请退货转账，三是本版书刊被查扣需要通知总处将损失入账，并通知版税作者说明理由，不计版税。

同时，徐伯昕还嘱托各门市在花费不多的情况下装修门市，使气象一新，给读者一个好印象。

这篇文章展现了徐伯昕少有的戏剧化的描写方式，似有鲁迅之风，比如："检查机关的人员执行时，似乎神秘得非凡，查禁书单像道士的法宝那样在袖管里抽出，乌黑而阴阴的眼睛，忽而向书本一溜，忽而又抽出'袖里乾坤'一翻……"屡屡要对付检查人员的徐伯昕，似乎已经将这类事视为一种斗争艺术。[1]

二是创新生产和发行方法，提高战时传播效果。

1939年5月13日，日军飞机继续轰炸重庆，造成印刷、交通困难，徐伯昕也"巧妇难为无米之炊"，只得把《全民抗战》从三日刊改为周刊。成立了读者顾问部以求聚集流动资金，并拟订了"生活推荐书发行办法"。韬奋说，这"在中国可以说是创举"。徐伯昕的这个战时阅读推广创举，俨然是被国民党接连不断的查禁"逼出来"的灵感，国民党试图斩断生活书店与读者的联系，徐伯昕则努力创建新的桥梁。

1939年5月20日，徐伯昕在《店务通讯》第48号上发表了《略论流动供应问题》一文，文章指明了为了应对战时需求，应该更注意大众读物和士兵读物，去满足他们的精神饥渴。出版、营业、服务都

---

① 韬奋纪念馆、北京印刷学院编：《店务通讯》（排印本），学林出版社2007年版，第421—424页。

要配合起来，建立基层读者层，来宣传抗战。由此，徐伯昕提出开展流动供应工作是书店目前的必要任务。流动供应站的建立方法主要有两种，一是巡回流动，这要对乡镇进行详细调查和计划，确定流动路线和时间，让书刊能周而复始地跟读者见面；二是突击流动，如服务交通不方便的学校，或者应对其他集体活动。他还提出，流动供应工作要做好宣传工作，才能在短的时间内让读者普遍知道。此后，浙江、安徽、广西、广东、重庆各分支店纷纷组织流动供应队到乡村、山区开展图书流动供应工作。

1939 年 8 月 26 日、9 月 9 日，徐伯昕又在《店务通讯》第 62、64 期上撰《进货工作的检讨和改进》。文章通过对上海、香港等地出版机构、出版物的分析，提出争取进货主动地位、加强与出版界的联系、充分了解各地的需要情形等进货工作要求。

1939 年 9 月 9 日，徐伯昕对 1939 年上半年出版、营业和印造等生产工作进行回顾，提出"新书出版要迅速"、"重版书补充要灵活"、"杂志编（编辑）行（发行）要准期"的书店营业三大要点，并且对产量作了统计：出版新书 63 种，印数达 28.15 万册，总值 12.85 万元；重版 174 种，印数 65.5 万册，总值 24.78 万元；定期刊物（包括周刊两种、半月刊四种、月刊和季刊各一种）印数 77.12 万册，产值 7.6112 万元。（《半年来的生产工作》，《店务通讯》第 64 号）

生活书店向全国扩展之后，徐伯昕制定了一系列精密的造货流转登记办法，从而更好地通过数字的监控来布局生产任务。

1939 年 9 月 16 日，徐伯昕的《改进业务的三个问题》一文发表于第 65 期《店务通讯》。文章针对业务管理上存在的问题，要求发挥个人工作效率及创造精神。他提出健全组织、加强领导，管理科学化；提高个人工作效率，切实纠正自身缺点；对整个书店的工作不断提供新的意见或计划，发挥工作上的创造精神等改进措施。

三是加强生活书店的内部管理工作。

生活书店的分支机构已扩展到全国，徐伯昕开始着力构建管理制度。

1939年8月5日，徐伯昕撰写了《分支店管理上的几个原则》一文发表在《店务通讯》第59号。文中针对生活分支店大发展的形势，指出加强内部管理的必要，发布了"分支店管理原则纲要"，并具体阐述了设店原则、名称规范、管理等次、每月开支比例、工作人员分配、经常存货额、会计的处理、内部组织、工作原则等方面的具体规定。

1939年9月2日，徐伯昕在《店务通讯》第63期上发表《今年是试行计划年》一文。对当年"工作计划大纲"，社务部门的"十二项具体工作纲要"，业务部门的生产、营业、总务、服务的工作大纲完成情况作了分析说明，从而让各部门进一步了解形势与任务，并要求在力所能及的范围内，用集体力量来排除困难，在艰苦的环境下巩固事业基础。

四是指导业务应对经济困境。

1940年之后，生活书店步履维艰，业务收缩，经济日益紧张。徐伯昕密切注意着分支店的经营动向，尤其是一切有问题的经营倾向。对于许多店员太注重服务社会而忽视商业利润，1940年7月30日，徐伯昕在《店务通讯》的第98期发表《再谈定价问题》，重申书店是"靠自己的收入来养活自己"，"最低限度是要在不亏本的条件下来为文化事业努力"，才能在长期抗战中支持下去的观点。同时对定价并计算方法、批发及经售的折扣、廉价销售等问题作出详尽的指导说明。

10 月 15 日，针对当时书店经营方面存在的现实问题，徐伯昕撰写文章分析了渝、蓉、筑、滇、桂和曲江六店的情况，提出现阶段经营这些据点的中心任务为：配备好干部，提高业务水平，搞好各部门协作，要求"像齿轮随着发动机那样紧密地、不断地紧张工作"，干部间"要亲如手足，互谅互让，精诚团结……"。他要求改进各种技术工作；精密研究内部管理方法；提高对读者服务精神和工作效率，"要在千辛万苦中保证最低限度的生活和足以维持事业的基础"。(《集中力量经营重要据点的主要任务与愿望》，《店务通讯》第 102 期）他对 951 种本版书进行分析后指出，在目前的政治环境和经济困难的状况下，要多印文艺、中级读物、工具书等畅销书。(《生产工作的过去、现在和将来》，《店务通讯》第 102 期）

这两篇文章也代表了韬奋等领导者们的共同意见，极度的经济困境已经危及生活书店的生存问题，在徐伯昕及编审委员会的共同决策下，生活书店的出版方针多次调整，从 1937 年卢沟桥事变后大量出版抗战小册子，到多出科学理论读物，再到多出通俗化的讲民主、讲科学、讲思想进步的读物，[①] 再到力推文艺类畅销书，是由激进逐渐转回温和，以渡过难关，谋求长远发展。

此外，徐伯昕还从细节入手，指导书店业务创新、艰苦奋斗。

1940 年 7 月 15 日，徐伯昕发表了《今后业务的动向》(《店务通讯》第 99 期），认为扭转书店营业亏损，既要认识到书店困难的严重

---

① 韬奋纪念馆、北京印刷学院编：《店务通讯》(排印本），学林出版社 2007 年版，第 593—594 页。

性，又鼓舞大家对本店事业、民族前途的光明抱有信心，并对书店的出版、营业提出了一系列的措施。在出版上，他要求多出版适合各级读者要求，能提高文化水准、推动大众文化的书刊；要加强中小学参考书、工具书、应用书、启蒙读物的出版等；营业上必须着重商业性，设法赚钱来发展事业。他提出营业责任制、重订销货折扣、存货各店包销、严格结算办法、扩大经营文具、提高工作效率等八条营业改革要点。此外，徐伯昕还指导着书店的具体业务，如如何减轻读者负担，如何对书刊版式、封面、里封和版权式样改革，如何加强工作的调查统计以实现科学管理，如何计算书刊定价等。他与邹韬奋共同拟意，秘书执笔，在《店务通讯》上连续载文，答复书店同人有关分店业务管理、分店财务管理、住外津贴等问题。

二、内外交困，野火春风

1939 年是生活书店各地门店开始惨遭荼毒的一年，徐伯昕苦心经营的全国出版发行网络，遭受了前所未有的破坏，生活书店蒙受了巨大损失。对此，而立之年的徐伯昕选择了继续抗争、奋斗。

1939 年 3 月，重庆的警备司令部奉图书审查委员会令，强行将重庆分店门市部中艾思奇所著《思想方法论》170 余本没收，还要把分店经理及会计带走。得知消息后，徐伯昕当即持注册证书亲自去图书审查委员会据理力争，警方理屈词穷，只得作罢。

4 月 21 日，徐伯昕参加孙梦旦追悼会。《生活》周刊创刊之始，16 岁的孙梦旦就和徐伯昕、邹韬奋一起昼夜忙碌，多年来始终追随生活书店之事业，兢兢业业，任劳任怨，却因肺结核而英年早逝。徐伯昕作了沉痛的发言。他回忆往昔，"暴徒们突入本社捣毁一切，迫令工作人员离开。孙先生婉言要求，至少携出私人的铺盖行李，结果被允许了，孙先生乘机将《生活》周刊社的订户卡片和其他重要文件携出，第二天得在邹先生家中继续发行。""从汉口到上海，一面吐血，一面整理账务，打电报要他休息也不休息。"[①] 这种情形与徐伯昕当年何其相似。孙梦旦是生活书店财务工作的奠基人，是"精算之至"的主要负责人。在生活书店的快速扩张时期，财务会计本来就是极其重要却又最为缺乏的力量之一，孙梦旦的患病和去世，对生活书店的财务工作无疑是一个釜底抽薪的打击。徐伯昕不仅失去了相识于微时、共同拓荒创业十三年的伙伴，更失去了经济基础正待巩固、事业发展关键时期的一个重要臂膀。是夜，苍凉悲壮的挽歌响起，未承想，当晚传来的消息令徐伯昕的心情更加雪上加霜——生活书店西安分店遭到查封，如前文所述，尽管徐伯昕等多方奔走疏通，该西北区域中心店的人、财都遭到毁灭性打击。国民党第一战区政治部、陕西省党部会同省会警察局查封了西安分店，监视全体同人不许携带任何物品，强行没收了已注册准予发售的书刊 1860 册及个人财物，强迫书店停业，理由是出售共产党书籍。周名寰被送到集中营。

1939 年 4 月 30 日，南郑生活书店支店遭到搜查，国民党县党部会同警察搜去书籍 498 册及私人信件，5 月 4 日将店封闭，拘押了经理贺承先，存货财产用具全部被没收，连挂"生活"二字店招的商家也无端被株连查封。邮寄支店的公司信件及一切非禁书报均被扣留。

---

① 韬奋纪念馆、北京印刷学院编：《店务通讯》（排印本），学林出版社 2007 年版，第 500 页。

4月至5月，甘肃天水生活书店支店屡遭搜查，经理和店员被拘捕。生活书店总管理处为分店遭查禁、人员被拘捕向国民党中宣部屡次申辩，对方拖延不办。

5月3日、4日，日机对重庆市区狂轰滥炸，引发大火，逼近总管理处和栈房。徐伯昕、邹韬奋带领职工将财物安全转移到郊区，先是抢运总管理处的文件账册，继又到重庆分店搬运书籍、物资，大家排成长蛇阵抢救物资，通宵达旦，连续作战，突击三天。

5月25日，徐伯昕飞抵香港，到分店讨论部署工作，着手筹划设立新加坡分店。在他6月回到重庆之前，生活书店越来越多的分支店惨遭荼毒。

6月9日，湖南沅陵分店遭到查禁，先后搜去图书五百余册，经理诸侃被拘押，当日取保释放。16日停业。

6月14日，浙江金华分店遭到搜查，搜去书千余册，职员阮贤道被判刑6个月。7月封店。国民党当局还发出密令，禁止生活书店出版的图书在浙江出售。

6月15日，江西吉安书店遭查禁，29日被查封。江西赣州分店亦在15日被搜查，16日停业。

6月17日，湖北宜昌分店遭到查封，职员杨罕人被拘捕。

6月21、22日，生活书店总管理处遭到国民党查问。

6月26日，浙江丽水支店被查封，30日停业。

6月29日，安徽屯溪支店在未经搜查的情况下，就被国民党县政府下令于7月1日停业。

……

对生活书店分支机构停业原因做一个统计，我们可以看到，1938

年包括汉、粤有 3 家店因所在地沦陷而撤退；1939 年 2 家店撤退，10 家店由于经营、运输或战争等因素收歇，12 家店被当局查封；1940 年 3 家店收歇，6 家店被查封或被迫停业；1941 年 1 家撤退，1 家收歇，5 家店被封或被迫停业。近半数分支机构是被当局查封的，1939 年是生活书店的大发展时期，也是创伤最重的时期。

当年 6 月，徐伯昕回到重庆，对国民党的查禁行动无比愤慨。7 月 4 日，国民党中宣部副部长潘公展约邹韬奋与徐伯昕谈话，并转告中宣部长叶楚伧指示，强迫生活书店与官方的正中书局、独立出版社联合，在此基础上组织总管理处或成立董事会，出版编辑营业等直接由国民党中央党部领导，并由他们委派总编辑。他们甚至扬言，不合并，就全部消灭。邹韬奋毅然拒绝，徐伯昕亦就此事加以明辩，表示这是生活书店的自杀政策，坚决不能接受。回来之后，徐伯昕和邹韬奋立即准备详细的呈文呈递中宣部，并找冯玉祥想办法。国民党则继续通过密报通报，对生活书店严加注意和防范。

作为书店的当家人，徐伯昕还遇到了前所未有的书店人事危机——辞职风波。徐伯昕曾经检讨生活书店大发展准备之不足：一是没有准备好足够的资金，二是没有储备足够的干部。干部本已匮乏，却频频出现人才流失情况，1939 年，严长衍不顾挽留辞职，1940 年，陈雪岭、孙明心、赵晓恩、曹建章、张志民等书店重要干部相继辞职。其中，严长衍是徐伯昕当年亲自物色、引进书店的"元老级"人物，为书店的发行工作立下汗马功劳，其余几人也都是能独当一面的业务专家。

对于这一段人事风波，从《店务通讯》的记载以及书店同事后来的回忆看，尤其是王仿子在六十余年后重新回顾那一段往事，分析出主要有如下几个原因。

一是经济原因。生活书店迅速扩张，资金链紧张。员工的工资不仅与其他商业机构没法相比，比商务、中华也是低了一大截。王仿子回忆那一段生活，大家最期待等发了薪水，能到小馆子去吃一顿"两面黄，猪肝汤，吃得两眼泪汪汪"的炒面。单身的员工还能坚持，对于一些拖家带口的员工而言，微薄的薪水无法供养妻儿老小，为生计考虑，只能另寻收入较佳的行业。这些都是客观原因。

二是人事隔阂。到了重庆之后，生活书店与共产党的关系越来越密切，徐伯昕多次与周恩来、徐冰等人见面，接受领导，生活书店年轻的地下党员越来越多，他们思想进步，冲劲十足。并且，年轻人和年长者的志趣也不同，年轻人搞的歌咏会、读书会，热热闹闹，后者一概不参加。同声相应，同气相求，前者逐渐在书店崭露头角并具备了号召能力。后起之秀们在理事会、监委会、人事会的社员选举大会上获得大家的投票倾斜而进入重要岗位。有些老员工却渐渐感到被边缘化，比如严长衍，1933 年在社员大会上被选为监事，而 1939 年 1 月的社员大会上，却仅当选为候补监委之一。到 1940 年 6 月，生活书店被查禁的书已达 200 多本，被捕职工 28 人。人各有志，有人能够和书店共存亡，有人则由于种种原因不得不暂时或永远离开。[①]

对于这一段往事，张锡荣是如此回忆的。辞职风波发生后，书店里不少同人极其愤慨，撰文声讨，认为辞职的职工是落后分子，贪图富贵。周恩来在约生活书店党支部的李济安、张锡荣和华风夏谈话时，专门问及了辞职的情况，并提出对离开的同事仍然要做好团结争

[①]　王仿子：《有关生活书店一点史实的辩证》，《出版史料》2003 年第 3 期。

取工作，即使离开也还要做朋友。张锡荣当时的反应是，深感自己欠考虑，没有团结好大家，十分内疚。

周恩来赞赏了徐伯昕和邹韬奋的做法——二人联名在《店务通讯》上数次发声诚恳挽留，在第78号（1939年12月16日）发表公开信《给严长衍同事的一封信》，开诚布公解释原因。尤其是他们给严长衍的去函，情真意切，兹录片段如下：

长衍吾兄：

……。因数度奉函，未得复书，隔膜愈深，系念更切。兹将请令弟转达此信，万望回复。

与兄共事十载，朝夕相处，情逾手足。……。至周刊被迫停刊，事业几陷绝境，幸赖兄负责努力，打下经营书业及服务读者之基础，得将书报代办部扩充而为生活书店。……。当时人少事多，夜以继昼赶办工作的情景，尤历历在目。……武汉沦陷时，兄带领留守同人最后退出，书店得保重最高信誉，减少财物损失。凡此种种劳绩，无人敢忘。……

粤汉二店退出以后……经济上周转不灵，政治上误会加深，……，弟等忝列总责，实焦苦不堪。……今年春，兄突然提出请假书，弟等甚为疑异，……，并请兄飞渝一行，以使倾谈一切。但未得只字复书，仅闻兄接信后，不禁泪下，心声相应，于此可见。……

弟 韬奋 伯昕同上
廿八年十二月十四日

虽然一再挽留，严长衍还是接受了桂林新中贸易公司的聘请。事隔数年，新中国成立后，严没有工作，又要求回来，徐伯昕介绍他到上海新华书店任事。①其他辞职的骨干大多也没有离开进步事业，很快皖南事变爆发，这些离职员工和其他被迫离职的生活书店的骨干们各处分散，赵晓恩在文化供应出版社，孙明心在华华出版社，陆凤祥在科学出版社，夏长贵在文献出版社，黄宝珣在柳亚子的支持下创办了耕耘出版社。这些进步出版社在桂林处于文化领袖地位。新中国成立后，大家重新回到了徐伯昕等人所率领的出版工作队伍中来。多年后，这些人包括严长衍在内，都撰写了不少关于生活书店的回忆，很多地方都涉及徐伯昕令人钦佩的经营领导艺术。

不久之后，一件振奋人心的事情一扫离职风波的阴霾。1940年12月6日晚，总处和重庆分店全体同人联合举办了一个"劳动英雄授奖典礼"，茅盾、李公朴、黄炎培、沈钧儒等友人都来参加，徐伯昕亲自在大会上作了报告，并将报告发布到第106号《店务通讯》上给各地同人阅览。颁奖的对象是劳动英雄董文椿，他是一名社工，也是《生活》周刊时期的老员工。1939年5月日机狂轰滥炸重庆时，书店全体职工竟夜将万丈火焰中的总处财产搬运到安全地区，当时推选了五名同事获得"生活奖状"（包括徐伯昕），董文椿的表现最为出色。书店奖励了董文椿一百元奖金，同人们自动又凑集了一百元奖金。这样一场盛大的仪式，让疲倦忧虑的同人们都感受到了极大的振奋，但不是所有，也有极少数的同人，认为这次的大会是故意的夸张和麻醉同人。

---

① 张锡荣：《在"生活"工作的日子》，载新华书店总店编辑：《书店工作史料2》，新华书店总店1982年版，第76页。

徐伯昕则极为详细地在大会上报告了董文椿的事迹。多年来，董文椿以社为家，从最初的发行工作，到最近遭遇轰炸后，董文椿都是不辞辛苦，不惜力气，用自己的劳动为书店节省资金，保护财物，追赶盗贼。虽然董文椿没有文化，只是出版机构中最底层的体力劳动者，但徐伯昕和生活书店给予了他人和人的平等尊重，并发现了他的价值。

在这次表彰中，徐伯昕指出：本店的事业已走上了艰苦的阶段，要发扬光大"生活精神"，就需要培养更多的像董同事那样埋头苦干，以工作为第一，以店的利益为第一，有自发、持久、战斗精神的人，来百折不挠与始终如一地坚决地负起这个责任，维持和巩固这个文化堡垒。

报告中的表彰文字，其实也是徐伯昕和邹韬奋多年来的写照。那次火中抢运，徐伯昕一样冲上前去，这样的场景在民国时的出版界并不多见。有炮火袭击时，不少书业的职工首先是力求自保。在辞职风波的阴影下，徐伯昕和邹韬奋树立这个劳动典型是用心良苦的，是激励大家在狂风暴雨中抱团取暖，共渡难关。无论是从两个半人起步，还是五十多家分店的辉煌，还是抗日战争胜利前夕徐伯昕在上海回到了小队伍的战斗生活，集体主义精神始终是徐伯昕，也是生活书店以及书店同人们最大的特点，是能够创造奇迹的驱动力。

"野火烧不尽，春风吹又生。"在这个艰难的阶段，徐伯昕没有坐以待毙，他与邹韬奋、胡愈之及各地同人一起努力，仍然不断开辟生活书店新支店，1939年，包括屯溪、赣州、沅陵、乐山、福州、南平、湛江、赤坎、梅县、罗定、梧州、百色、桂平、郁林、新加坡等分支店，工作人员达四五百人。1940年4月16日，徐伯昕、邹韬奋又与中华职教社的老友黄炎培、杨卫玉发起组织了国讯书店。

1939 年 12 月，徐伯昕联合出版业负责人，发表声明，响应和支持韬奋向国民党第四次参政会提出的反对图书杂志原稿审查的议案。他利用各地方当局对审查图书杂志标准的理解与掌握不同，出版了《新政治学大纲》、《社会发展史纲》、《新生代》等一批进步书籍，并将当局不敢公开反对的宋庆龄《中国不亡论》等书送内政部批准注册出版。

1940 年，各地生活书店分支店被查禁的速度有增无减。自 1939 年 3 月国民政府封闭生活书店西安分店和浙江天目山临时营业处起，到 1940 年 6 月，生活书店在全国陆续建立的五十多家分支机构，除 5 处因战局关系自动收歇外，其他 45 处都先后被封闭或勒令停业，四十多名员工被逮捕或强迫押送出境，大批出版物遭到没收，公私财产被侵吞。对剩下重庆、成都、贵阳、昆明、桂林、曲江六个分店，国民党还试图找到一些"罪证"，称生活书店是在全国专门推销违禁书刊的总机关，也是策动共党文化运动和青年运动的主要机关。

一个接一个的打击，让生活书店连喘息的机会都没有，经济日绌，生产缩减，营业下降，开支上升，交通困难，人事牵扯。徐伯昕为挽救生活书店费尽了心血，每次为应对事端作出的计划和调整，又被新的事端所打乱。国民党当局意图将生活书店扼杀，每每封店扣人，堵截书信邮包，徐伯昕不得不一次又一次地向当局疏通，但收效甚微。

由于战争时期生活条件恶劣，书店工作繁重，又时时面临各种危险，几位同事在日军轰炸或国民党的集中营中牺牲了，更多的同事常常加班到半夜，因为劳累过度染上疾病，甚至因为伤寒、肺病、盲肠炎等付出了年轻的生命。

1940年3月20日，生活书店在重庆召开社员大会，各省分支店社员将无记名选票寄重庆总管理处，选举第六届领导机构。在会上，关于徐伯昕的介绍是：

> 徐先生是本店事业的舵手，十余年来引导全体同人渡过了不知多少惊风巨浪，才把本店的事业缔造成目前的规模。我们的事业之船在商业竞争的海洋中行进，每个同人都热烈拥戴这位熟练无比的舵手，是毫无疑义的。[①]

这段话其实没有完全表达出徐伯昕对生活书店之重要作用，因为此时他所领导的事业之船，不仅是远航在商业海洋之上，更是挣扎簸于政治和战火的激流旋涡之中。此时的徐伯昕，已经成为全体同人所信任、所尊重的书店领袖了。会上，徐伯昕以127张的最高票数当选为生活书店的总经理。

1940年8月5日，鉴于形势，生活书店采取紧急措施，由理事会、人事委员会、监委会三系统合并组成第六届联席会议，由邹韬奋、徐伯昕、柳湜、张锡荣、胡耐秋、邵公文、廖庶谦等七人组成理、人、监常委会。联席会议为书店的最高领导机构，集中统一领导全店业务。

生活书店领导格局的频频变化，不仅是为了应对战争和时局带来的危机，以及书店业务遍布全国、突发事件频繁的实际管理需要，

---

① 韬奋纪念馆、北京印刷学院编：《店务通讯》（排印本），学林出版社2007年版，第1136页。

更是因为生活书店在 1940 年正式接受了中国共产党的领导。

1940 年，生活书店从一家推动统一战线、宣传抗日救国的进步出版机构，成为了正式接受和实行中国共产党领导的革命出版机构，它也是共产党在国统区最大的地下出版机构。这如同一条溪流汇入一条大江，既是徐伯昕、邹韬奋长期以来从事出版工作的历史积累所致，也是政治环境等外力作用的结果。作为书店的主要负责人，徐伯昕开始直接和党的南方局领导进行个人联系，确定书店未来的发展路线；在书店内部，则通过在书店工作的地下党员发挥作用。

1940 年初夏，国统区的三家主要革命出版机构的负责人——徐伯昕和读书生活出版社的负责人黄洛峰、新知书店的负责人徐雪寒一起，应周恩来同志之约，赴重庆化龙桥红岩咀八路军办事处。周恩来同志向他们分析形势后，动员生活、读书、新知三家书店派干部带资金以民间企业形式，到延安去开设书店。回来后，徐伯昕和书店领导者们进行了新部署，执行周恩来同志对生活、读书、新知三店负责人谈话精神，派李济安等人赴华北、晋东南抗日根据地及延安等地，先后建立了随军书店、西南书店、大众书店、华北书店。这也是三家书店的第一次正式合作。

在此期间，徐伯昕还指导着生活书店在上海的秘密出版工作，他同意留在上海的生活书店据点远东图书杂志公司用"大学图书公司"名义，出版罗稷南翻译的《日本的间谍》一书。该书揭露了日本帝国主义间谍在中国犯下的罪恶，发行后被敌人察觉。为避免遭受敌人迫害，他及时指示将远东图书杂志公司改名为兄弟图书公司。《日本的间谍》仍秘密发行，颇受读者欢迎。

然而，更大的危机就要来临了。

三、为生活书店的命运而争

1941 年 1 月，奉蒋介石命令北迁的新四军军部及所属皖南部队 9000 余人，6 日在安徽茂林突遭国民党军 8 万余人包围袭击，激战七昼夜后，仅 2000 余人突出重围，军长叶挺与国民党谈判时被扣押，蒋介石诬新四军"叛变"，宣布取消其番号，周恩来在《新华日报》写下"为江南死国难者志哀！"的题词和"千古奇冤，江南一叶，同室操戈，相煎何急?！"的题诗。这就是震惊中外的皖南事变。

1941 年 1 月 11 日，徐伯昕等生活书店总管理处和重庆分店的同人，与许多文化界人士一同被邀参加《新华日报》创刊三周年的社庆。在庆祝晚会上，听到了周恩来同志宣布新四军在皖南遭到国民党军队围攻的噩耗，全场为之震惊。

皖南事变开启了第二次反共高潮，许多共产党人和进步人士被捕，进步文化事业相较之前遭受了更为严重的摧残，已经遍体鳞伤的生活书店，再次受到了毁灭性的打击。

国民党中央并不以限制为满足，下达了消灭生活书店和其他进步书店的密令。1941 年 2 月 7 日至 21 日，成都、桂林、贵阳、昆明、曲江 5 个分店先后被国民党当局查封或限期停业，只剩下了重庆分店。2 月 15 日，徐伯昕以生活书店总经理名义，向行政院院长蒋介石呈文，"请求迅予撤销查封成都、桂林两地生活书店命令"，"以利抗战事"，并认为"生活书店为恪遵法令、努力抗战文化之正当商业机关，理应获得法律之保障"，后又呈文要求撤销查封贵阳、昆明两地生活书店的命令。仅存的重庆分店亦岌岌可危，随时都可能被查缴停业。

"十六年之惨淡经营，五十余处分店至此已全部被毁。"① 第二届国民党参政会将在 1941 年 3 月 1 日开幕，国民党政府聘请邹韬奋续任第二届参政员。邹韬奋决定辞去参政员以示抗议。

2 月 24 日晚，邹韬奋去沈钧儒寓所告别，交与他亲笔拟就的《致沈钧儒等在野各抗日党派领袖》的信、辞去国民参政员的电稿以及为生活书店辩白的长文，又到黄炎培寓所辞行，大哭握别。

25 日，邹韬奋离开重庆，出走香港，希冀另辟新的出版文化阵地，继续为团结、抗日、民主、进步而呼号。韬奋出走的决定，得到了中共领导人周恩来和救国会领袖沈钧儒的支持，出走是秘密进行的，蒋介石得知消息后，即通知桂林的李济深，"务必劝邹回渝"。②

国民参政会开会前，徐伯昕主持起草了题为《生活书店横被摧残的经过》的长文，请沈钧儒先生转交各位参政员。这是一部生活书店横被摧残的血泪史，也是一份对迫害的抗议书和控诉状。此文后来还印发给了各个报馆、订户和邮购户。重庆各报在国民党压力下未能登出来，生活书店被害真相暂时未能公开揭露，只有延安《新中华报》在 1941 年 4 月的 3 日、6 日、10 日、13 日全文连载。

《生活书店横被摧残的经过》一文提到，自 1939 年 3 月份起，13 个月中，被拘工作人员达 28 人之多，该文详述了 20 个分店被封及勒令停业的经过以及损失财物的价值，并历数了被扣押和查禁的书籍，

---

① 邹嘉骊编著：《邹韬奋年谱长编》（下册），上海交通大学出版社 2015 年 10 月版，第 1204—1205 页。

② 邹嘉骊编著：《邹韬奋年谱长编》（下册），上海交通大学出版社 2015 年 10 月版，第 1207 页。

包括长篇文艺创作《新生代》、儿童故事《鹰和他的奴隶们》、翻译小说《苏联作家七人集》，以及《中国外交史》、《救亡手册》、《从旧世界到新世界的外蒙》、《中国不亡论》、《给初学写作者的一封信》、《抗战歌曲第一集》、《德国农民战争》等书刊 50 余种，并附上了这些书刊的内政部注册执照号。

这篇文章挽回了重庆书店的命运。国民党已经发出了省宣字第 543 号密令，令重庆查封生活书店。徐伯昕安排印了上万份传单，按书刊订户地址分发，查封之事也遭到了国民党参政会内部的批评和质疑。封店密令无法执行下去了。

周恩来和徐伯昕商谈今后工作部署时，明确指出，生活书店领导中心转移香港后，重庆书店仍要坚持下去。除非国民党来封你们的门，你们不要自动停业。①

面对十分严重的危险局面，徐伯昕作出了一系列应变决定，采取转移分散、化名经营等措施，以便在国民党的残酷压迫下，保存力量，以新的经营方式继续为坚持和发展进步文化出版事业而奋斗。

根据党中央对白区工作的指示，徐伯昕全力操持国统区书店善后事宜，采取"化整为零"转入地下、建立外围阵地等策略，在重庆保留重庆分店，将部分负责干部、骨干力量转移香港。自 1940 年到 1944 年，生活书店把《理论与现实》改组为学术出版社，专出有关唯物史观的理论和学术著译；投资三万元，与职教社合作，设立国讯书店；与潘序伦合作创办立信会计图书用品社；在桂林，与冯玉祥合资办三户图书社、三户印刷厂，利用三户图书社发行生活书店出版

---

① 生活书店史稿编辑委员会编：《生活书店史稿》，生活·读书·新知三联书店 2007 年版，第 216—217 页。

物；还创办了学艺出版社；经营建华文具公司、西南印刷厂、建华印刷厂等。这些出版、工商企业的创建，从洽谈到人事、资金、物资的安排，都由徐伯昕亲自筹划经办。

四、在香港的短暂发展

1941 年 4 月中旬，徐伯昕结束重庆总管理处工作，经桂林赴港，直到 12 月 7 日太平洋战争爆发生活书店被迫再次撤离。八个月中，条件非常艰苦，他全力配合邹韬奋的工作，创刊出书，在这里团结了一大批进步知识分子，迸发了短暂但耀眼的光芒。

邹韬奋来到香港，打算办一份类似《生活》周刊的刊物。但港英政府规定，必须有一位"港绅"做发行人，才允许登记，令他非常为难。幸好徐伯昕很快来到香港，找到出版界的同人马国亮想办法。马国亮是《良友》杂志的总编辑，1937 年到香港后，与港绅曹善允之子曹克安合作成立了大地图书出版社，曹克安任社长及督印人。马国亮遂将曹克安介绍给徐伯昕，一谈之下，就达成了合作意向。徐伯昕又将曹克安引荐给邹韬奋。于是，由曹克安担任督印人，邹韬奋担任主编，1935 年在上海出版过的《大众生活》周刊得以在香港复刊。

5 月，生活书店总管理处的各部门负责人邵公文、胡耐秋等十余人陆续到了香港，徐伯昕和大家立即积极筹备生活书店的出版工作和建立发行网点。

恢复或另建分店，困难重重。一是生活书店在香港本来有一个分店，但在 1940 年秋冬之际，由于各种压力被迫歇业，房子也被收回了。恢复或另建分店，不仅难以获得香港英国殖民政府的批准，也缺少资金。徐伯昕采取了和其他进步文化机构合作的方式，开办了两家书店。

第一家书店，是徐伯昕和同样撤退到香港的黄洛峰（读书出版社总经理）经过商量，共同创建了光夏书店，负责发行生活书店和读书出版社两家的书刊。1941 年 5 月，光夏书店开业，销售两家书店的旧有存书，并在香港重印了少量图书。该书店和新知书店创办的南洋图书公司合作，重版和翻印了不少进步书籍和根据地的出版物，并设法带回上海翻印，在沦陷区和国统区发行。书店还开辟了南洋和其他海外地区的发行网。

第二家书店，是与中华职业教育社合作开办的国讯书店香港分店，出版由俞颂华主编的《国讯》旬刊，并派生活书店的邵公文、殷国秀在该店工作。

在香港，经费紧张，出版成本高。徐伯昕主要推动重版书的出版，但也努力推出了一些新书刊。比如，他邀约茅盾主编了文艺刊物《笔谈》，后来又出版了邹韬奋在香港《华商报》、《光明报》、《大众生活》、《世界知识》等报刊上发表文章的论文集，如《中国的光芒前途》、《对反民主的抗争》，以及邹韬奋翻译的《社会科学与实际社会》等。

许多与徐伯昕相熟的作家也到香港避难，徐伯昕利用这个机会积极约稿，但由于战争原因出版不顺。比如徐伯昕邀请戈宝权翻译一套《高尔基选集》，为此还托人在上海买了苏联新出版的高尔基著作，但因为太平洋战争的爆发而搁浅了。还有茅盾在《大众生活》上连载的《腐蚀》，抗战胜利后生活书店才得以推出了单行本。

在刊物的发行工作上，徐伯昕采取了分散总经售的方法，《大众生活》由时代书店总经售，《笔谈》由星群书店总经售，《文艺阵地》和《国讯》由光夏书店总经售，《抗战以来》单行本由《华商报》出版部自行发售。这样一来，可避免出事后互相株连。在香港期间，徐伯昕经常与两位在港共产党员商量革命出版对策，其一是胡绳，时任《大众生活》编委，也是徐伯昕在生活书店的同人，另一位则是廖承志，他在香港创办了《华商报》。

徐伯昕和书店同人们到香港之后，经济十分拮据，劫后仅有的一点资金，都投入到出版事业上去了。在香港需要港币，但接连几个月都一直没有港币收入，生活书店无法给大家开支，邹韬奋不得不预支范长江任主编的《华商报》的稿费，维持家庭开支。总管理处没有钱租房子办公，大家只能分散办公。在店外工作的同人，发了薪水就交给总店，作为大家的共同的日常开支。①

食宿方面更加艰苦，徐伯昕和生活书店的同人们一起住设备简陋的集体宿舍。男同事住大通间，用木棍支起帆布床，像沙丁鱼一样并排；女同事住过道隔开的小间。大家一起吃简单的饮食。

这个艰苦但安稳的避风港，很快就被打破了。12月8日，清晨七点钟，香港上空传来飞机的轰鸣，紧接着就是爆炸声，防空警报发出凄厉的长鸣。日本不仅进攻了香港，还对珍珠港进行了突然袭击，同时向南洋多国进攻，挑起太平洋战争。

12月25日圣诞节，港督挂出白旗，香港沦陷。在日军的暴行下，香港沦为人间地狱。

1942年1月上旬，八路军驻港办事处机要人员潘柱几经周折找

---

① 胡耐秋：《韬奋的流亡生活》，生活·读书·新知三联书店1979年版，第73页。

到了徐伯昕、张友渔。联络上之后，徐伯昕提供了生活、读书、新知三店留港职工名单，并不顾危险，冒险外出寻找邹韬奋、胡绳及一些文化界人士。最后，潘柱在铜锣湾的一个贫民窟中找到了邹韬奋。徐伯昕和廖承志等人一起帮助大家陆续撤离香港。

在香港陷落后，徐伯昕与胡耐秋结为患难伴侣。胡耐秋（1907—2003），江苏丹阳人，她身材高大，外容健壮。书店同人1940年对胡耐秋的描述是，她一丝不苟，忠于职业，在汉口时为了《全民抗战》经常深夜跑印刷所。她生性不爱名，不图利，所以这样东奔西跑，仅仅是为了追求光明，在适合的环境中贡献力量。她喜欢研究政治及经济，爱好艺术，会唱京剧和昆曲。胡耐秋1925年至1928年在江苏省扬州、丹阳、南京等地从事小学教育工作；1930年在江苏省立教育学院毕业后在无锡、广西、北平等地从事社会教育工作；1936年9月到上海参加抗日救亡运动，是上海市各界妇女救国联合会所属女教师会五人小组成员、《现世界》半月刊编辑；1937年4月进入生活书店任书店编辑部秘书、《抗战》三日刊及《全民抗战》周刊助理编辑，书店总管理处编审委员会秘书、编校科科长；1939年任书店总管理处人事委员会委员；1940年任临时管理委员会委员，《妇女生活》出版社社长；1940年9月加入中国共产党。新中国成立后，她长期在全国妇联工作，历任宣传教育部副部长、《中国妇女》杂志社副社长、国际宣传部部长，全国妇联书记处书记；1958年任全国科协第一届全国委员会委员；是第一、二、三、五、六届全国人大代表；著有《韬奋的流亡生活》、《克拉拉·蔡特金》等书。胡耐秋未生养儿女，新中国成立后与徐伯昕共同生活在两间屋的小院中，俭朴度日。

1941年，徐伯昕的原配夫人周雨青带着小女儿一同来到香港，很快又返回常州，打算把留在常州的另外三个孩子一块接到香港。到常州后，却发现次子徐敏染上了肺病，每天发烧不止，没办法，周雨青就只能留下来给儿子治病，带着四个儿女在常州生活，与徐伯昕分开了。后来，周雨青与儿女一起，在家乡湖塘镇为共产党建立了地下联络站。

香港沦陷，上海租界沦陷，兄弟图书杂志公司被查封，生活书店这两处的出版工作再次被迫停止。总管理处的工作也无法继续了。

1942年1月，徐伯昕与胡耐秋带领三店部分职工由香港撤至东江游击区，与先期到达的邹韬奋、茅盾等人会合。此时生活书店的同人们已经利用各种社会关系散落隐蔽下来，国统区的进步出版事业都遭到了大规模的破坏，海外出版工作一时也难以开展，复建生活书店困难重重。他们共同研究了生活书店在国统区出版机构的布局，以及生活书店今后的工作计划，决定由徐伯昕回重庆向中共汇报情况。

在特务机关的搜捕威胁下，徐伯昕在4、5月先到桂林隐蔽，7月，辗转抵达重庆。此行之中，徐伯昕怀着一个愿望，希望能加入中国共产党，并到苏区工作。这一方面是在东江游击区的两个月中受到了强烈感染，一方面是受到了伴侣胡耐秋的影响，此时她已是共产党员了。另外，在东江时他见到张友渔，张也表示欢迎他去解放区。

到了重庆，徐伯昕先与徐冰取得了联系。徐冰（1903—1972），河北南宫人，1923年赴德国留学，1924年在柏林加入中国共产党。回国后，他在北平从事地下党工作期间曾编辑过《世界论坛》、《中外论坛》等进步刊物。抗日战争爆发后，任中共中央党报委员会秘书长、解放社编辑，参与编辑《解放》周刊、《新中华报》，与成仿吾等合译过《共产党宣言》、《哥达纲领批判》等马克思主义经典著作。他

1939 年到重庆，任中共中央南方局文化宣传委员会秘书兼文化组组长，是周恩来在统战工作方面的得力助手。新中国成立后，他曾担任过中共中央统战部部长、第四届全国政协副主席等职务。

徐冰对于徐伯昕接受中国共产党领导起到了重要作用，皖南事变前，徐伯昕就曾向徐冰表达过加入中国共产党的志愿，在后来的革命工作中，徐冰也对徐伯昕有不少帮助。

五、余烬中再燃希望，按周恩来指示建立出版三条战线

1942 年 8 月 10 日，在重庆，周恩来约见徐伯昕谈话，徐冰也在座。徐伯昕向周恩来汇报了生活书店在国统区的布局、干部配备和工作发展情况，请示发展方针，还谈及了邹韬奋的去向问题。此时国民党已经密令特务机关严密监视和搜寻他的行踪，邹韬奋只得在中共地方党组织的帮助下，在广东梅县乡间隐居。

在这次谈话中，徐伯昕表达了自己想去苏北抗日根据地的愿望，还提出了入党要求。

周恩来赞扬了邹韬奋、徐伯昕和生活书店同人在万分艰难的情况下，为革命出版事业做出的努力，并对徐伯昕的问题逐一作了解答。他指示由书店负责派人护送邹韬奋去苏北根据地。对于出版工作，周恩来指示："在投资合营和化名自营的出版机构中，务必要区分一、二、三条战线，以利于战斗，免于遭受更严重的损失。"[1]

---

[1] 中共中央文献研究室编：《周恩来年谱》，中央文献出版社、人民出版社 1989 年版，第 538 页。

对于徐伯昕的入党要求，周恩来说："我们早就把你当自己的人了，书店还要继续办，把书店工作部署好后，可到苏北去履行入党手续，我可以当你的入党介绍人。"他还嘱咐徐伯昕沿途对出版发行工作进行调查了解。

谈话结束后，周恩来亲自坐车送徐伯昕回民生路寓所。六年以前，徐伯昕开始在心中勾勒生活书店出版发行的蓝图，如今，这幅蓝图已经在战争和政治的烈焰中燃尽，在他人生最失意彷徨的时刻，周恩来的谈话再次唤起他的希望，为他指明了奋斗方向，一扫他香港沦陷后茫然郁闷的心情。在多年后的回忆中，他写道：

"我终身难忘 1942 年 8 月 10 日的夜晚，我感受到巨大的力量，信心百倍地紧跟着党努力工作。"①

周恩来指示的三条战线工作原则是指：第一线是在政治上冲锋陷阵，准备牺牲的；第二线则偏重于出版理论性书籍，和现实抵触较少，作为第一线的退路；第三线以出版工具、技术或者历史、中外文学书籍为主，采取稳重隐蔽的做法，以便保持力量。这些原则在当时以及解放战争时期，成为党领导下的沦陷区、国统区出版机构共同遵守的原则。

在重庆的短暂时间里，徐伯昕落实周恩来的指示精神，成立了生活书店在渝工作人员的核心小组，成员有诸度凝、薛迪畅、孙洁人、方学武、仲秋元，并将已办机构按一、二、三线安排的原则逐一排了队。徐伯昕还给书店工作人员讲述了书店与国民党斗争的经历，并委托沈钧儒约生活书店在合作单位的同志共同研究了工作。

---

① 徐伯昕：《历史回忆片段》手稿，1969 年 1 月。

8月下旬，徐伯昕回到桂林安排工作。他首先派书店干部冯舒之去广东梅县，负责护送邹韬奋去苏北根据地。邹韬奋由梅县经沦陷区前往苏北根据地，9月抵达。徐伯昕同时建立了桂林工作人员核心小组，由邵公文、程浩飞、陈正为组成。他还加强了学艺出版社的工作，建立了建华印刷厂，设立了经营纸张运输的光华行。

此时，国统区的进步出版事业又有了新的生机，这同政治形势的变化密切相关。太平洋战争爆发后，美、英、苏和中国站在一条战线上了，1942年1月1日，二十六国在华盛顿发表了《联合国家宣言》，反法西斯联盟正式形成。国共关系也出现了一些缓和，如《新华日报》恢复出版，每天增出的各种副刊，为进步舆论提供了广阔的园地。

进步出版的内容力量也复而增强。1942年春夏间，太平洋战争后从香港脱险的进步人士陆续返回，重庆的进步文化力量增强了。以郭沫若主编的大型杂志《中原》创刊为标志，一批出版新文艺作品的出版社如五十年代出版社、作家书屋、文学书店、群益出版社、中外出版社等纷纷成立，新开的书店也日渐增多。值此进步出版事业开始出现复苏的机遇，重庆生活书店亦从退守、坚持的状态，转向积极地恢复业务。此期间，徐伯昕的主要工作包括以下几个方面：

一是成立新出版社，恢复出版业务。

皖南事变后的一个短时期内，重庆生活书店坚持开门营业，但因总管理处撤走，没有印新书。太平洋战争爆发，留渝生活同人抓住机遇，除增印重版书外，还建立了两个新出版社出版新书，连同以前建立的合营机构，1942年开始，用了生活书店、文林出版社、峨嵋出版社、国讯书店、立信会计图书用品社五家出版社名义出书。

其中，用生活书店名义出版的是重版书。创办文林出版社是在中共南方局文委的组织下，于 1942 年初由生活书店、读书出版社、新知书店合出一半资金，南方局出另一半资金创办，翻译出版介绍苏联抗战文艺作品。文林出版社工作了一年八个月，出了二十多种书。1943 年秋，因经理方学武调桂林工作，该社业务并入生活书店。峨嵋出版社由鲁迅先生纪念委员会负责人之一的沈钧儒先生委托生活书店派员经营，出版鲁迅著作。该社作为生活书店的二线机构，由生活书店派仲秋元为经理。从 1942 年 5 月至抗战胜利的三年多时间共出版了鲁迅原著及研究著作二十多种。国讯书店 1942 年由国讯书刊代办部改办，用生活书店出版物的纸型出版图书，先后出版了蒋震华著的《太平洋的军事地理》等。立信会计图书用品社由徐伯昕和潘序伦共同创办，出版会计、簿记、金融、财政等方面的图书。

二是按一、二、三线原则部属内地工作。

遵照周恩来的指示，徐伯昕重新明确了重庆、桂林两个地区各个机构的任务。重庆分店是第一战线，它的任务是坚持营业，积极扩大发行业务，陆续出版生活书店的重版书。第二战线，是文林出版社和峨嵋出版社。桂林地区的七个自营、合营机构，都属于二、三战线。

三是配合民主运动新高潮，加强新出版物的供应。

自 1943 年秋天起，国际反法西斯战争形势发生好转，中国的抗日战场也开始捷报频传。国内各民主党派及各界进步人士，纷纷组织团体创办刊物，提出各种民主自由的要求。

在这样的形势下，徐伯昕看到，生活书店再一次迎来了发展的机遇，需要借机推动国统区的进步出版事业，配合《新华日报》和《群众》周刊的宣传活动，及时出版进步读物。但是，自生活书店的总管理处撤离重庆，重庆已没有编辑部，韬奋又患了重病，徐伯昕为缺乏编辑力量而发愁。中共南方局介绍了文委秘书长张友渔到生活书店担任总编辑职务，同时负责领导书店内部的中共组织。

张友渔（1898—1992），毕业于北京法政大学，曾担任太原《并州新报》、北京《世界日报》、上海《申报》和汉口《中山日报》等多家报刊的驻京记者或特约撰稿人。他1927年加入中国共产党，1939年春到重庆，以左翼文化人的身份进行民主宪政工作；主持过香港《华商报》，是《全民抗战》和《大众生活》的主要撰稿人和生活书店的亲密合作者。香港沦陷后，他回到桂林，继续从事党的文化工作和统战工作，协助生活书店的编辑工作。1943年夏，张友渔回到重庆，正式出任生活书店总编辑，直到抗战胜利公开身份。

1943年秋到1944年夏，因为邹韬奋的病重和去世，徐伯昕经历了人生最为悲痛的时刻，书店失去了"灵魂"，幸而有张友渔的加入，为徐伯昕的出版事业注入了新的精神内容。这一年来，徐伯昕和张友渔形成了新的工作搭档，生活书店有了新的发展。

首先，张友渔广泛开展组稿活动，每隔一两个月，就以书店或《文艺阵地》社的名义邀请作家、翻译家聚餐，共同交流情况，落实组稿工作。两年多时间，有三十余位作家和翻译家给书店提供了新的稿件，共出版了六十多种书，特别是许多时事政策读物，数量和质量在当时重庆出版业中都表现突出。

其次，出版了一批密切配合当前政治形势和民主运动的读物，如剖析苏德战争形势的《论第二战场》、引导争取民主的《民主与宪政》、分析中国经济财政政策的《战时中国的经济轮廓》等书。

第三，配合当时学术界和青年知识分子对中国历史和社会发展史的研究活动，出版了《中国历史简编》等社科读物，重印了一批外国文艺名著，有《苏联作家七人集》、《铁流》等，新文艺作品有茅盾的《白杨礼赞》等二十多种。

第四，重建桂林业务。太平洋战争爆发后，许多文化人从香港归来集中在桂林。当时桂林成为出版人聚集之地，先后开设的出版社、书店达二百家，印刷厂近百家。生活书店在桂林的业务，也于此时悄悄恢复。徐伯昕撤到桂林后，按照一、二、三线部署的原则，重建以桂林为中心的西南区业务。桂林工作人员核心小组成立，成员为邵公文、程浩飞、陈正为、贺尚华。

到 1943 年 8 月，徐伯昕离开桂林赴苏北时，已建立自营或合营机构 8 个，挂了 10 个牌子，计三户图书社、三户印刷厂、建华印刷厂、学艺出版社、文学出版社、自学书店和新少年出版社、光华行、立信会计图书用品社桂林分社、裕中行衡阳办事处。这 8 个单位，形成了出版、发行、印刷、贸易四行业齐全的组合，成为生活书店在西南区的一个出版发行中心。

其中，三户图书社是生活书店与冯玉祥将军合作，1940 年在桂林开办的，设有出版、发行、门市、印刷厂等部门，实力较强。桂林书店被迫停业后，主要业务即由三户接办。出版了冯玉祥的《我的生活》等 10 种作品，《磁力》等 20 余种新文艺作品，以及《巴尔扎克短篇集》等翻译作品。

1942 年 5 月，三户图书社被特务查抄、封门，虽然经斡旋后启封复业，留桂生活书店同人开始分散经营，从三户抽调人力财力，建立了学艺出版社和文学编辑社。生活书店重版原有在沪出版而内地少见的出版物，为分散当局注意，用了学艺出版社、文学出版社、自学出版社、新少年出版社四个出版社的名义出版。

1944 年 11 月 2 日，桂林陷落，生活书店的三户、学艺、裕中、光华、建华等单位撤往重庆的一路，除人员及少量图书脱险外，大部分存书、纸型、印刷设备全部损于途中。皖南事变后三年半时间重新积累起来的财产又毁于一旦。

撤往桂东的一路，由李伯纪带队，和读书、新知的同志一起撤往桂东昭平，在昭平组建了三家联合的兄弟图书公司，在广西贺县的八步镇和广东的连县设立了两个兄弟图书公司，受到桂东、粤西地区军民的欢迎。

第五，与新知、读书联合发展。1940 年至 1941 年，徐伯昕按照周恩来指示，派李济安等与新知书店、读书出版社人员共赴晋东南敌后抗日根据地、延安等地建立了华北书店。1941 年春天，徐伯昕继续按照周恩来的指示，决定上海分店与读书出版社、新知书店同去苏北抗日根据地设立分店。上海三家书店成立了筹备小组，由艾寒松、郑易里、王泰雷组成，生活书店派了袁信之，以后又由重庆调去了华青禾，名称定为大众书店，店名亦为徐伯昕亲手所书的"生活体"。大众书店的任务是从上海运去关于马列主义和苏联文学等的书籍，源源不断地供应苏北部队和人民的需要。运输工作十分复杂和艰难，每次运输都要缜密筹划。一年多时间内多次运输大批书籍，都安全到达了苏北抗日根据地。

1941 年 12 月 8 日太平洋战争爆发，日寇侵入上海租界，"孤岛"随之沦陷。不久，日本宪兵队驰车至兄弟图书公司查抄封门。之后日寇采取怀柔政策，清查书刊后通知可以开门营业，兄弟图书公司不得不缩小范围，与一文具商合作开设新光教育用品社，而后于 1943 年成立"德谦"批发字号，成立新光百货公司，至此上海分店算是保留了这个据点。

"孤岛"沦陷后，留沪生活同人在徐伯昕领导下，分头组织稿件，以备一旦抗战胜利即付印发行。

六、痛失韬奋

1943 年 8 月，徐伯昕安排好内地工作后，按照周恩来的建议，开始了赴苏北的出版调查之旅。他和胡耐秋离开桂林，辗转衡阳、韶关、赣州、建阳到达温州。按照原计划，徐伯昕将去苏北抗日根据地入党，再去延安，到那里和邹韬奋见面。然而，一场突如其来的大难，改变了他们的见面地点。

在温州的徐伯昕，突然接到上海来电，说邹韬奋病重，于是急转宁波赶赴上海。

邹韬奋在苏中和苏北住了三个多月，在这里"目击人民的伟大斗争"，"更看到新中国光明的未来"，因为耳痛难忍无法按计划去延安，就由苏北派人送他回到上海地下党员、书店老职员陈其襄家。邹韬奋不幸确诊为癌症，1943 年 3 月住进上海红十字医院做手术并接受放射治疗。

9 月底，徐伯昕赶到上海，去医院看望邹韬奋，并向他汇报周恩来同志对书店工作的指示及书店在内地的工作情况。在谈话间，邹韬奋突然招呼说："我又要痛了，你不要怕！"他痛得在地板上趴着，眼泪簌簌而落。痛定之后，邹韬奋对徐伯昕说："我的眼泪并不是软弱的表示，也不是悲观。我对任何事情从来不悲观。我只是痛到最最不能忍受的时候，用眼泪来同病痛作斗争。"[1]

看到此情此景，徐伯昕无法再离开去延安，经过陈其襄联络，去函征得周恩来的同意，才留在上海。在上海期间，徐伯昕化名为赵锡庆、徐味冰，东躲西藏，蛰居于徐家汇郊区。在邹韬奋病情较稳定的时候，徐伯昕建议他将从东江到苏北抗日根据地的经历见闻写下来，韬奋欣然接受，在1944年1、2月间写下最后一本著作——《患难余生记》。

在上海期间，徐伯昕一边照顾韬奋，一边对生活书店的据点兄弟图书公司进行工作安排和指导。1943年下半年，徐伯昕同意批准王泰雷、许觉民等将"兄弟图书公司"增资改组为"新光百货公司"，以经营百货、教育用品和发售一些文艺书籍为名，来保存生活书店的纸型、原稿、存书、档案材料等重要物资，联系留沪作家，积极准备抗战胜利后的复业工作。[2]

随着病情的加重，1944年6月2日，邹韬奋叫来徐伯昕，作了一些身后的嘱托，交代身后将其多年来所写的文字整理出版，并希望组织能追认其入党。徐伯昕亲笔记下了他的遗嘱，并将这份遗嘱悉心装订，珍藏了一生。1944年7月24日，邹韬奋在上海逝世。

徐伯昕和同人们一起，秘密操办了邹韬奋的丧事，用"季晋卿"的假名将他入殓。

9月25日至27日，《重庆日报》连续三天刊登了由宋庆龄领衔，

---

①　胡耐秋：《韬奋的流亡生活》，生活·读书·新知三联书店1979年版，第132页。

②　陈吉龙、蔡康唯：《徐伯昕年谱》，载《新文化出版家徐伯昕》，中国文史出版社1994年版，第473页。

徐伯昕、林祖涵、董必武、于右任、邵力子、孙科、冯玉祥、沈钧儒、张澜、陶行知、郭沫若、沈雁冰、夏衍、徐雪寒、黄洛峰等各界代表72人署名发起的《邹韬奋先生追悼大会启事》，公告于10月1日在重庆道门口银社（银行公会礼堂）举行追悼大会。

徐伯昕带着邹韬奋的遗愿去了苏北，又接受党的新任务，秘密返沪。

10月27日至29日，生活书店连续在报上刊登启事三天，征求邹韬奋先生主编的刊物及他的亲笔翰墨。至此，历时一个半月的重庆悼念活动结束。

1926年至1944年，徐伯昕与邹韬奋相识于上海，又永别于上海。十九年来，从筚路蓝缕的艰难奋斗中一路走来，两个人既是出版事业的黄金搭档，也是亲密无间的师生，又是共同走向共产主义的战友，当然，更是家人。

在并肩奋斗的十九年中，徐伯昕与邹韬奋之间的感情，也是生活书店大家庭的一个缩影。

相较于同时期的其他出版机构，邹韬奋和徐伯昕的生活书店，格外有一种大家庭的色彩，一方面，是因为生活书店采取的是合作社制度，后来又采用了民主集中制的原则，通过《店务通讯》这样的内部信息载体，领导者们实现了公开、透明、平等地与全国各地的年轻店员们对话；另一方面，是来源于邹韬奋与徐伯昕相似又互补的人格魅力。

从《生活》周刊到生活书店，邹韬奋和徐伯昕始终身先士卒，以拼命三郎的精神为出版事业而非个人的名利而奋斗，付出了健康的代价。他们的言传身教，又培养出许多年轻的"拼命三郎"。徐伯昕总经理的担子并不好挑，尤其是离开上海之后，既要发展出版事业，又要养活几百名店员。大家的工资不高，一旦遭遇意外，比如病故、牺牲等，书店就积极补助，还会发动职工捐款互助共济，大家踊跃解囊，仅抗战期间，沈粹缜知道的就有十几次。捐款最多的，就是邹韬奋和徐伯昕。生活书店确实有家庭的温暖，邹韬奋病重，徐伯昕和生活书店都尽力照顾他和他的家庭。在徐伯昕的长子罹患重病时，生活书店同人一样给予了竭尽全力的关心和照料。

研究徐伯昕的出版精神，不仅仅要关注他出版家的才干、革命家的胆识，更要去体会他"家长"式的情怀和"领袖"式的责任感。徐伯昕的这种"家长"意识，主要是在武汉期间发展起来的，此前在上海的工作，徐伯昕似乎更多的只是操劳于出版业务。抗战期间，生活书店管理工作的骤增，以及外部的威胁，还有邹韬奋的言传身教，都让长于埋头做事的他，开始更多地去关照同事，爱护同事，工作上赏罚分明，要求严格，生活上则常常和大家谈心聊天，给大家解答恋爱、生活上的问题，成为职工眼中亲切慈爱的当家人，逐渐形成了独特的人格魅力。也正是邹韬奋和徐伯昕的这种人格魅力，才让生活书店的各种内外部力量紧紧凝聚在一起，创造了一个又一个奇迹，并且作为一种独特的出版机构的品格，一直传承下去，成为后来生活·读书·新知三联书店的"店格"中最有生命力的组成部分。

甚至可以说，徐伯昕对于生活书店这个大家族的照顾，占用了他对小家庭的爱。和前妻分别后，周雨青独自抚养了四个孩子。徐伯昕与胡耐秋没有孩子，他们都很忙碌，是革命和事业的伴侣。尤其在1943年到新中国成立前的八年岁月里，他们携手先后在沦陷区、国统区开展地下出版工作，全力应对生活书店面临的惊涛骇浪，无暇顾及自己的小家。

七、民族危亡中的未竟蓝图

邹韬奋的去世，是生活书店自 1938 年逐步陷入困顿以来给徐伯昕最大的打击，也是徐伯昕出版事业的最大损失。如果没有韬奋的引领，出版事业能否对徐伯昕有如此大的吸引，不得而知；徐伯昕能否会有如此大的魄力迎难而上，营建遍布大半个中国的出版事业蓝图，也不得而知。

徐伯昕的这张出版发行网，是迫于形势而急速展开的，可谓先天不足、负重前行，但这张网络对于中国的出版事业、革命事业都作出了不可磨灭的贡献。关于其评价，众多关于生活书店、邹韬奋的著述已论述得非常全面深入，无须赘言。笔者只是想再分析总结一下徐伯昕所遭遇的困境，从这个角度，我们更能发现这位出版经营家的胆识、谋略和牺牲精神。

其一，资金储备不足，出版生产链不完善。

在当时上海乃至全国的出版业中，论规模和实力，商务、中华、世界分别名列一、二、三名，它们实力强大，发行网络和印刷公司早就扩展开来。比如，第二名的中华书局，1937 年在全国各大、中城市和新加坡设有分局约 50 处，分销处 1000 余家，在上海、香港拥有 3 个印刷厂，单以上海新、老两个厂而言，职工近 2000 人。①

---

① 孟国祥：《烽火薪传：抗战时期文化机构大迁移》，商务印书馆 2015 年版，第 465 页。

从上海撤离前夕，作为新秀的生活书店远未具备老牌大社那样的雄厚实力，也没有印刷厂和独立的发行网，这就为日后为成本和运输所困埋下了隐患。其原因与一直被政府限制发展，无法跻身利润丰厚的教科书出版领域，更无法大规模融资扩大再生产有关，书店始终依靠的是徐伯昕量入为出、灵活多变的经营方式，以薄利维持出版规模的扩大。但要不要快速扩张呢？建立发行网的蓝图是徐伯昕负责筹划并发布的，这个最初的想法是来自于谁呢？抗日战争全面爆发，全国交通受阻，徐伯昕预料到生活书店曾经倚重的邮购事业必将受阻，若邮购事业断绝，那生活书店就斩断了手脚。若利用大书局的发行网络，无论从出版风格和获取利润方面都不现实，只能自办发行网络。否则，无论撤离迁移到哪里，都只能沦为一家依靠门市经营的小书店。在迫不得已的情况下，徐伯昕设计出分区域建立出版造货中心的方案，并以这些中心为基本据点，通过扩展支店和办事处，经营局部出版发行网络。

其二，干部储备不足，财务人员奇缺。

如前文所说，徐伯昕多年培养出来的精兵强将都是业务上以一当十的好手，在"生活精神"的浸润下，大家不仅是事业的共同体，也是精神的共同体。所以徐伯昕的全国蓝图一经发布，群情振奋，大家带上微薄的经费，背起行李就走，到了驻地，完全依靠一己之力闯出一条路。一个经理，一个会计，很快就造出一家"生活"特色鲜明的书店，这在当时其他同业看来，简直是不可能完成的任务。但是，随着战局和政治形势的发展，重要据点被拔掉，徐伯昕被迫加快建店的速度，人力渐显不足。尤其是在经济陷入困境后，许多拖家带口的老员工不得不另谋出路。生活书店的大部分成员，是尚无家庭负担的青年，但他们缺乏政治和经营经验，总处也未及开展培训工作。各店所面对的形势各异，需要成熟的负责人对战局、政局、读者阅读需求做出综合的评估。因此，人才的不足，也是多店收缩的重要原因。

专业财会人才尤其不足。当时造货情况复杂，各分支店若没有专业的财务管理能力，不仅会给自身、更会给总部带来问题。孙梦旦在身患重病的情况下，途径长沙、广州时抱病为分店整理账目，以致病重不治，可见财务人力之匮乏。1939年、1940年各店廉价、特销活动此起彼伏，有释放库存、货物供应不足、读者消费水平不足的原因，也有店员盲目热情、对本店和总店财务状况缺乏概念的因素。一些青年店员甚至质疑总管理处提高书价的决策，认为这与本店的文化事业精神相违背。

面对人才困境，徐伯昕和书店管理层所推行的民主集中制原则，以及内外部共产党组织人员的影响，在很大程度上团结了危难之中的人心，防止了极度艰难情况下人员的土崩瓦解。面对不断削减的福利和薪水，大部分职工仍能勠力同心，他们在后来的漫长岁月中，每每回顾这段战斗的青春，无不慷慨激昂，眷恋难忘。

其三，环境急剧恶化，发展屡遭重创。

在战争和政局的双重打击下，徐伯昕布局的重要据点——尤其是营业大店不得不撤退或被查禁关闭，收入低的店难以维系自身生存。各地汇给总处的资金越来越少，徐伯昕手中没钱，也无法给上海、香港资金投入。沪港两店资金链告急，都是顶着压力勉强欠款造货。内地纸价奇高，印刷质量又差，生活书店迫不得已采用低价土纸印书，往往模糊一片，影响了市场声誉。

造货无力，运输也受阻。重要据点陆续被拔掉，徐伯昕无法完全从商业的角度重新修补网络，只能依据战时交通运输的情况勉力机动去联结被割断的"动脉"。商业、民用运输邮路处处断绝，多地只有军队和政府运输还能勉强维持，商务、中华等大书局尚能依靠人脉改用政府和军队的运输线路，并且有自建的印刷厂，还能稍微缓解分店的书荒，这对无法依靠政府和军队运输力量的生活书店各店而言，更是雪上加霜的竞争压力。相比身边的同业，生活书店各店越来越"贫血"。纵是徐伯昕这般的商业奇才，也难以突破政治和战争的困境，他曾经的宏伟蓝图，只能越来越萎缩。

然而，即使如出版的龙头老大商务印书馆，在抗日战争时期也大大萎缩，在 1937 年到 1945 年九年里共出版的 6248 种 9142 册新书中，从 1942 年起的四年，仅出版了 475 种 502 册。[①] 在当时的情况下，我国的出版事业，无一不备受重创，无一不挣扎延命。

周恩来三条战线的指示，彻底重塑了徐伯昕的事业。此后，他在桂林、上海、香港等地的出版工作，更像是"游击战"，机动、灵活、高效。因此，自 1941 年以后，徐伯昕的出版事业如他一样"入党"，直接服务于中国共产党的战斗。限于精力与时间，笔者对这一阶段徐伯昕的出版成就的挖掘，还远远不够。

---

① 孟国祥：《烽火薪传：抗战时期文化机构大迁移》，商务印书馆 2015 年版，第398 页。

第六章

红色岁月：接续韬奋的出版事业

　　1944 年夏，徐伯昕通过地下党组织安排，将邹韬奋的长子邹家骅送往苏北抗日根据地，并把邹师母沈粹缜和小女儿一起安排到徐家汇谨记路隐居。安排好这些事情后，在 8 月初的炽热天气中，徐伯昕怀揣着邹韬奋的《遗言纪要》，匆匆踏上了前往苏北的旅程。

　　8 月中旬，徐伯昕将邹韬奋的遗嘱带到苏北，向新四军军部和中共中央华中局报告了邹韬奋逝世的情况，请将其遗嘱转告延安，又将邹韬奋逝世的消息转告给了重庆救国会和文化界。延安为邹韬奋举行了追悼会和著作展览，并追认邹韬奋为中国共产党党员。

　　徐伯昕再次向中共党组织提出了入党要求，遂由钱俊瑞同志介绍，加入了中国共产党。

此时，地下党接到周恩来的指示，要徐伯昕留在上海开展工作，这主要是因为党组织考虑到他在上海有着广泛的社会联系。在党组织的安排下，徐伯昕由苏北秘密返回上海，开始了他隐姓埋名的革命出版活动，后来又撤退至香港创办了生活书店，继而参加了共产党对国统区出版机构的接收，为新中国出版事业的发展奠定了基础。

一、在上海的地下出版活动

当邹韬奋——这个生活书店的精神领袖过早地离开之后，徐伯昕发扬他的这种精神，按照他的遗愿，从为生活书店的出版事业奋斗，转向了以生活书店为共产主义事业而奋斗。他开始了第二次"创业"，在抗战刚刚结束的上海，迅速建起了一个集印刷、编辑、书店、期刊为一体的小型"出版集团"，甚至还有韬奋图书馆的筹备处。

邹韬奋逝世时，生活书店在上海的化身新光百货公司的同事们忍不住同声痛悼。据消息说，日本宪兵队可能获悉此事，要展开追查。为了避免暴露，徐伯昕决定结束新光百货公司，盘出店铺，人员全部疏散隐蔽。但新光百货公司还有生活书店之外的投资人、副经理谢开夏，谢开夏不同意关闭，要单独搞下去，徐伯昕亲自出面和谢开夏商谈，诚恳而坚决地晓以利害，谢开夏只好同意了。①

在日伪的统治下，开展文化出版工作太难了。徐伯昕考虑先开办一个印刷厂，表面承担一些无关紧要的印刷工作，实际上却是为生

---

① 王太雷：《伯昕同志在上海的出版工作活动》，载《新文化出版家徐伯昕》，中国文史出版社 1994 年版，第 320—321 页。

活书店的复业做准备。接下来，徐伯昕又开始施展其商业才华，利用在上海的社会关系，采用入股的办法，与陈其襄接盘了"美生印刷厂"的全部资产，将其改组为"通惠印书馆"股份有限公司，安排了书店人员中的一部分，并帮助其他老同事利用各种职业作掩护，团结在他周围，在这里开始了新的出版工作。

利用通惠印书馆这个新平台，徐伯昕开展了党组织所交代的文化出版任务。首先，他开始向郑振铎、傅雷、罗稷南、董秋斯等留在上海的进步作家、翻译家们约稿。他在募集资金时告诉实业家和银行家，这些进步文化人很有民族气节，宁肯饿死，不当汉奸，不为敌伪的书刊写一个字，应当设法帮助他们。他开始策划一个以"为群众谋福利"为宗旨的组织，名为"利群公司"，开展支援进步文化人的工作。

为了筹集"利群公司"的资金，徐伯昕访问了当时新华商业储蓄银行经理孙瑞璜、浙江兴业银行总经理项叔翔、爱国工商业者姚惠泉和会计师李文杰等，募集资金，并通过地下党员张锡荣、张又新、陈其襄结识了利华保险公司总经理王丰年和钱庄经理包述传，募得了一部分资金。当时，陈其襄、张锡荣、顾翼然、张又新等同志拿了一笔原来准备筹办韬奋图书馆的准备金，供利群公司运营。但因为时局有变，利群公司没能办成，大家就集股办了一个"通惠印书馆"，作为生活书店在沦陷地区的附属企业。

徐伯昕征到稿件后，并不打算出版，而是储存起来等"天亮"以后再出书。这种先付稿酬的做法，帮助了不少困难的作家，比如翻译家罗稷南（1898—1971），1945年他冒着生命危险翻译了《马克思传》，他当时生活很清苦，得到稿酬后颇为感动。

1945年，抗战曙光初现，徐伯昕开始筹划生活书店在上海的复店，他储存了许多纸型与稿件，其中多数是上文提到的郑振铎、傅雷等人的译稿。这些宝贵财产分藏在各处，最多的一处是存放在一个"济公坛"里。日军战败前，日本在乡军人会等团体鼓噪"宁为玉碎"、"焦土抵抗"等口号。书店的这些财产可能遭到战火的殃及，徐伯昕又指示有关人员将上海的纸型集中，打了二十大包，秘密运至书店同事王仿子的家乡——离沪百余里的青浦县金泽镇，租下两间屋子，一间放纸型，一间供留守人居住。转移过程中，他雇了木船，将纸型装箱放到船舱底，上面堆满行李箱包，让女眷孩子坐在上面，作逃难的样子，几天内完成了转移工作。

随着日军在战场上节节失利，徐伯昕开始作人力资源的考虑。他悄悄租了一间屋子，把许觉民、王仿子、王泰雷、胡耐秋、毕青等聚集在一起，商量复业计划，研究出了一个能够联系得上、立即开动出版工作的干部名单，并且着手制订出版计划。

二、复建生活书店，为三联奠基

1945 年 8 月 15 日，日本宣布投降，长达十四年的抗战终于结束了！

徐伯昕复建上海生活书店的机会也来了——日军投降，美军未到，国民党还远在四川，在出版监管方面，上海出现了一个真空时期。机不可失，徐伯昕迅速筹措资金、找门面，地下党也在此时找到徐伯昕，推进要快速占领门市阵地的出版发行工作指示，并经具有传奇色彩的地下共产党员、"黄浦江潜龙"张执一之手，资助了徐伯昕十根金条共一百两黄金。有这些经费垫底，徐伯昕在短短一年内，就初步恢复了生活书店在上海的编辑、出版、发行工作，而且以生活书店为核心和纽带，又一次落实了周恩来关于三条战线的革命出版思想。

其一，复建生活书店，建立上海文化中心。

徐伯昕用三根金条在吕班路 6 号（现为重庆南路）路口租下一家双开间的铺面，打出生活书店的招牌。10 月 10 日，上海生活书店就正式恢复营业，加紧出版了一批新书和重版书，还从外地运来了一批出版物，成为上海抗战胜利后最早出现的一个革命文化机构。徐伯昕实现了韬奋临终重建生活书店的愿望。

开业时，徐伯昕亲手写下的"读者之家"四字贴在一进书店的气窗上。开张的上午，因为事先没有做广告宣传，进门的读者还不多；下午，读者奔走相告，3 时许已经人满为患，摩肩接踵，流连不去。一下午书架上的书竟售出十之四五，大家不得不连夜再运来一批书，一直干到深夜。

生活书店日日读者云集。此时抗战刚刚胜利，国民党的接收大员忙于接受日伪资产，城市文化建设仍然荒芜着，生活书店作为一家上海的老牌出版社，再次出现在街头，让市民们更加能体会到抗战胜利、失而复得的喜悦。①

书店里的《延安归来》、《腐蚀》、邹韬奋的《经历》、《马克思传》等等书籍，上柜即被抢购一空。接下来，在徐伯昕的谋划下，《民主》、《周报》、《文萃》、《文艺复兴》等进步刊物相继出版，《联合日报》、《时代日报》、《文汇报》先后出版，重庆的土纸本书籍也大量运送过来。短短几个月，生活书店已经成为了一个文化出版中心。

---

① 徐虹：《出版家没有出版的一本"书"》，载仲江、吉晓蓉主编：《爱书的前辈们——老三联后人回忆录》，生活·读书·新知三联书店 2015 年版，第 104 页。

很快，国民党政府开始接管上海，常有特务混在读者中到店里监视，并时有流氓打手来店威胁。抗战期间生活书店遭受的摧残余痛犹在。徐伯昕牢记周恩来三条工作路线的指示，生活书店不暴露政治面貌，采取比较温和的态度，主要以传播进步期刊为主，对于《论联合政府》等共产党读物或观点尖锐的言论著作，采取不公开陈列发售的方式，尽量避免事端，站稳脚跟。

在上海期间，徐伯昕与新知、读书两家进步出版机构的负责人密切联系，奠定了日后在香港合并的基础。在党的指示下，这三家一直并肩奋斗的出版机构，已经开始了合并的步伐。1945 年 10 月 22 日，生活书店、读书出版社、新知书店在重庆的三家分店召开三店全体会议，宣布自 11 月 1 日起正式合并，组成三联重庆分店。同日，在三店内部公布了《生、读、新为合组重庆三联分店告同人书》，公布了经三店总管理处批准的《重庆生、读、新三店关于合组三联分店之决议》，决议确定合并后的店名为：生活书店、读书出版社、新知书店联合分店，简称重庆三联分店。在最后，《告同人书》说："这种合并，不是结束，而是团结"，"不是衰老，而是新生"，"不是缩小，而是发展"，"同人们，在团结、前进、新生、发展的道路上，我们应该保持三店的优良传统，为争取三联的巩固和发展，为争取事业的胜利成功而奋斗！"

对于上海的三家书店，党组织指示，在上海的出版发行工作，仍以三店暂时分散、各自作战为宜，要尽可能占领门市阵地；副业机构则可逐步合并统一经营。徐伯昕和读书出版社的黄洛峰、新知书店的沈静芷经常碰面商议，共同建立了全国新出版业统一战线的物资货源大本营，并援用三家书店在重庆联合的办法，在烟台、大连等解放区开办了三家合办的光华书店，在北平合办了朝华书店，在广州办起了兄弟图书公司等。

三店在上海展开合作，已是三店发展的大势所趋，是进步出版事业的大势所趋，也是中国民主事业前进的大势所趋。1946 年 6 月，内战全面展开之后，徐伯昕与黄洛峰、沈静芷对当前的工作，又及时研究对策，作了如下安排：一、继续做好上海新出版业的统一战线工作；二、三线书店各自大量出版新书；三、大力开展解放区的出版发行工作；四、继续发挥副业的作用。

徐伯昕与黄洛峰、沈静芷组成了三联总管理处，推定黄洛峰为总经理来负责处理有关三联的事务，请万国钧（读书出版社）协助，调刘耀新（读书出版社）等数人组成一个小型办事机构，负责为各分店供应货源，协助处理具体事务。这个机构，到国统区内的分店大部分被封或停业后才结束。

徐伯昕还与另外两家书店一起，联合办了一个海上贸易机构，往来于上海与山东、大连的解放区之间。起初是专运书籍，将解放区急需的书刊陆续运去，然后运回土产如虾米、药材等。后来还根据解放区的需要，冒着随时被国民党海关缉拿的危险，运送油墨、印刷机、钞票纸之类，以后又扩展到西药、五金、军用电线这类物资。

其二，日出一书，占领精神阵地。

这段时期，徐伯昕不仅在书店的经营方面运筹帷幄，还精心指导了出版编辑发行的具体工作，通过这些工作，我们可以看到这位出版家对于图书选题的敏锐，以及在装帧设计方面的多才多艺，尤其是对美术的执着爱好。

1946 年初，傅雷把他翻译的《约翰·克里斯朵夫》《贝多芬传》、《高老头》、《亚尔培·萨伐龙》等几部稿子一齐交给生活书店出版，并且提出《贝多芬传》要排四号字，文中夹排双行新五号字的注释。生活书店只找到一个小排版公司能承担这样的排版任务，因为字架子不够，缺字又要零买，所以每天只能排出十六面初校样，影响了出版速度。因为负责这项工作的王仿子未能解释清楚，傅雷很生气，写信给徐伯昕。徐伯昕接到信后没有责备，而是用一贯的轻声细语跟王仿子谈了傅雷的认真态度，以及书店和作家的关系。话只有几句，而恳切的言词，慈祥的态度，却使王仿子终生不忘。

为了以最少的钱出尽可能多的书，徐伯昕想尽办法加快资金周转、降低成本。他重印傅雷的旧译《约翰·克里斯朵夫》时，因为多达四卷，编印工作量大而排校力量不足，成本高而经费有限，他就先用商务印书馆的旧纸型印了一版，竟让四大卷书提前了几个月出版，降低了成本，加速了资金周转。此时国内的出版业复苏艰难，1946年，全国出版图书仅有1461种，尚不及战时1943年的4408种的一半。[1]

在出版装帧方面，徐伯昕花费了不少心思。在出版《约翰·克里斯朵夫》、《高老头》、《亚尔培·萨伐龙》等图书时，徐伯昕请中国民主促进会的创办人、书法家马叙伦先生写了书名题签，放在封面的正中，印蓝黑色或红黑色，再配上朱红的印，简单别致，庄重典雅。若是请美术家设计图书封面，徐伯昕也要提出意见，亲自审定。骆驼书店创立时，徐伯昕叫下属到望平街刻两方印章。一个方形，刻"骆驼书店"四字；一个长方形，刻"骆驼版"三字，并指定要刻钟鼎文。前者用在封面上，后者用在书脊上，成为书店的独特标志。[2]

---

① 王余光、吴永贵：《中国出版通史·民国卷》，中国书籍出版社2008年版，第146页。
② 王仿子：《我的良师益友》，载《怀念出版家徐伯昕》，书海出版社1988年版，第65—67页。

　　徐伯昕在承担一个共产党员职责的同时，接续了韬奋的社会事务重任，他此时身兼数职，要参加筹划各类重要的社会活动，比如民主促进会，组织反内战、反饥饿的十万人大游行等，每一项工作他都全力以赴，但这没让他放松书店的工作。如此一来，他必须不分日夜地工作，在大家下班的时候，他还埋头伏案。与此同时，徐伯昕也一直关注着国民党的动向，做好应对内战的准备，因此，他一边巩固生活书店在上海的事业，一边分批派遣干部到胶东解放区、到大连等地建立书店和印刷厂。

　　其三，布局上海三条战线。

　　徐伯昕建立第一战线是华夏书店，负责在前冲锋陷阵，随时做好牺牲准备。在抗战胜利前夜，徐伯昕就和大家商量印刷一些毛泽东著作，如《论联合政府》，为党的政策争取舆论支持，这件秘密工作交给许觉民去处理。许觉民找到一家从未联系过的小印刷厂，拿掉《论联合政府》的书店名和作者名，只留正文排版印刷，不留联系地址，等印好去拿。等到日本投降，《论联合政府》也看完了校样，打了纸型。但为谨慎起见，徐伯昕没有同意出版。等到冬天，徐伯昕终于找到了机会，建立了这家专门出版发行宣传共产主义的一线出版机构。

　　他找到了一个合作伙伴，名为韩近庸。韩近庸本来是共产党员，在一次事故中与党组织失去了联系，因为找不到证明人，没能回到组织里来，他对出版毛泽东的著作热情度很高。于是，韩近庸在住所楼下开了一家小小的华夏书店，华夏的名字是徐伯昕所起。开业后，华夏书店主要负责图书的印刷发行工作，书籍的选择均由生活书店决定，联络人是生活书店的甲方代表许觉民。

华夏书店不仅出版了《论联合政府》一书，还以拂晓社、丘引社、燕赵社、中国出版社等名义出版了《新民主主义论》、《论文艺问题》（即《在延安文艺座谈会上的讲话》）、《整顿三风》、《论共产党员的修养》等国民党眼中的"禁书"，还有《光荣归于民主》、《苏北真相》、《北行漫记》等介绍解放区的书籍。文艺读物有《随军散记》、《腐蚀》、《白求恩大夫》、《李有才板话》等。这些书籍遭到国民党一一查禁，但华夏书店更换了出版社名字再出，书的发行渠道是报摊，以及关系熟悉的发行单位。国民党不仅多次派人查抄书店，没收图书，还深夜驱车去逮捕韩近庸，幸而他翻出房顶躲过一劫。1947年，这个战斗在第一战线的书店被勒令停业。

随着生活书店业务的扩张，徐伯昕正式恢复了编辑部门。他在迈尔西爱路（今茂名南路）余庆里租下了一幢独门独户的楼房，作为编辑、出版、财务、文书的工作场所，徐伯昕也在这里办公。不久，共产党派来胡绳主持书店的编辑工作，同时担任店内党的领导人，生活书店的出版能力大大增强了。在这里的工作人员还有沈志远、戈宝权、薛迪昌、史枚等。

徐伯昕趁着国民党"接收大员"忙着接受敌伪资产，无暇顾及书报检查的时机，按照周恩来的先前指示，逐步调整上海各书店布局，一线除了华夏书店外，又建立了《民主》周刊社。

比较隐蔽的二线出版机构有以出版鲁迅著作和一般文艺读物为主的峨嵋出版社，还有出版介绍基本知识、承接《青年自学丛书》传统的士林书店。

保存力量的第三线出版机构最早建立的是骆驼书店，聘请了楼适夷做顾问，出版了傅雷的一系列译著。出版的读物不少都是首次翻译出版的名著，颇受读书群体的关注和欢迎。

其次是致用书店，出版经济学方面的书籍如《新货币学》、《经济新闻读法》等，以及一些使用技术的读物，后来还承担了出版物运输工作。

此外，还有两个三线的发行机构，一个是新生图书公司，专营邮购书刊业务，服务外地读者代办代订全国出版的书刊，另一个是与王造时合办的自由出版社，以门市经营为主要业务。

1946年底，南国出版社成立，该出版社原来是国民党一个小军官创办的，徐伯昕利用这个出版力量，请楼适夷任主编，派生活书店的陈云才任经理，出版了《沫若译诗集》，马叙伦的《石屋余渖》，骆宾基的《萧红传》、《丁香花下》，傅雷译的法国小说《牺牲》等多种优秀进步书籍。

1946年杨明（胡耐秋化名）出版《韬奋先生的流亡生活》时，徐伯昕成立了生活书店的又一副牌韬奋出版社，1946年5月，再以韬奋出版社名义出版了邹韬奋的遗著《患难余生记》，后来又出版了《对反民主的抗争》，该文集收录了邹韬奋1941年发表在香港《华商报》上的27篇文章。

1946年5月15日，徐伯昕协助经济学家沈志远，将原在重庆出版的《理论与现实》杂志在上海复刊。

1946年7月7日，在上海华府二楼，徐伯昕召开了生活书店理、人、监委员会联席会议。在会上，徐伯昕报告了当年2月18日举行的一次商讨书店过去工作及今后方针的谈话会情况，并汇报了书店八年的经历和办理清算资产的经过。会上，徐伯昕建议将全部资产估为五万多元，捐作韬奋图书馆的基金。

建一个图书馆是邹韬奋的遗愿。1944 年 10 月 11 日，周恩来、吴玉章、博古、邓颖超等十三位中共领导人在延安发起了筹建韬奋图书馆的建议。在征得沈粹缜同意后，徐伯昕等开始正式筹划建立韬奋图书馆，并由胡耐秋报告了筹建韬奋图书馆的经过，准备募捐的缘起，征求签名等。此后，建立韬奋图书馆，一直成为徐伯昕及三联人的夙愿。

徐伯昕积极组织和团结中小书店和出版社开展同业的统战工作，成立了上海新出版业联谊会、上海杂志界联谊会，提出"发行统一，出版分工"的主旨。在上海书业公会改组中，在徐伯昕的力推和运作之下，进步书店在理事会获十分之四名额，常务理事中占五分之一席位。此后，徐伯昕还推动上海书业公会派人去南京国民政府请愿，免除书业营业税，为新进入出版业的中小同业争取到百分之二十的平价外汇白报纸配额等利益。

其四，创办《民主》周刊，建舆论阵地。

抗战结束的初期，出版也迎来了一个相对宽松的时期。在各界共同努力下，国民党政府于 1945 年 9 月 30 日公布了《废除出版检查制度办法》，1946 年 3 月又宣布取消收复区新闻检查，出版界随即出现了一个报刊创办、复兴的小高潮。

到上海之后，徐伯昕仍然采取积极创办期刊的方式推进出版工作，其中最重要的任务，就是为《生活》周刊复刊。日军投降后，许多文化名人又回归了上海，稿源不成问题。他即请郑振铎当主编，为了便于向国民党政府登记，不再用《生活》的旧名，改用《民主》为周刊的刊名。在上海秘密工作期间，徐伯昕一直采用的是化名，所以他不能再像以前那样担任刊物的发行人了，为此，在 1945 年 9、10 月，徐伯昕委托张锡荣找利华保险公司总经理王丰年商谈，请他担任筹备中的《民主》周刊发行人。发行人是周刊的对外代表人，要负法律责任，对外发生什么事，或警察局找上门来，都要负责应付。王丰年慨然应允。

《民主》周刊的刊头采用了邹韬奋的手迹，同时邀请马叙伦、周建人、许广平、董秋斯、罗稷南为编委。主要编辑人员先后由蒋天佐、郑森禹、艾寒松等担任，出版工作先委托给张锡荣，后由方学武等参与其事。

王丰年积极协助徐伯昕工作，还为《民主》周刊筹集资金，办理登记手续和解决办公用房问题。后来，王丰年也因该周刊而上了国民党地方警察局共产党嫌疑分子的名单。徐伯昕知道后，约他到沈粹缜家面谈，鼓励王丰年不要害怕，他不是共产党，国民党奈何不得，就是捉进去了，共产党也会设法营救。

一切筹备就绪后，由郑振铎向上海的文化人士宣布《民主》周刊即将出版的消息，沈钧儒、沙千里、史良、闵刚侯四位名律师担任常年法律顾问。1945 年 10 月 13 日，《民主》周刊创刊了，地址就设在徐伯昕所办的通惠印书馆，但周刊的出版发行、编辑任务都是与生活书店分开独立的。这样，作为出版第一战线的《民主》，再遇到当局非难，就不会株连到生活书店了。

期刊成立后，徐伯昕没有直接参与编撰发行工作，而是通过郑振铎等在编辑委员会上传达党的意图。[1]期间，民进的领导人马叙伦、周建人、许广平、柯灵、李平心、严景耀、傅雷等人，经常在《民

---

① 王丰年：《徐伯昕同志与〈民主〉周刊》，载《怀念出版家徐伯昕》，书海出版社 1988 年版，第 28—31 页。

主》周刊上发表文章，周刊成为了民主界的喉舌。这些人士，很多都是徐伯昕长期的作者和编者，他们进而逐渐酝酿成了一个民主政治组织——中国民主促进会。

在发生"重庆较场口事件"、"南通惨案"、"六二三下关事件"、"李公朴、闻一多被杀事件"时，《民主》都给予了及时报道评论。这种针锋相对，让国民党政府颇为不安，便开始没收报摊上的《民主》周刊，扣留印好的整车刊物，直到最后勒令停刊。

1946年下半年，国共两党战事激烈，文化出版上的交锋也开始白热化。《民主》周刊到1946年10月30日被迫停刊，共出版54期。在一年来的舆论战斗历程中，成为"全中国的每一个省份都有许多人在热烈盼待邮局检查下的脱险者，许多偏僻乡村奇迹般地流传着它的踪迹，许多青年冒着戴大帽子的危险偷偷买了它偷偷阅读，南洋的华侨响应它爱护它，美国的华侨也订阅它，而且把它的文章和漫画在中文期刊上加以转载"①。

10月，与马叙伦、郭沫若、周建人、沈钧儒、茅盾、许广平、柳亚子、史良、巴金等上海文化界知名人士39人，在《民主》周刊上联名发表《我们要求政府切实保障言论自由》。《民主》被封杀之后，徐伯昕及时处理了《民主》善后工作，安排方学武与翦伯赞合作，设立大孚出版公司，让艾寒松、丁之翔接办《新文化》半月刊。

1946年1月4日，徐伯昕在民进第一次理事会第一次会议上，选任出版委员。1945年12月，中国民主建国会在重庆成立，徐伯昕被选为监事。他还被选为中国人民救国会第一届中央执行委员，又参

---

① 徐虹：《徐伯昕》，民进中央会史工作委员会内部资料，2015年7月，第31—33页。

与成立了上海的中国民主促进会。

随着徐伯昕的民主工作越来越多，党指示他投入更多精力推动民主运动。此时生活书店的出版事业布局基本成熟，徐伯昕就将书店的部分经营工作交王泰雷负责。

其五，生意精明，生活艰苦。

书店恢复后，徐伯昕要求以每天出版或重版一本书的速度，大量印行进步书籍，迅速铺开出版工作。但时局不稳，通货膨胀严重，纸张等出版原材料价格上涨惊人，战前各大出版机构资金雄厚、纷纷推出鸿篇巨制的场景已成"天宝遗事"，连抗战期间都不曾向国家贷款的商务印书馆，也过起了向银行贷款的日子。战前的纸张和印刷费用可以赊账，待书卖出去后再还款，战后商业不景气，一切都是现款结算。①徐伯昕似乎又回到了《生活》周刊创建之初那种一穷二白的状况，生活书店在上海仅有的一点资金，远远不能应付当时的局面。王仿子回忆，他每次向徐伯昕说"明天要买纸"时，徐伯昕总是笑嘻嘻地答允去想办法，并叮嘱要付多少天以后的期票（延期兑现的支票）。他没有钱，又不愿意让同事们失去希望，无奈之下，总是印一本书买一本书的纸。因此，徐伯昕不得不常常四处奔走筹钱，向银行贷款。

虽然有地下党给的经费，但徐伯昕从来是公私分明、节衣缩食地生活。他经常要开展社交活动，也须做好门面，便从旧货店买来一件可两面穿的西装，平日里在小面馆一碗面果腹，隐姓埋名住在农舍或亭子间。②一天晚上，徐伯昕参加宴会，恰逢下雨，为了节省开支，

① 王余光、吴永贵：《中国出版通史·民国卷》，中国书籍出版社 2008 年版，第 147 页。

② 徐虹：《出版家没有出版的一本"书"》，载仲江、吉晓蓉主编：《爱书的前辈们——老三联后人回忆录》，生活·读书·新知三联书店 2015 年版，第 103—104 页。

他放弃出租汽车和人力车，乘坐电车前往，两头步行时，他就在西装外套上雨衣，带上雨伞，套上胶鞋，在宴会饭店附近的一家相识的店铺中寄存下雨具，再徒步进入饭店。①

徐伯昕多年来忙于出版和革命工作，对于家庭子女，就无力兼顾了。到香港之前，妻子儿女还能带在身边，和邹韬奋、沈粹缜的家庭一起生活，关系极为融洽；到了香港、上海之后，却心有余而力不足了。

有件值得一提的事情，就是生活书店对徐伯昕长子徐星钊的救治。徐星钊上高中后，也一心想参加革命。1943 年，他千里迢迢到桂林找到父亲要去延安，因病未成行，被安排到生活书店分支机构桂林学艺出版社帮助打包、邮寄、发行；1944 年又到重庆生活书店，做同样的工作，还曾上街售卖国民党禁售的《新华日报》。

1944 年下半年，徐星钊又得了结核性腹膜炎，住了一年的院。他病情严重，骨瘦如柴，几乎送命。1945 年底，因为重病不允许坐轮船，生活书店派董文椿从重庆坐木船护送他到常州，历时两个多月，回到了常州母亲周雨青身边。母亲虽悉心照料，却难挽病势。1946 年，徐星钊腹部的硬块化脓穿孔，周雨青得知徐伯昕在上海，就送儿子到上海看病。儿子住院后不久，徐伯昕就去了苏北。医院里刚刚进口了美国产的专治结核病的特效药链霉素，但价格昂贵，周雨青无力支付。上海生活书店的王泰雷、薛迪畅等表示再难也要想办法，因为数额太大，物价飞涨，只能每天从书店门市营业收入中取一瓶药的钱，第二天卖的书够药钱了再取。注射了三十多瓶链霉素后，

---

① 王益：《无声的教诲》，载《新文化出版家徐伯昕》，中国文史出版社 1994 年版，第 309—310 页。

徐星钊死里逃生。因为这期间的一切医疗费用都是生活书店承担的，徐星钊感激生活书店的救命之恩，发誓要为革命贡献一生。身体恢复后，他通过同学介绍，加入了中国共产党。[1] 据徐虹所知，徐伯昕得知后，便用自己的薪金还款，直到 1954 年，才全部还清。徐伯昕逝世后，在他的遗物中，发现了出版总署财务科所出具的还款收据。

徐伯昕建立的三条出版战线，经过了短短几个月的辉煌发展，政局就急转而下。1946 年 4、5 月间，国民党当局在西安、北平、南通等地制造了多起绑架并暗杀民主人士和爱国学生的惨案。6 月，由民主促进会等组成的上海人民团体联合会代表去南京和平请愿，却在南京下关火车站遭到特务殴打。内战随即全面爆发。1946 年 7 月，徐伯昕曾经的出版合作伙伴、读书出版社的创办人李公朴，以及著名诗人闻一多，在昆明先后被暗杀。

考虑到抗战期间因政局、战争等原因，生活书店来不及撤店而蒙受到的巨大损失，又考虑到联系南洋和海外读者的需要，徐伯昕决定将生活书店的力量逐步向香港转移，并先行派王仿子、张明西去香港设立办事处，印造进步图书和经营批发业务。徐伯昕决定在那里建造更为稳妥长远的出版发行基地。

三、再返香港，始创三联

1947 年 6 月，徐伯昕从上海赶往香港，筹备香港生活书店的开

---

[1]　徐星钊：《住事如星：星钊回忆录》，上海三联书店 2015 年版，第 11—31 页。

业工作。香港生活书店在皇后大道找到了一家西服店的二楼作为门市部，3000 种图书，摆放在约 60 平方米外加一个封闭式的大阳台的空间。为了让行人注意，大家想挂一块和内地一样的"生活书店"的大牌子，却苦于没有把书上的小字放大成招牌字的技术。徐伯昕即发挥书法特长，用浓墨按照以前的字体，摹写了"生活书店"四个大字，横挑于人行道上。后来，这四个大字被缩小成铜模，用在生活书店出版的书刊、广告和门市部的包装纸上，成为生活书店的金字招牌。

生活书店成为"二楼书店"，而楼梯却缩在一条小弄堂里，店员们想办法招徕读者，王仿子便请示徐伯昕做一批吸墨纸，背面裱一层生活书店的广告。徐伯昕拿来几幅木刻小品，共同选定了其中的一幅一个小女孩在树底下捡果子的画面，吸墨纸随书赠送，特别受到中学生的喜爱。书店想读者所想，热忱服务，以至于后来有好几个中学跟书店建立了良好的关系，学生编排文艺节目时委托书店挑选剧本，演出时邀请生活书店的同事们去看戏。

6 月 20 日，香港生活书店开张，营业额节节攀升，许多学校的图书馆都来大批采购图书。图书大部分是徐伯昕从上海组织的进货，也有一小部分是港印版。为了迎合香港的商业气息，吸引读者，书店大量提供知识性读物和应用技术方面的书籍，以及文艺和少儿读物，学术著作的销量却少。开业后，徐伯昕即返回上海。

7 月，国统区形势日益险恶，徐伯昕决定按原定计划，将胡绳、史枚、胡耐秋等生活书店总管理处及编辑出版部门的人员全部转移到香港，8 月抵达。读书和新知的负责人、沈粹缜和女儿邹嘉骊也一起迁居香港。

在生活书店的总管理处迁港后，徐伯昕等领导通知上海吕班路门市部收歇，切实安排好用其牌号的机构，人员一部分去解放区，一小部分去香港，一部分以其他身份留守上海。1948 年 2 月 22 日，国民党上海市执行委员会正式下达了封查生活书店和读书、新知的通知，幸好此时各项准备工作已经完成。

生活书店的总管理处设在英皇道，编辑部设在中环利源东街 23 号二楼的一个大统间里，办公室、编辑部、会计部的同志们挤在一起。在靠里的屋角，放着徐伯昕的办公桌，他在这里办公兼接待来宾。此时，徐伯昕的组织关系，改由中共港澳工委领导，不用再单线联系了。徐伯昕和黄洛峰、胡绳、邵荃麟、沈静芷编在一个支部，领导着全国各地打着各种招牌的三家书店的工作。

到港后，徐伯昕就与胡绳等着手开始进行编辑计划中第一个重要的项目——《韬奋文集》，从《生活》周刊、《大众生活》到《全民抗战》，选录了 20 万字编成第一卷出版。此后的重点出版工作是出版一套面向青年的"新中国百科小丛书"。史枚将 1945 年 10 月复业后到 1948 年 4 月间生活书店所有的出版物做了一个统计（不包括《生活日记》和《生活手册》）：

1945 年，初版 23 种，重印 2 种；

1946 年，初版 67 种，重印 36 种；

1947 年，初版 45 种，重印 58 种；

1948 年（4 月止），初版 20 种，重印 15 种；

每种书每版印数大多数是一两千册，偶尔有 5000 册以上的。[1]

徐伯昕不仅领导着生活书店开拓出版事业，更为人才培养和筹

---

[1] 生活书店史稿编辑委员会编：《生活书店史稿》，生活·读书·新知三联书店 2007 年版，第 324—325 页。

建图书馆等公益性事业积极奔走，在香港创办了持恒函授学校，筹备建立韬奋图书馆。

持恒函授学校成立于 1947 年 12 月。它是生活书店为新时期培养人才而创办的一个教育机构。徐伯昕任理事会主席，孙起孟任校长，程浩飞、胡耐秋担任教务工作。课程有哲学、文学、国文、会计等。学校聘请邵荃麟、胡绳、沈志远、张铁生、曹伯韩、狄超白、宋云彬、葛琴等在港的著名学术界、文化界人士为主任导师。

持恒函授学校招收的学员主要是港澳地区和南洋各地的进步青年，在广东、广西、上海、福建、天津等地亦有一批学员，还有少量美国、加拿大的学员。学员最多时达 2700 多名。毕业生中有几名毕业后参加了书店工作，后来成为出版业的骨干力量。

筹建韬奋图书馆的事业在香港接续下来，生活书店总管理处也是韬奋图书馆的筹备处，由沈粹缜、邹嘉骊和胡耐秋等进行编目和搜购图书工作。

1948 年，生活、读书、新知三家书店合并组建三联书店的时候，决定清退书店的私人股份。因为生活书店是合作社，书店职工工作一年以上的都有股份，徐伯昕很慎重地一一征求意见，大家一致的意见是把清退的股金全部捐作韬奋图书馆的筹备经费。

1947 年下半年，徐伯昕、黄洛峰、沈静芷与文委负责人胡绳、邵荃麟共五人组成合并工作筹备委员会，领导合并工作。国统区民主人士陆续转移来港。徐伯昕代表生活书店对沈钧儒、马叙伦、王绍鏊等多位民主人士在生活上给予照料，并协助陈建功先生筹划在九龙设立前进书局，安排《大众文艺》月刊在港出版。

四、三店联合后的管理工作

1948 年 4 月 10 日，解放战争胜利在望。五一前夕，在中共香港工作委员会文委的领导下，作为生活书店的负责人，徐伯昕与黄洛峰、沈静芷为了迎接全面胜利，推动新解放区的出版工作，决定彻底合并，正式组成生活·读书·新知三联书店。

此时，徐伯昕还恢复了《店务通讯》，在新 1 号（4 月 10 日）发表了《"店讯"复刊的意义》。指出："'店讯'是我们这个小小的民主团体里的言论机关，是有关整个店的业务的机关刊物。它是反映同人对于业务上的意见的园地，它负有传达各业务会议中所讨论及决定的事情的任务。"它是"同人间相互研讨业务技术和教育新干部"的场所。①

为了让书店同人了解"在这样一个人民胜利的前夜"，站在进步文化的最前线的书店同人们，应该有哪些新的任务和职责，徐伯昕在当期还发表了《认清目标，努力准备》一文，作为指导生活书店未来工作的大纲。在文章中，徐伯昕回顾了 1939 年以来生活书店所遭受的惨重损失，以及同人们的艰苦坚持，他提道：

"我们过去有三大目标，第一是促进大众文化，第二是供应抗战需要，第三是发展服务精神。其中第二条是为了强调抗战任务而提出的，今天抗战已结束了，所以这一条已失去时效，我们只要简单明了的提出两大目标，作为我们努力的方向：第一是促进大众文化；第二是发扬服务精神。"

---

① 陈吉龙、蔡康唯：《徐伯昕年谱》，载《新文化出版家徐伯昕》，中国文史出版社 1994 年版，第 480 页。

他特别强调要以最大多数的同胞为主要服务对象，即"努力贡献出完全适合于工农的读物"，提出了四条工作大纲供大家研究讨论。第一是加强组织，改变合作社解散后两年来散漫的状况，提出通过全体工作同人选举产生最高权力机构，组织总管理处和区管理处，兼顾合作社和民主集中制两种制度的优点。第二是要计划化，出版工作的各环节、各个组织都要有精密计划。第三是要培养干部，包括培养短缺人才，吸收新干部等。第四是要充实经济力量，由于法币狂跌，经济出现困难，要求大家精密计算成本，扩大招股，发动社会力量，维持事业发展。最后，徐伯昕重申了韬奋提出的"坚定、虚心、公正、负责、刻苦、耐劳、服务精神、同志爱"八点"生活精神"，勉励大家努力前进。

从这一期《店务通讯》开始，徐伯昕接续邹韬奋写《生活史话》。从第五章壮大时期（1937年8月到1938年10月）开始写起，当期刊载了第一小节"随着抗战，转移阵地"，叙述了书店从上海八一三抗战开始，在资金极端困难的条件下，全体同人，团结一致，克服困难，将书店中心转至武汉的过程。

5月10日，徐伯昕在《店务通讯》新2号（1948年5月10日）上又发表了《文化工作的战斗性》一文。他提出，凡为人民大众服务的文化工作才是进步的，为大地主、大买办服务的文化工作是反动的。既然有了反动与进步之分，一定就有斗争，也就是有人民进步文化和统治阶级反动文化的斗争。书店不同于普通商业，是文化工作的一环，也有民主和反民主之分。书店工作的战斗性是从以下两方面来表现和发挥的：第一，是关于出版物的内容方面。在出版方面，内容必须要合乎时代的需要，更要注意到最大多数人民的需要，要站在人民的前面，供应人民以新的知识，帮助他们了解现实环境，懂得为争取生存斗争。在贩卖方面，要加以选择，凡是没有麻醉的、毒害的，我们可以协助推销，以增强进步文化的力量，来削弱反动文化的力量。生活书店的出版方针，也必须与目前的时代密切配合，要有现实性、批判性、建设性的著译，向推动中国走向新民主主义的大道迈进。他提醒大家应当随时注意在刊物中或出专册来进行犀利剖析和严正的批判，例如《读书与出版》应当做成"一份思想批评——批评的模范刊物"。

第二，关于经营方法方面，一是扩大发行网，一是团结周围的力量。要想尽种种方法，把精神食粮输送到每一个穷乡僻壤的角落里去，愈困难的环境下愈要想方设法能直接或间接地送到读者手里。研究新的推广方法，巩固和扩大我们进步文化战斗阵营。

这一期，徐伯昕还发表了《书籍基本定价计算标准》。文中对调整书价的原因、具体规定及计算方法，作了较为详细的说明，方便大家参照执行。

1948 年 6 月 6 日，在河北省西柏坡的周恩来副主席通过中共粤港工委书记章汉夫转致胡绳电报，请胡绳转告徐伯昕及黄洛峰、沈静芷，指示他们"即将三联工作人员及编辑人员主力逐渐转来解放区，资本亦尽可能转来"，并"对'转移人员'必须告以解放区条件困难"，使他们"有精神准备"。周副主席还对三联的出版业务作出了具体指示，如要求"以出版通俗读物为主，向工、农、兵、学生、店员、贫民等介绍社会与自然科学知识及新文艺"，"有机会编印或选印几套丛书"，"为联系读者，在转移时应'保留一部分可能留下的活动力量'"，等等。①

---

① 中共中央文献研究室编：《周恩来年谱（1898—1949）》修订本，中央文献出版社1998 年版，第 795 页。

　　根据周恩来的指示，徐伯昕等三人加速了生活、读书、新知三家书店的合并进程。在五人小组下面成立了处理具体事务的综合小组，由三店的业务骨干担任，包括生活书店的程浩飞、陈正为、王仿子，读书出版社的万国钧、倪子明，新知书店的华昌泗等。对于如何清产核资，对书稿、纸型、存书、房产家具等，以及人欠、欠人种种问题的处理，经过讨论协商，都在徐伯昕和黄洛峰、沈静芷的领导下制定了合理可行的处理办法。另外，成立起草小组，草拟合并后新机构的章程和各项规章制度，章程着重强调新机构"应保持三家民主集中制的优良传统，加强集体领导，个人负责的管理制度"。①

　　10 月 18 日，三家书店合并成立为"新中国文化企业股份有限公司"，同时举行三店股东代表大会，选举临时管理委员会。临管会正式委员 15 人：生活书店有徐伯昕、胡绳、邵公文、薛迪畅、毕青、程浩飞 6 人，读书出版社有黄洛峰等 4 人，新知书店有沈静芷等 5 人。候补委员 7 人：生活书店有许觉民等 4 人，读书出版社有倪雨辰、范用 2 人，新知书店为刘建华 1 人。② 会议通过了《新中国文化企业股份有限公司增资缘起及简章》，《简章》规定：公司股份总额定为港币 500 万元，分为甲乙两种股。甲种股（一般股）1.5 万股，每股港币 250 元，三店资产折价计为 200 万港币（其中，生活书店占 50% 多），合 8000 股，共占 40%。余 7000 股公开招募。乙种股为读者股，每股港币 25 元。股款收据正面由徐伯昕、黄洛

---

　　① 　生活书店史稿编辑委员会编：《生活书店史稿》，生活·读书·新知三联书店 2007 年版，第 337 页。

　　② 　张文彦、卞卓舟等编著：《三联书店简史》，生活·读书·新知三联书店 2012 年版，第 155 页。

峰、沈静芷三人签名盖章。①

临时管理委员会推选徐伯昕任总经理，黄洛峰任主席，沈静芷任副总经理，万国钧、薛迪畅为协理。临管会还决定，凡在华北解放区开设的所有新店，一律命名为"新中国书局"。在香港的门市部（皇后大道中 54 号二楼）定名为生活书店、读书出版社、新知书店香港联合发行所，后来又改为生活书店、读书出版社、新知书店三联书店香港分店的名称。临管会还拟订了一个比较宏大的发展计划，除了经营出版、发行业务外，还要建立印刷厂、造纸厂，兼营文具和科学仪器，以及与文化有关的事业。后因形势发展，新中国文化企业公司名字即停用，仍用三联书店为店名。

1948 年 10 月 26 日，三店总处在香港正式成立。这三家书店，十年多来都是在中共领导人尤其是周恩来的亲自指引下开展革命出版事业的，终于，由原来的三块招牌、三本账簿、三套人马，至此全面合并成为一家——三联书店。这是徐伯昕等三家书店领导人和全体同志团结协作的必然结果，也是三家书店思想信念一致、政治理念一致，由局部合作，走向全面合并的必然结果。

为了庆贺新机构的成立，10 月 26 日晚，总处在皇后大道中的门市部举办联欢会，有四十多位同人参加。徐伯昕与胡绳、黄洛峰、沈静芷在会上讲话，勉励大家同心同德，努力工作，迎接全国胜利。

这次联欢会，同时也是书店同人开赴解放区的誓师大会。根据临管会对留港人员和进入解放区人员的安排，会后，徐伯昕等三联领

---

① 《三联书店第一号股票》，《中华读书报》，转引自中国网：www.china.com.cn/culture/txt/2009-03/03/content_17364998_3.htm, 2009 年 3 月 3 日。

导指挥大批同人利用各种渠道，从陆路、水路开赴解放区。

五、新中国成立前夕的出版工作

从最初两个半人的《生活》周刊，到三家书店合并的三联书店，徐伯昕是从头至尾的见证人。他投入了巨大的心血来支持、主导、维护着这份事业。

1949 年初，三联书店根据全国即将解放的形势，开辟了香港至大连、香港至天津的运输线。1 月，在徐伯昕遵照党中央的指示，帮助民主人士及文化界人士从香港返回解放区时，黄洛峰则奉命与沈静芷、邵文公等先后赴东北沈阳了解出版情况，尤其是了解东北书店和三联书店的出版情况、干部配备、印刷力量和纸张供求情况，为筹建出版委员会做好准备，并在调查结束后迅速前来（中央），以便建立中央出版局。离开东北后，2 月，黄洛峰到西柏坡面见周恩来副主席，周副主席谈完即将成立的新机构（出版委员会）的名称、性质特别是任务之后，指着他和王子野说，就由你们两个负责，黄洛峰担负主要责任。

1949 年 2 月 11 日，中共中央致电北平市委和军政府，决定组建临时出版委员会，委任黄洛峰、祝志澄、王子野、平杰三、华应申、史育才、欧建新为委员，16 日，周扬召开临时委员会筹备会时，又增补了卢鸣谷、王钊两人为委员。22 日，出版委员会在北平正式成立（此时中共中央尚在西柏坡，出版委员会暂时归华北局宣传部领导），黄洛峰为主任，该委员会的使命在于逐步统一全国的出版发行工作。出版委员会委员的主要骨干由长期在解放区工作的工农出身的干部和三联书店干部组成，负责直接管理北平新华印刷厂、新华油墨厂、华北新华书店等单位的职工共 1428 人。

3月，徐伯昕与三联书店总管理处离开香港，乘"宝通"号商船由港抵津，随即转赴北平。到京后，徐伯昕即着手规划出版和发行工作。在出版方面，着重重新审核再版图书，结合当时的需要，出版了《学习》和《科学技术通讯》两大杂志，又出版《青年文库》和《新中国百科小丛书》等。在发行方面，则变动较大，为了更好地与新华书店协同配合，首先调整了发行据点，决定撤销设在齐齐哈尔、佳木斯、长春、安东、石家庄、烟台、潍坊、徐州等地的分店，确定以大城市为主的经营方针，仅在北平、天津、沈阳、大连、哈尔滨、济南、开封、西安、长沙、上海、武汉、广州、重庆、香港等地设立分店。又将以前各地使用的"光华书店"、"新中国书局"的名称取消，统一使用"生活·读书·新知三联书店"。

徐伯昕一直等到4月份来到北平，才出任出版委员会委员。

出任出版委员会的负责人或成员，对于当时的出版工作者而言，只意味着更大的责任，并非意味着被赋予了特殊的权力。徐伯昕夜以继日、尽职尽责地完成党交办的任务，在当时的情境下，这些任务都是艰巨而复杂的。

出版委员会的工作性质与后来的出版管理部门还是有很大差别的。出版委员会的主要工作集于业务而非行政，成立后的第一要务是建立印刷厂，以满足党中央印刷毛泽东著作、马恩列斯著作、教科书及各类文献文件的出版需求。从其初期的思路来看，出版委员会是共产党领导的国家出版机构，周扬在出版委员会的第一次会议中表示，将来出委会也需要企业化，出版行业整个的人事、经济、业务上都由出委会统一处理。3月中旬，陆定一和黄洛峰到西柏坡汇报工作，将黄洛峰所撰写的一份详细的《出版工作计划书》上报给周恩来，计划书中写道："在人民政府没有成立以前，可以把出版局首先建立起来，作为党的一个企业机构……"这份计划书还附有《中央出版局组织大纲》，第一条就写道："出版局隶属中央政府之文化部，为经营国家的出版事业之企业，其经营方法，均以企业化为准绳，以加强及提高新民主主义之文化建设。"既然视为企业，必然需要资本，《大纲》的第三章即对资本来源作了规定："出版局资本暂定为人民币十亿元，由国家财政部门，分次拨付之，如有盈余，皆作扩大再生产之用。"人事方面，《大纲》则拟定出版局从局长到各室正副主任按行政铨叙法任用，员工则由出版局聘用雇用，所有工作人员按劳给酬。

在计划书中，他提出："我们现在和可能有的出版事业，比起商务印书馆等大出版企业，毕竟还是弱小的。只有统一集中，方能充分发挥我们的力量，而与大的私营出版事业竞争，以求在业务上超过它们并在政治经济上逐渐能控制它们。"同时，他清醒地看到，"我们的干部，一般说质量不够高，数量也不够多"，为此需要统一集中，合理分配干部。[1]

4月25日，出版委员会调派徐伯昕、祝志澄、卢鸣谷、万启盈等24人南下参加接管工作。得到命令，徐伯昕再一次回到了他奋斗过的上海。

上海解放前夕，上海书业在地下党沪中区（即后来的黄浦区）

---

① 袁亮主编：《中华人民共和国出版史料》，中国书籍出版社1995年版，第39—45页。

领导下于 1946 年组建了新书业同人联谊会、益友社书报业干事会等进步群众团体。商务印书馆、海燕书店、儿童书局等都有职工加入共产党组织并积极从事地下工作，他们组织人民保安队迎接解放军入城，维持社会新秩序。

1949 年 5 月 27 日，上海解放。上海不仅是近代中国经济和文化的中心，也是中国出版事业的重镇，更是徐伯昕出版事业的起点。此刻，这座大都市面临着政权的更迭，以及生产和生活的转轨。

当天拂晓，青州总队接到命令，一部分同志先进入上海，从丹阳乘火车到达上海。上海地下党组织了 60 辆公共汽车接送徐伯昕等南下干部进入上海，在徐家汇交通大学暂停。

徐伯昕、王益等到达交通大学后，当天上午，地下党上海文委领导的生活书店党员得知后立即借了辆轿车，烧了一大锅汤面，前去探望慰问。徐伯昕等吃罢上海解放后的第一餐，下午进入南京路永安公司楼上的大东旅社暂住。

上海解放后建立的军事管制委员会下辖文教管理委员会，由陈毅兼任主任，出版方面由夏衍副主任主管。该委员会设立了新闻出版处，处长周新武，徐伯昕、祝志澄任副处长。

接管工作的程序是先研究确定接管对象，由徐伯昕审核认可，填表报请文管会夏衍批准，派出军代表、联络员、工作人员持接管通令前往执行，按"一接、二管、三改造"部署。随后，先后接管了东方书店、时与潮社、《中美日报》及印刷所等国民党的出版印刷机构。

8 月 7 日，上海的文艺界在复兴公园举行劳军救灾园游会，丰子恺、张乐平、庞薰琹等沪上画家为游人画像义卖。入夜，沪剧、评剧、魔术、杂技、音乐、歌舞、焰火轮番上演。国内战火未休，物资紧缺，原本生产高档府绸的新光内衣织染厂在 9 月份开始转而学习裁制蓝色斜纹的人民装。该月，徐伯昕离开上海，奔赴北京准备参加全国新华书店工作会议。

这次会议是新中国成立前夕，中共宣传系统集结出版界走向新中国的一次隆重会议。早在 7 月，中共中央宣传部决定召开全国出版工作会议，由出版委员会负责筹备，目的在于总结出版发行工作的经验，了解过去及当前的工作情况，决定今后新华书店出版工作的方针和统一方法，因此，会议名称定为"全国新华书店工作会议"。

同当时众多往来于上海、北京两地的中共干部、民主人士一样，徐伯昕也是乘火车出发。京沪之间的铁路虽然在 20 世纪 20 年代就已开通，此时仍然是几段铁路线连接而成。徐伯昕自上海火车站出发，需在南京下关下车，再上船，人和车都要轮渡过长江，下船后，再从浦口下关上火车。火车需要拆成几段依次轮渡过去，颇费时间和周折。虽是从事文化工作，但也可谓戎马倥偬数十年的徐伯昕，此刻或许能稍感泰然，如其他旅客们那般，在等候上车的时候，去中山陵走一走，吃顿饭，品尝一下绿皮紫纹、籽小味甜的陵园瓜；到了浦口，还要再如此这般轮渡周章一回。抵达北京，至少需要三日时间。

虽然旅途漫长，还有些许"秋老虎"的燥热，但徐伯昕心中充满期待，期待着开国大典，期待着与多年来同在文化战线上的战友、同志共商未来。对于此次出版界的盛会，徐伯昕身兼重任，他不仅是会议主席团成员，更是大会的秘书长。

徐伯昕抵达北京时，这座古老的中华名城，已步入开国大典的倒计时中，各类组织团体的集会、协商密集开展，社会各界都在紧张而热烈地筹划着新中国的新事业。

第七章

情牵出版：以身传承生活精神

1949 年初，北平和平解放，三大战役的胜利奠定了解放战争的大局，中共中央一面部署战事，一面准备筹建新中国。徐伯昕等出版工作者担当起更多的新任务，除了继续承担战时出版发行工作、扩大统一战线之外，还担当起接管和改造官僚资本出版企业的任务，以及随之而来的更多新文化建设工作。与此同时，在周恩来的亲自筹划下，中宣部也开始筹建全国出版工作的专职管理机构。

徐伯昕参与了出版专职管理机构的建设，但在新中国成立后不久，便转而从事统战工作了。这一次事业的转折，在很大程度上不是他个人意愿的抉择，而是组织的决定。各种史料表明，这是来自于周恩来的安排。作为党和国家的杰出领导者，周恩来有着独特而过人的识人慧眼。半生奋斗，徐伯昕对出版事业依依不舍，他始终未曾放下对出版、对生活书店、对韬奋的牵念。

由于国家需要，无数共产党员都开始履职新的岗位，徐伯昕只是其中之一。如果说有什么特殊之处，那就是徐伯昕对周恩来的崇敬也许更深一层。徐伯昕的长孙徐冈先生表示，他父亲徐星钊（徐伯昕的长子）曾多次跟他谈起，徐伯昕极其敬仰周恩来，为人处世，始终以周公为楷模。作为实务派出版人的徐伯昕，在纷繁复杂的社会中能将各种人际关系处理得和谐完美，办事效率极高，又勇于担当，却从不着意表白、自我标榜，这些方面确实有周公之影。周恩来和邹韬奋，是对徐伯昕一生影响至深至远的两人，徐在后半生尤其是晚年的出版活动中，以自己的出色表现作为对两位前辈最深的怀念。

在当代出版家方阵中，徐伯昕是一个独特的存在。相较于学贯中西的张元济，勤奋博学的王云五，才华横溢的邹韬奋、胡愈之等，徐伯昕的才能并不在于文学的造诣和思想的深邃上，而在实务性的经营、管理、创造方面。这些成就，建立在他卓越的社会活动才干基础之上。周恩来在确定新中国未来出版掌门人的时候，却没有选择声望和成就俱重的徐伯昕。

周恩来选定了三联书店的另一位负责人——时任三联书店临时管委会主任委员的黄洛峰，出任出版局前期筹备机构出版委员会的领导人。后来任命出版总署署长时，中央任命了更具社会声望的胡愈之。对于徐伯昕，周恩来本着人尽其才的原则，让他到统战工作中发挥作用。

一、新中国成立之初的出版工作

徐伯昕回到北京参加全国新华书店工作会议，会议原定于9月26日开幕，因恰逢中国人民政治协商会议第一届全体会议（9月21—30日）召开，遂延期至10月3日举行。徐伯昕作为中国民主促进会的八位正式代表之一，参加了本届全体会议。

共和国刚刚成立，10月3日，全国新华书店工作会议启幕。这次大会历时17天，直到10月19日才宣告闭幕，期间举行大会16次，还召开了各种小组会和预备会。会议除解决了新华书店本身的问题外，还交换了各地分店的经验。与会代表来自26个单位，包括出版委员会委员，来自华东区、华中区、华北区、东北区、西北区新华书店总分店，以及三联书店、解放社、中国人民革命军事委员会总政治部、华北人民政府教育部教科书编审委员会的代表共计74人，还有来自以上大区、单位的列席者42人，共计116人。徐伯昕是大会主席团成员。

10月6日，徐伯昕在出版工作会议第五次大会上作《国统区革命出版工作》的报告。报告分"从大革命以后到抗日战争开始"、"抗日战争时期"、"解放战争时期"三大部分，全面回顾了以生活书店为主的革命出版工作在国统区的艰苦环境下，坚强不屈、百折不挠的曲折发展经过，总结了宝贵的经验、教训，以指导当前的工作。

这次会议规格非常之高，国家副主席、中国人民解放军总司令朱德出席了大会，在讲话中，他表示："要克服我们的民族在文化上落后的现象，使我们能够'以一个具有高度的文化的民族出现于世界'。这件事并不比打败一个在美帝国主义援助下的蒋介石更容易一些。"①

10月18日，全国新华书店出版工作会议继续举行第十三、十四次大会，大会主席团成员黄洛峰、胡绳、徐伯昕分别担任执行主席。大会讨论并通过了关于统一全国公营出版事业的编审出版、印刷、发行、企业化管理等四大方案。下午六时半，徐伯昕等全体会议代表在中南海颐年堂受到了毛泽东主席的接见。在参加开国大典之时，徐伯昕目睹了这位伟人在天安门城楼宣布新中国成立的风采，而在过去的峥嵘岁月，毛泽东既是三联书店的作者，也是三联书店的读者，还曾数次向部下推荐三家书店出版的书籍。能够受到主席的接见，徐伯昕和与会代表的激动心情可想而知。并且，毛泽东交与大会组织者的亲笔题字，在一张16开大小的宣纸上写下的"认真做好出版工作"这八个大字，黄洛峰当天就命人布置放大，第二天就摆放到了大会的主席台上。

10月19日，大会闭幕会召开。胡愈之报告会议经过。中共中央宣传部部长陆定一向与会代表提出五点希望：一、无条件地为人民服务，这样做的出版事业和出版家是有光辉前途的。二、首先为工农兵服务，切不可进了城市，就忘记了工农兵。三、要拥护统一，要真正遵守这次大会的决议。四、诚恳坦白地与各公私合营的出版业和私营的出版业合作。五、新华书店的成员是革命家兼出版家。②

12月16日，中央人民政府政务院委任徐伯昕为中央人民政府出版总署办公厅副主任，兼计划处处长。此时他还担任着三联书店总经理的职务，当月还在三联书店总管理处编印的《店务通讯》创刊号上，

---

① 袁亮主编：《中华人民共和国出版史料》，中国书籍出版社1995年版，第250页。
② 袁亮主编：《中华人民共和国出版史料》，中国书籍出版社1995年版，第441—445页。

发表了《店讯应负起指导工作的任务》一文。

1950 年 4 月 24 日，徐伯昕出席了三联书店第一届全国分店经理会议；5 月 5 日，代表出版总署，在新华书店华北总分店第三次分店会议的开幕式上发表讲话；5 月 8 日，出席新华书店、三联书店、国际书店联合举办的茶话会，茶话会由出版总署胡愈之署长主持，请苏联国际图书公司副总经理塞米金报告苏联的书刊发行工作，并对苏联版书刊在中国发行提出建议。

6 月至 7 月，出版总署为筹备召开第一届全国出版会议，建立会议筹备委员会，徐伯昕被任命为筹委会副秘书长，协助胡愈之署长，先后召开京津发行工作会议与京津出版工作会议，为全国会议做准备。

7 月 21 日，因担任出版总署和民进中央的工作，徐伯昕难以兼顾三联书店业务，遂致函三联临管会，请求辞去三联书店总经理的职务。三联书店临时管理委员会举行第八次会议，决定接受辞职请求，并对徐伯昕过去的劳绩致函慰问。当日，出版总署任徐伯昕为新华书店总管理处代总经理。11 月 21 日，出版总署扩大署务会议决定，徐伯昕又被委任为新华书店总店总经理，再被任命为新华书店管委会主任委员。

从 1939 年离开上海，徐伯昕始终处于高度精神压力和高强度的工作压力之中。新中国成立了，也许是他的神经终于可以放松了，健康问题却又凸显出来。1950 年，徐伯昕的身体第二次出现了大状况。5 月至 9 月，他因为多年的紧张工作，积劳成疾，得了神经衰弱，长期失眠，而且心脏功能衰弱，颈椎骨质增生。在多种疾病的困扰下，徐伯昕被迫停下来，到大连去疗养。期间，8 月份，民进三届三中全会决定成立会史编辑委员会，因病缺席的徐伯昕被推为编辑委员。

9月，徐伯昕又回到北京工作，但他的健康没有完全恢复，只能带病坚持。11月，他又不得不去北戴河养病并辞去民盟中央组织委员职务。1953年4月，徐伯昕被政务院任命为中央人民政府出版总署发行管理局局长，兼任新华书店总店总经理。9月份，徐伯昕仍然没能摆脱疾病的困扰，出版总署申请安排他赴莫斯科接受治疗。1954年春，徐伯昕转苏联北高加索城斯大林疗养院疗养。4月，徐伯昕回国，一直在家休养到7月，又回到出版总署工作。

1954年11月，出版总署并入文化部，徐伯昕任文化部电影局副局长，负责影片发行工作，研究工厂区及部队驻地的电影放映办法，重点抓了农村巡回放映队的组建与推广。

1955年1月13日，经全国政协常委会会议通过，徐伯昕任全国政协第二届副秘书长。从此，徐伯昕离开了他的出版事业，开始后半生的统战工作。但他对出版事业是难以割舍的。对新的工作，他有很多不适应的地方，思想也有些转不过弯来。担任中共中央统战部部长的徐冰根据周恩来总理的指示，特地找他谈心。周恩来还请身边的同志转告徐伯昕，希望他愉快地工作。至于徐伯昕在统战领域的作为，因为不属本书研究范畴，有待相关领域的学人研究。

在接下来的二十余年中，徐伯昕虽然离开了出版工作，但他仍然时时关心着出版事业，将曾在出版工作中的文化追求移植到了对民主党派的工作中来。在二十余年工作中，徐伯昕也时有与出版事业微小的交集，比如：针对稿酬问题以及出版社和作家的关系问题、编译工作问题，组织研讨或座谈会，并根据会议讨论结果及时将各方面反映的意见，整理、分送有关部门研究、参考、处理。徐伯昕也始终关心着民进中央的会刊《民进》杂志，并作出过具体的指导。

在此期间，徐伯昕还做过一些具体的编辑整理工作。比如，1964年，他亲自编辑了《毛泽东著作专题摘录》（手稿），按专题分为六编：第一编，关于人民民主革命的理论和政策；第二编，关于社会主义革命和社会主义建设的理论和政策；第三编，关于文化教育和知识分子，关于青年问题和妇女问题；第四编，关于党的建设；第五编，关于思想方法和工作作风；第六编，关于战略和策略。全稿七八十万字。一册编目，七册正文。目录前有五条说明，说明是内部资料，不能引用，以及资料来源等。八册原稿全系徐伯昕亲笔手抄，牛皮纸封面，蜡线装订。①

此外，徐伯昕还邀请了十多位三联书店的老同志，讨论《生活书店大事编年》初稿。

1966 年 2 月，江青在上海召开了"部队文艺工作座谈会"，提出文艺界"被一条与毛主席思想相对立的反党反社会主义的黑线专了我们的政"，"要破除对所谓三十年代文艺的迷信"，出版界也被认定为"从三十年代到建国以来贯穿着一条黑线"。

一场"怀疑一切、打倒一切"的浩劫开始了。徐伯昕虽然已经离开出版界，却也因出版而受到审讯。

新中国成立前的解放区出版工作和国统区进步出版工作被全盘否定。虽然作为独立出版实体的"三联书店"已经不复存在，但历史上的三联书店仍然成为出版界批判的焦点之一。在那个颠倒黑白、思

---

① 陈吉龙、蔡康唯：《徐伯昕年谱》，载《新文化出版家徐伯昕》，中国文史出版社 1994 年版，第 495—496 页。

想混乱的时代，邹韬奋、徐伯昕等人呕心沥血、悉心维系，曾像明灯一样照亮了无数知识分子生命的生活、读书、新知三家书店，竟然被污称"三十年代黑店"。

追查"三十年代黑店"的活动正在有组织、有计划地开展，三家书店曾经的工作者成为被迫害对象。徐伯昕以及胡愈之、胡绳、钱俊瑞、黄洛峰、林默涵、徐雪寒、姚溱、张仲实、王益、陈原、邵公文、仲秋元、沈粹缜等一大批三店老同志都遭到了批斗和迫害。上海、北京的调查人员频频登门与徐伯昕谈话，逼写交代材料，甚至严讯逼供。

从亲历者的回忆来看，给三联书店戴上"黑店"的帽子，对三联书店老工作者们的批斗审讯，操纵者有着明确的意图。曾在上海生活书店工作过的许觉民揭露："我被提审的次数不少，叫我吃惊的是一次上海来人，要我讲三联的性质。我讲了如何历史地来看三联，有不少青年就是看了三联的书走上革命道路的。这时有一个人叫我住口，说：'我来告诉你三联的作用。它披着"左"的、革命的外衣，起了国民党所不能起的作用！'"而读书出版社创始人黄洛峰则揭露："张春桥……1967 年布置搞三联，不仅上海，北京也搞，我被提审了许多次。在文化部我被十多人提审，我闻出那个味道不是在搞我们这些人，是要搞毛主席的革命路线和周总理。"审讯者还要追查 1949 年 7 月 18 日，《中共中央关于三联书店今后工作方针的指示》是哪个司令部下达的，而这份文件，明确了"三联书店与新华书店一样是党的领导之下的书店"，"三联书店是公私合营的进步书店，将来亦应保持此种性质，即国家与私人合营的性质"。可见，"黑店"的炮制者希望将扳倒三联书店作为政治上排除异己的筹码——妄想使其成为攻讦周恩来的罪证之一。①

　　除了受到审讯之外，徐伯昕还被勒令闭门学习，这对于一个老出版人来说，却似乎成为一段难得的读书时光。1966 年 8 月 24 日，北京市中学红卫兵"通牒"，勒令在七十二小时内自动解散民进中央组织。徐伯昕将机关重要文档、材料转移后，第二天被迫以民进中央办公厅名义贴出公告，宣布停止办公。

　　从多位亲历者的回忆看，"文革"期间徐伯昕没有像有些三联老人那样遭到非人待遇，主要是以读书学习为主，度过了这段漫长的艰难岁月。徐虹提到，这是因为徐伯昕也被周恩来列入了保护名单。

　　1967 年冬天，时任民进中央秘书长的徐伯昕和民进中央副秘书长葛志成等被"勒令"在民进机关闭门学习，读毛泽东著作。徐伯昕每天到指定的机关四合院里的一间破旧大屋里闭门学习，"屋檐下呼呼涌进的寒风使人裹着大衣也不能久坐……伯昕同志却始终坚持坐在那里，全神贯注地学习毛主席著作，丝毫不分心，还不时呵着气用几乎冻僵了的手在书上和本子上记下密密麻麻的心得体会"②。1970 年 11 月，各民主党派和全国工商联机关的负责同志和部分中委，被集中到全国工商联大楼，在统战系统军代表的领导下，分成四个小组学习，民进与民盟一组，徐伯昕作为民进机关负责人也参加了学习。

　　北京的冬日，气温最低有零下十几度，在保暖不太好的屋子里，即使穿得厚，坐久了也会冻得脚趾生疼。身体之冷还在其次，更何况局势混乱，前途未卜，曾经的热血与心血，曾经的赤子之心

---

① 宋木文：《关于三联书店拨乱反正的历史回顾》，《出版史料》2004 年第 4 期。
② 江苏省政协文史资料委员会、江苏省常州市政协文史资料委员会编：《新文化出版家徐伯昕》，中国文史出版社 1994 年版，第 357 页。

与共同事业，被怀疑，被严讯，这种心头之"寒"，最容易让人心神不宁。然而读书是读书人最好的遣怀方式，对于一个出版人来说，此时有书相伴，大概也是最好的慰藉。当时，徐伯昕对葛志成如是说，过去一直没有整块的时间系统地学习毛主席著作，现在正是极好的机会，可以认真通读一遍。毛泽东思想是我们的理论指导，不认真学不行。[①]

徐伯昕的外孙女徐虹在纪念文章中，也总是提到"文革"中，外面浊浪滚滚，祖孙两人在屋中共同读书的温馨记忆。在文化饥荒的七十年代，市面上许多见不着的书，她都是在外公这儿读到的。

二、缅怀周总理

1974年9月30日晚上，已经抱病在身的周恩来总理举行盛大招待会，热烈庆祝中华人民共和国成立二十五周年，徐伯昕作为全国政协常务委员出席会议。这是周总理最后一次主持国庆宴会，1976年1月8日，总理逝世。

4月初，本是北京最美的季节，西山横翠，北海波光粼粼，花树次第绽放。但1976年4月的北京，却"丙辰清明，泪雨悲风。英雄碑前，万众云涌"。[②]3月底开始，成千上万的人从四面八方涌向天安门广场，在这里堆满了花圈、花环，张贴数不清的诗词、悼文和传

---

① 江苏省政协文史资料委员会、江苏省常州市政协文史资料委员会编：《新文化出版家徐伯昕》，中国文史出版社1994年版，第357页。

② 童怀周编：《天安门诗抄》，人民文学出版社1978年版，第11页。

单，纪念着周总理，用行动抗议着"四人帮"的倒行逆施。

4月5日是清明节。凌晨，人们继续涌向天安门广场，但人民英雄纪念碑周围已经布上了三道戒备森严的封锁线，一些自愿守夜的群众被带走，花圈、诗词、挽联也都不见了。

在这一天，从四面八方涌来的人群中也有徐伯昕。这位年逾古稀的老人，亲手扎了花圈，率居住地同院的男女老幼，分成几支队伍，从东城区东总布胡同弘通巷出发，一路向西，去人民英雄纪念碑前给周总理的英灵行礼。

从弘通巷到天安门约 3.6 公里，步行大约需要 50 分钟。在这一段路程之中，这位 72 岁的老人，是否回忆起与周恩来有关的点点滴滴呢？在他一生之中，曾数次与周恩来面晤。尤其是 1949 年之前，在那些战火纷飞、艰苦卓绝的岁月里，徐伯昕与邹韬奋、徐雪寒、沈静芷、黄洛峰、张仲实等三店工作者们曾多次奉命前去向周恩来汇报出版工作。周恩来不仅对三家书店的发展方向和面临难题作出详细指示，而且对这些出版者的人格和事业充满了尊敬。

1938 年 2 月，徐伯昕亦师亦友的事业搭档邹韬奋在武汉八路军办事处与周恩来初次相见时，周恩来说："请你们记住，爱国知识分子是国家的宝贵财富，无论什么时候都需要。有什么要求，请随时提出来，我们共产党一定会尽可能地帮助解决。"① 当月，周恩来应韬奋之约，亲临汉口生活书店，并向全体员工作了《关于当前抗战形势和青年的任务》的报告。那一年，徐伯昕 34 岁。

从这时起，在汉口的岁月中，周恩来与生活书店的同志们频繁

---

① 张仲实：《言犹在耳，记忆犹新——对周恩来同志的回忆片断》，《人民日报》1985年1月8日。

会晤。邵公文记载,1940 年夏,周恩来亲自邀请生活书店的徐伯昕、读书出版社的黄洛峰和新知书店的徐雪寒同去红岩村八路军办事处,商谈派干部去敌后抗日根据地筹设书店。徐伯昕得以在这半年里与周恩来、董必武、徐特立等中共领导同志时有接触,听他们作关于战局、工运、读书学习等方面的报告。可惜的是,徐伯昕并未在文字中留下他面见周恩来时的心得体会。他的文风一向冷静、简约、客观,很少有自我感情流露,即使是这些可以被视为辉煌的重要历史时刻。我们得以一窥他心境的,唯有他绵延病榻的最后时光所著的《生活书店是怎样接受党的南方局领导的》一文。在这篇文章中,耄耋之年的徐伯昕替他的良师益友邹韬奋,如此回忆了这段时光——韬奋常去访看周恩来以及南方局的其他同志,周恩来有时也找邹韬奋,通知或提醒一些事情。"韬奋每次都带着钦敬欢快的心情去看望'周公',对'周公'的意见当作党的决定不折不扣地坚决执行。"[①]

徐伯昕用了"钦敬欢快"和"不折不扣地坚决执行"这般生动形象的词语,形容一向书生正气、铮铮铁骨的邹韬奋,不禁让人深深感受到中国知识分子之翘楚对于周恩来的钦服,以及他们对共产党的理想追求所产生的共鸣。与此鲜明对照的是,同年春天,蒋介石也曾在武昌寓所约见邹韬奋和杜重远,暗示他们要加入国民党,邹韬奋则婉言回绝。

邹韬奋曾多次说过:"周恩来先生的确是我的良师益友","是最可敬佩的朋友"——"高山流水遇知音",这是包括出版界在内的知

---

① 江苏省政协文史资料委员会、江苏省常州市政协文史资料委员会编:《新文化出版家徐伯昕》,中国文史出版社 1994 年版,第 218 页。

识分子折服于周恩来魅力、将其视为最可信赖的朋友的重要原因之一，赤子之心，坦诚相对。

"为什么能在重重困难、步步艰险的路上闯过来？为什么在表面上看起来无法生存的逆境，却能开拓一个新局面？中国共产党的直接领导、周恩来同志的具体部署，是这三家书店闯过险滩，绕过暗礁，走向胜利的关键。这就是为什么在十年内乱中，江青一伙非要把三联书店打成'黑书店'的谜底所在。"① 曾经是读书出版社的店员、后任红旗杂志社副总编辑的马仲扬在纪念三社五十周年时的文章中，如此简明而直接地解释了周恩来和三联书店，以及三联书店工作者命运的紧密联系。作为书店的负责人，徐伯昕对周恩来的祭奠，也是在历尽严烈风霜后，对初心矢志不渝的表达。

在去为周总理敬献花圈的时刻，古稀之年的徐伯昕也许在回忆着周恩来的音容笑貌，也许在回忆着周恩来对知识分子的理解与尊重。在这十年内乱之中，在这反知识、反文化的阴风苦雨中，往昔弥足珍贵。徐伯昕，这位"外圆内方"的实干家，他没有用语言文字留下对周恩来的怀念，却在天安门广场敬献了亲手制作的花圈。

1976 年 10 月，"文化大革命"结束，新的历史时期即将到来。

三、力驳"三十年代黑店"

粉碎"四人帮"后，中共中央开始全力平反冤假错案，澄清教

---

① 马仲扬：《在艰险中创业，在斗争中前进》，《生活书店 读书出版社 新知书店革命出版工作五十年纪念集》，中国出版工作者协会 1984 年编印，第 116 页。

育科学文艺领域的是非，被打成"三十年代黑店"的三家书店及同人得以昭雪平反。对于这段历史，也就是在为三联书店正名的斗争历程中，可以看到陈原那篇著名檄文《驳所谓"三十年代黑店"论》，也可以看到胡愈之、黄洛峰、华应申、许觉民等三联老同志共同参加专题座谈会批驳"三十年代黑店"论。然而，最有资格的发言人——徐伯昕却没有发声，确切地说是没有记载表明他曾经公开为此发声。

三联的平反工作始于 1977 年 5 月。中央委派王匡、王子野主持国家出版局工作，清查"四人帮"及其影响的工作，决定成立由陈原主持的调研小组，范用和宋木文协助工作。调研小组查清了写入中共中央 1971 年 43 号文件《关于全国出版工作座谈会的报告》中的"两个估计"（即新中国成立以来出版界是"反革命黑线专政，资产阶级知识分子占统治地位"，这些人不能用，要重新组建出版队伍）是张春桥、姚文元对抗周恩来总理指示炮制出来的。陈原在调研小组工作期间，还独自作了批判"四人帮"炮制"三十年代黑店"的准备。

12 月，在北京召开的全国出版工作座谈会上，王匡代表国家出版局党组作报告，批判了"两个估计"，指出必须彻底否定"两个估计"，把长期压得抬不起头来的广大出版工作者解放出来。与王匡的报告相配合，陈原在大会上作了《驳所谓"三十年代黑店"论》的长篇发言，率先对"三十年代黑店"论进行了系统而又深入的批判，在出版界打响了关于三联书店问题拨乱反正的第一枪。这篇发言，把会议对"两个估计"的批判引向深入，以历史文献和历史事实为依据，指出以生活书店、新知书店、读书出版社为代表的出版社是三十年代在中国共产党领导下或影响下的"新"出版业，是毛泽东、周恩来同志关怀下在白区工作的出版社，驳斥了"四人帮"对三联书店的诬蔑，有力地证明了"以三联书店为代表的三十年代革命出版事业，不是什么'黑店'，而是在党的领导下、影响下，在白区传播革命思想的文化机关，不管它有过多少错误，走过多少弯路，它仍旧是波澜壮阔的白区革命文化新军的一个支队"。这篇为三家出版社以及三家合并组成的三联书店恢复名誉的长篇发言，据陈原后来称，由于某些极左势力的阻挠，当时未能公开发表。

次年年初，中央党校内部出版的《理论动态》刊登了陈原发言的摘要，胡耀邦同志阅后，指示《人民日报》于2月3日刊登全文，这对当时的文化出版界产生了强烈而广泛的影响，并受到国家出版局党组的高度重视。这篇针对"四人帮"的檄文，不仅恢复和肯定了三联书店的革命历史地位，也为三联书店恢复独立建制开山铺路。

1978年1月14日，王匡、陈翰伯在北京和平宾馆共同主持召开了三联老同志专题座谈会，进一步批驳了所谓"三十年代黑店"的谬论。胡愈之、黄洛峰、华应申、许觉民等领导和参与三联工作的老同志，在经历"文革"劫难后首次正式集会。黄洛峰、华应申、许觉民等同志着重从毛泽东、周恩来等领导对三店的关怀，三店同国民党的斗争，同共产党的关系，出版物《资本论》、《毛泽东救国言论集》、《帝国主义论》、《联共党史》、《辩证唯物论入门》、《大众哲学》、《钢铁是怎样炼成的》、《苏联歌曲集》等书籍对广大青年走上革命道路产生的重大影响等方面进行了介绍，以充分的事实说话，展示了三家书店及三联书店在致力于社会进步、宣传真理、发展文化等方面作出的重要贡献（方厚枢《义正辞严的批驳》）。① 然而，徐伯昕也未出现在这次出版系统的内部会议上。

经过分析各种资料，似乎可以就徐伯昕为何没有率先为三联恢复地位发声问题作出这样的解释：作为三联书店的缔造者之一、韬奋先生的"黄金事业搭档"，徐伯昕本是最有资格率先站出来为三联平反呼号的，但他已离开出版领域二十几年，长期在统战系统工作。"文革"结束，各民主党派的工作也在逐步恢复。1977 年 12 月，徐伯昕与周建人、杨东莼、叶圣陶共同被委任为民进中央临时领导小组成员。作为民主党派的在任领导，由于工作领域和职务等方面的原因，徐伯昕是不适合参加或受邀参加国家出版局领导下的出版调研和内部座谈会的，而到会的三联老同志们，却仍然属于文化出版系统。

此时，三联书店迎来了五十岁生日。1978 年 1 月 14 日，中国出版工作者协会第三次主席团会议通过了当年在北京举办"纪念生活书店、新知书店、读书出版社革命出版工作五十年"活动的决议，邵公文、王仿子、程浩飞、王泰雷、李文、许觉民、孙洁人、沈静芷、曹健飞、华昌泗、范用、马仲扬、宋木文、倪子明、李志国等十五人组成纪念活动筹备组，由邵公文任组长，王仿子、沈静芷、范用、李志国任副组长。其后，一系列纪念庆典活动在北京、上海、重庆等地举办。

1978 年 10 月 28 日，徐伯昕应邀出席了中国出版工作者协会在人民大会堂举办的生活书店、读书出版社、新知书店革命出版工作

---

① 生活·读书·新知三联书店文献史料集编委会：《生活·读书·新知三联书店文献史料集（下册）》，生活·读书·新知三联书店 2004 年版，第 1306—1314 页。

五十年纪念大会。重庆、上海文化出版界也先后举办了纪念活动。11月4—20日，生活书店、读书出版社、新知书店革命出版工作五十年书刊展览会在中国美术馆展出。

这次五十周年纪念大会规格很高，出席会议的中央领导有中共中央政治局委员王震、宋任穷，中共中央书记处书记、中宣部部长邓力群，全国人大常委会副委员长许德珩、史良。中共中央政治局委员、人大常委会副委员长邓颖超，以及胡愈之、叶圣陶也送来了贺信。理论界、文艺界、新闻出版界知名人士，三联老同志等共六百多人参加了盛会。会议由中国出版工作者协会主席陈翰伯主持，王震、邓力群、许德珩、史良、周扬、朱穆之、胡绳、钱俊瑞、王惠德、周巍峙、吴亮平、高士其等发表了讲话，再次批判"四人帮"制造的"三十年代黑店"论，对三联书店在党的领导下传播革命理论和革命文艺的作用进行了高度评价。

这次纪念活动之所以这么隆重，不仅仅是因为"五十"这个传统中值得庆祝的周年数字，更是三联书店获得新生的庆典，甚至我们可以将其视为出版人尤其是老一辈出版家们为出版界的拨乱反正进行的一次扬眉吐气的欢庆，在回顾三联书店的光辉历史中，接续被"文革"十年摧残压制的事业、意气和信念。

对于这次大会，宋木文在回顾20世纪70年代末到80年代初出版战线的拨乱反正时说，这次盛会成为完成对生活、读书、新知以及由其合并成立的三联书店在政治上、思想上的拨乱反正工作的一个重要标志，对恢复和发扬三联书店的光荣传统有着深远的影响。

据《徐伯昕年谱》记载，徐伯昕也在这次大会上作了重要讲话，并在会后参观了出版工作成果展。大会上的讲话内容，在 1982 年 7 月 15 日徐伯昕在《人民日报》第 5 版发表的题为《在艰苦战斗中建立的团结——纪念生活·读书·新知三联书店致力革命出版事业五十年》一文中可以有所了解。这篇文章几经修改后收录到 1983 年出版的《生活书店 读书出版社 新知书店 革命出版工作五十年纪念集（1932—1982）》之中。这篇文章，凝聚了他对三联书店最想表达的情感。据徐虹提及，徐伯昕专门为这次大会定做了一套酱红色新衣。

在这篇文章中，徐伯昕用近 4500 字的篇幅，回顾了自 1932 年生活书店创建，到 1949 年这十八年中，"在极为艰苦、险恶的环境里，在共同的对敌斗争中"，三店同人"长期同甘共苦、互相砥砺"的战斗岁月。他仍然延续着以往平实、质朴的文风，行文中对自我情感极其节制，仅仅在文章开头，稍微流露了自己的心绪，也不过二十字而已："回想起当年的战斗岁月，使人胸怀激荡，感奋不已。"正如许觉民先生所说，认识伯昕先生四十七年有余，从未听他谈过自己的贡献。

该文章共分为四大部分，第一部分是"患难兄弟 同心协力"，回顾了生活书店、读书出版社、新知书店初创时的艰辛历程和工作上的互助合作。他认为初创时期的三店虽然各有特色，但三家书店的性质和目标是一致的，"都是在中国共产党领导下坚持为谋求广大人民的利益，为推动中国社会的进步，为宣传马克思列宁主义思想而努力奋斗"。因此，"三家书店所致力的出版事业，是中国人民革命事业中文化革命的一个重要组成部分"。

第二部分是"遭受惨重打击 向敌后开展工作"，讲述了在两次反共高潮中，三家书店被国民党查封、人员被拘捕的经历，在这种艰险的环境中，中国共产党的领导人给予了直接的建议和战略部署：
1938 年 12 月，读书出版社创办人之一李公朴先生访问延安时，毛主
席到招待所看望他并谈道："将来我们的后方更要缩小……因此，书
业界的工作，便不得不向游击区去谋发展；同时，也是适应那边的需
要。"约是 1940 年初夏，时任中国共产党南方局书记的周恩来找三家
书店负责人谈话，指示以民间企业的形式去延安和华北敌后开展图书
出版发行工作。在国统区遭受惨重打击的三家书店，按照中央指示，
开始了合作并转向敌后根据地开辟出版工作基地，"也是三书店部分
联合的开始"。

第三部分是"扩大团结　坚持斗争"，讲述了三家书店共同联系
团结了更多文化出版界的力量，为建立文化出版统一战线做了大量工
作，发动了"拒检运动"。国民党政府不得不宣布自 1945 年 10 月 1
日起废止图书新闻检查。

第四部分是"全面联合迎接胜利"，徐伯昕讲述了三家书店合并
的过程及其后的发展。他讲道："三十年代到四十年代，三书店的工
作，主要是推动广大青年和各界人民参加到实际的革命斗争中来，三
书店自己也在实际的革命斗争中锻炼成长。"

徐伯昕通过这四部分，主要对三家书店革命出版历程进行了记
述和梳理，这是三家书店在"文革"中遭到诬蔑后的一次正名发声。
徐伯昕在这篇文章的反复修改中，始终没有提到《生活》周刊，那一
段岁月比生活书店还早了近十年。他与邹韬奋在大上海辣斐德路上的
小小过街楼里常常工作到午夜，将《生活》周刊在一年内由 2800 份
提高到了 2 万份，从而为生活书店的创建奠定了基础。

对于普通人而言，能够见证三联书店的原点，能在这个原点作

为唯一的助手伴随在邹韬奋先生左右，应该是多么荣耀而值得记忆的事情。回顾三联书店五十年纪念大会伊始，陈翰伯在开幕词的开篇就提到了徐伯昕：

> 各位来宾、同志们：
>
> 生活书店、读书出版社、新知书店革命出版工作五十年纪念会现在开始。
>
> 邹韬奋、徐伯昕等同志创办的生活书店，1932 年在上海成立。……

周扬也在纪念会的讲话中两次提到了在座的徐伯昕。作为三联书店曾经的作者，他反复提及与徐伯昕等三联出版人的革命友谊："今天在座的，徐伯昕、钱俊瑞、张仲实、胡绳、徐雪寒同志，以及一些我不太熟识的同志，都是老战友。我们之间的关系，从来不只是写作者和出版家之间的关系，而是一种同志之间的关系。……这种友谊是一种最可宝贵的革命感情。是经历了困难、胜利和挫折长期考验的。""徐伯昕、黄洛峰、徐雪寒同志都是书店老板，我们有时也叫他们老板，他们实际上也是老板，但这些老板与一般老板不同，而是革命书店的老板。我们和他们之间的关系是革命的关系，同志的关系。"①

"两个半"人的事业，历经五十年，写就了半部中国共产党革命出版的历史，作为三联事业开创者、奠基人的徐伯昕，他却不曾多提自己的这番功绩，乃至有人提出要为徐伯昕和生活书店写传时，他仍

---

① 《周扬同志的讲话》，载《生活书店 读书出版社 新知书店革命出版工作五十年纪念集》，中国出版工作者协会 1984 年编印，第 33 页。

然摇头说，应该写党的出版史，我个人算不了什么。

1982 年仲夏，徐伯昕在外孙女徐虹的陪同下，到庐山休养，秀美的风景让他流连忘返，但三天后，他就开始从半天伏案写作加码至全天伏案，此时他忙于修改的三篇文章之一，就是前文提到的那篇《在艰苦战斗中建立的团结——纪念生活·读书·新知三联书店致力革命出版事业五十年》。这篇文章后来又被《出版史料》等其他报刊先后转发过四次，每次刊发之前，徐伯昕都根据三联友人的建议和意见修改补充，直至增补到九千多字，最后被收录在 1983 年出版的《生活书店　读书出版社　新知书店　革命出版工作五十年纪念集（1932—1982）》中。

对比 1982 年《人民日报》首次刊载的文章与其最后的版本，在四大部分的主体结构和时间顺序上是一致的，除了遣词造句更为精心推敲外，主要是增加了不少重要史实和细节，尤其是历数了不同时期为出版事业作出牺牲和贡献的三店同人们，既有三店和三联书店的主要负责人，也有年仅二十余岁就牺牲的生活书店西安分店经理周名寰，有被关押到渣滓洞的重庆三联书店经理仲秋元，有去晋东南抗日根据地、苏北、香港、解放区等地开设书店的干部，有在国统区共同反对文化独裁的三店同人们，也有从事贸易运输工作的三家书店的干部，他们共同构成了一部三联书店前半生惊心动魄的战斗史。

在这篇文章的最后版本中，可以看到徐伯昕对三联的历史事件所作的一些重要点评和解释，如对 1940 年初夏，周恩来找三家书店负责人谈话并作出开展敌后图书出版发行工作的指示，修改稿增加了一句："这是周恩来同志按照毛主席的战略部署作出的具体安排。"又如，对三店在国统区遭受打击后将重心转移到香港，他解释道："这并非是消极的回避斗争,而是为了更便于指挥调度三店在敌后根据地、国民党统治区、沦陷区和海外的出版发行工作。"在提及三店在重庆参加文化界要求国民党取消审查制度的斗争时,他补充说明:"这是关系到进步文化事业能否继续生存的大事。"在记述解放战争时期三联的出版工作时,他评论道:"如果三书店不及早派遣一部分干部去山东和东北解放区,如果没有当地党政领导的大力扶助和经济上的支援,我们的出版工作是不可能如此迅速地适应解放战争时期革命形势发展的需要的。"

《生活书店 读书出版社 新知书店 革命出版工作五十年纪念集(1932—1982)》一书,共收录了 13 篇关于三店的纪念文章,徐伯昕的这篇《在艰苦战斗中建立的团结——纪念生活·读书·新知三联书店致力革命出版事业五十年》,可以说是最为完整、系统的三店发展历史的回顾性文章,从当代出版史研究领域看,也是最早的全面论述三店发展、合并历程的文章,是三联书店历史也是革命出版事业史宝贵的基础性资料。

四、徐伯昕的"韬奋精神"

徐伯昕对自己的出版事迹谈之甚少,但对邹韬奋的出版贡献,总是时时提及并屡屡付诸笔端。

1978 年 9 月 6 日,在香港生活·读书·新知三联书店成立三十周年之际,徐伯昕欣然题词:"学习韬奋先生全心全意为人民服务精神,认真办好革命出版事业,为实现社会主义祖国新时期的总任务作出贡献。""文革"结束后，到 1984 年去世，徐伯昕在人生相对平稳的最后几年时光中，一共书写了 5 篇有关三联书店的文章，同上面这幅题词一样，他深深地思念和追怀着曾经的师友——邹韬奋，只不过，他的行文以一以贯之的冷静、严谨，把个人的情感深深地沉在了字里行间。

1979 年 7 月 24 日，是邹韬奋逝世三十五周年。26 日，徐伯昕在《人民日报》的第 4 版上，发表了题为《战斗到最后一息——纪念邹韬奋同志逝世三十五周年》的纪念文章，文章长达 4700 余字，回忆了邹韬奋的革命出版历程，还回顾了其他书店同人为革命出版事业献身的事迹和精神。

文章分三个部分，第一部分追忆了韬奋去世前的情况，提到他的口述遗言：

> 倘能重获健康，决定先完成《患难余生记》，再写《苏北观感录》和《各国民主政治史》，并去陕甘宁边区和晋察冀边区等抗日民主根据地，视察民主政治情况，从事著作，决不做官。如时局好转，首先恢复书店，继续办图书馆和日报，愿始终为进步文化事业努力，再与诸同志继续奋斗二三十年！

对此，徐伯昕评论道："这种豪迈的气魄，深深地感动了当时陪着他的同志和家人，我至今还不能忘怀。"需要指出的是，这一段话，是徐伯昕从邹韬奋遗言原始版，也就是后来修改后公开发表的《遗言纪要》中摘引下来的，是首次公开发表。如前文所说，《遗言纪要》是邹韬奋在临终口述、徐伯昕手书的遗嘱原始版，详细记载了邹韬奋对临终处理、著作整理、家属布置等方面的心愿，由于时局复杂，在公开发表时对内容进行了处理。三十五年来，徐伯昕一直珍藏着这份《遗言纪要》原稿，直到去世。在 2004 年邹韬奋逝世六十周年之际，徐伯昕也已去世了二十年，他的次子徐敏将这份从遗物中清理出来的《遗言纪要》原稿，送给邹韬奋的女儿邹嘉骊审阅。

据邹嘉骊记载：这份《遗言纪要》书写在一本泛黄的、薄薄的簿子上，小十六开本稿纸大小，共 33 页，薄牛皮纸做的封面、封底，簿内有五篇文稿，全是直行书写。题为《遗言纪要》，下注"卅三年六月二日口述"；第二篇是红格稿纸，占小半张，题为《家属近况》……第三篇是第一篇《遗言纪要》的整理稿，占 1 页，下注"六月二日口述"，未注年份。……第五篇也是用的红格稿纸，占 29 页，是徐伯昕写的《韬奋先生的一生》，文尾缺页，全文未完。①

徐伯昕一直珍藏着邹韬奋的遗言，在他生命的最后几年所留下的文字中，有一多半是为邹韬奋而写，除了这篇三十五周年的纪念文章，还有《怀念衡老兼及韬奋》，以及他最后未能完成的遗作《韬奋先生的一生》。

回到上文提到的纪念邹韬奋逝世三十五周年的文章中，接下来，徐伯昕回忆了韬奋逝世后党中央的悼念活动，毛泽东、周恩来等领导人的亲笔批示。第二部分，徐伯昕以近 2500 字的篇幅回顾了韬奋的办刊、办报、办出版社的历程和成就，以及他如何历尽千辛万苦，与旧社会黑暗势力、国民党独裁统治斗争，传播先进思想和文化的生动经历，全面展现了生活书店是如何成长为"中国进步文化出版事业的

---

① 邹嘉骊编著：《邹韬奋年谱长编》（下卷），上海交通大学出版社 2015 年版，第 1358 页。

堡垒"的。在文中，徐伯昕写道："他为千百万群众而办刊物，并工作在千百万群众中，这就是韬奋精神，就是他热爱出版事业，乐于献身进步出版事业的奋斗精神。"

"韬奋精神"，不仅是三联书店一直秉承到今日的精神核心、"店格"，更是中国当代出版精神的一面重要旗帜。其作为一个名词提出可追溯到 1944 年 11 月，毛泽东在延安追悼邹韬奋的大会上留下这样的题词："热爱人民，真诚地为人民服务，鞠躬尽瘁，死而后已，这就是韬奋先生的精神，这就是他之所以感动人们的地方。"三联书店重建之后，更是将"韬奋精神"作为始终秉承和诠释的精神核心和"店格"。改革开放后，若干文化界和出版界的学者、名人都曾从不同角度解释过"韬奋精神"。2015 年，三联书店还与人民出版社共同出版了解读"韬奋精神"的读本《韬奋精神六讲》。然而，"四人帮"横行的日子里，韬奋同志被诬陷为 30 年代出版界的"黑线人物"。"四人帮"在上海的党羽，还秘密设立"韬奋专案"，调查他的历史，诬蔑他主办的生活书店是"三十年代黑店"，参加过生活书店工作的同志是"叛徒、特务、资本家"。在韬奋逝世三十五周年之际，徐伯昕重提"韬奋精神"，这也是"文革"后《人民日报》上首次出现"韬奋精神"。

如果说"韬奋精神"是中国出版所迸射的一种独特光芒的话，那这种光芒离不开邹韬奋用毕生精力、智慧、热情、辛劳乃至牺牲所燃烧的柴薪，也离不开与邹韬奋并肩作战的生活书店同人们的精力、智慧、热情、辛劳乃至牺牲所共同燃烧的柴薪，这才使得这种精神超越了个人神话的范畴，而成为更为坚实、丰富、壮大的一种集体的力量。作为韬奋的亲密战友和黄金搭档，徐伯昕是"韬奋精神"形成的见证者，更是不可或缺的参与缔造者。任何一种思想或精神的流传，都离不开志同道合的后继者。韬奋精神，在离开出版界数十年的徐伯昕心中从来没有暗淡过，在度过了万马齐喑的年代，迎来云开日出之时，他在怀念故人时，再次举起了这面名为"韬奋精神"的旗帜。

在文章的第三部分，徐伯昕回忆了邹韬奋对社会主义和中国共产党的向往，以及逝世后被追认入党的往事，"韬奋同志是一位革命永不停步，不断追求真理与光明的伟大革命者"，"他热爱党，信服中国共产党的正确领导，对毛泽东同志和周恩来同志有深厚的感情"，邹韬奋"从一九三八年起，不止一次地要求加入无产阶级先锋队组织"，最后，"韬奋同志的遗言传到延安后，党中央十分重视，在致家属的唁电中告知已接受韬奋临终的请求，追认他入党"。

晚年的徐伯昕，一再强调邹韬奋对中国共产党的热爱以及死后入党的事实，在 1983 年他所发表的《怀念衡老兼及韬奋》一文的最后，徐伯昕写道：

> 还有一件需要郑重提到的事情，韬奋的生前曾几次向党的负责人提出要求加入中国共产党，得到的答案都是说：不如在党外产生的影响更大，因而未能如愿。在他弥留之际又在遗嘱中提请党审查他的历史，希望在他死后能追认他入党。在这一消息传出后，有人对韬奋临危还要加入共产党，觉得难于理解。衡老对此非但不觉得奇怪，却为韬奋感到光荣。

接下来，徐伯昕还引用了沈钧儒（衡老）在韬奋逝世十周年时写的《走韬奋同志的路》中的一段话：

在我得到他已逝世，并在逝世前遗嘱请求入党，得到党中央批准的消息时，我痛悼失掉自己的好友，同时也感到极大的安慰，因为韬奋终于得偿宿愿，享有了光荣的共产党员的称号了。①

对于邹韬奋入党这件事，徐伯昕如此郑重地反复强调，其原因大约有二：

一方面，徐伯昕与邹韬奋在共同的出版事业中并肩工作近二十年，是同事、朋友，更是师徒、知己的关系，他亲历了韬奋的最后岁月，亲自为韬奋料理后事，携韬奋的遗嘱奔赴苏北，向党组织汇报并且也在此时申请加入中国共产党。可惜，我们无法去探问徐伯昕当时的种种感受，但相信这一段记忆是他永远难以忘怀的，必然深深印刻在他的心灵之中。后来，他一直在以各种方式，缅怀着、传播着、身体力行着韬奋的思想和遗志。比如，他一直在整理韬奋的著作，以韬奋出版社的名义出版了《患难余生记》、韬奋论文集《对反民主的抗争》，撰写了《韬奋先生的一生》；又比如，建立"韬奋图书馆"一直是他的一大心愿，从 1946 年筹集韬奋图书馆的基金，到 78 岁高龄，徐伯昕在病榻之上，仍不忘对来看望他的周幼瑞同志说，非常惦念建立韬奋图书馆的事，希望能与上海文化局联系，

① 江苏省政协文史资料委员会、江苏省常州市政协文史资料委员会编：《新文化出版家徐伯昕》，中国文史出版社 1994 年版，第 213—214 页。

能否把卢湾区的图书馆充实后改为韬奋图书馆，并表示"这是我的一大心愿"。[①] 徐伯昕生前的未了心愿，在 2012 年生活·读书·新知书店八十年店庆之时终于实现，在北京市东城区美术馆东街三联韬奋书店东侧，韬奋之子邹家华宣布韬奋图书馆开馆，这是我国目前唯一一家由出版单位设立、以社会公众为服务对象的公益性社区专题图书馆。

另一方面，面对"文革"中对三联出版事业、对韬奋等出版工作者的欲加之罪，徐伯昕心中定然埋着深深的愤怒、压抑、痛楚和忧虑。对邹韬奋，徐伯昕始终怀有发自内心的认同与始终不渝的追随。面对"文革"期间的不公与歪曲，他的坚信和睿智让他愈加沉稳与笃定。据徐伯昕的外孙女徐虹回忆，20 世纪 70 年代初，生活书店被批判为"黑店"，书店曾经的译者瞿秋白被批判成"叛徒"，"黑店的老板"徐伯昕竟拿出"禁书"《多余的话》（瞿秋白遗著）让自己的外孙女读。因此，"文革"结束后，徐伯昕连续撰写文章，将澄清历史作为自己的责任。

他选择了以不加修饰的记录和质朴无华的叙述，告诉人们历史的真相，他指明："生活书店和党的关系是由书店的创办人邹韬奋的政治态度起决定作用。"他强调，"他（邹韬奋）强烈地要求参加中国共产党这一心愿，从 1935 年起到他 1944 年逝世前，始终不渝。"作为三联书店从未离开的守护者，徐伯昕在生命的最后几年里，一直为还韬奋及三联书店以清白与尊重而努力。在徐伯昕身后，叶圣陶是如此评价他的："伯昕同志有许多长处，这些长处是做人的根本，做人就应该这

---

① 江苏省政协文史资料委员会、江苏省常州市政协文史资料委员会编：《新文化出版家徐伯昕》，中国文史出版社 1994 年版，第 347 页。

样做。"赵朴初的挽诗则是，"其执事也敬，其与人也忠"；老一辈民主党派领导人孙起孟评论他"做得多说得少，具有高度责任感"。[1] 作为一个实干派的出版家，他始终隐藏着自己的光华。在这些回忆的文章中，我们几乎看不到他本人的存在。对于自己的功绩，徐伯昕不仅写得少，说得也少，哪怕是对自己的儿女，"父亲多次见到周恩来总理，亲自聆听周总理的教诲，以及他自己参加中共党组织的情况，他从来没有和我们讲过"[2]。

"韬奋精神"是三联出版精神的灵魂，邹韬奋的经历是三联出版历程的缩影。作为见证人、亲历者，徐伯昕写下的这一篇篇文章不仅仅饱含着怀念，更充满了责任和担当，以及精神的传递。

"文革"之后，除了以文字澄清历史，徐伯昕还为三联书店的出版事业付出了诸多努力，比如推动解决三联书店职工的革命工龄问题，推动三联书店恢复独立建制等。

五、为三联燃最后的心香

1980 年 7 月 20 日，徐伯昕会同张仲实（马恩列斯编译局）、胡绳（毛著编委会）、黄洛峰（中国历史博物馆）、钱俊瑞（世界经济研究所）、华应申（国家文物局）、邵公文（中国国际书店）七位三联老

---

[1] 孙起孟：《以为青年服务为乐事——怀念徐伯昕同志的一段往事》，载《新文化出版家徐伯昕》，中国文史出版社 1994 年版，第 2 页。

[2] 徐星钊：《骨灰洒故土，精神传后辈》，载《新文化出版家徐伯昕》，中国文史出版社 1994 年版，第 410 页。

同志为争取解决三联书店职工革命工龄问题，向宋任穷并中央书记处提交了《关于原三联书店职工参加革命工作时间和革命工龄的计算问题的请示报告》，报告首先谈道：

> 关于原三联书店职工参加革命工作时间和革命工龄的计算问题，各地各部门的处理办法很不一致。据我们所知，虽然有认为参加三联书店工作就是参加革命的，但也有认为原三联书店职工到全国解放起才算是参加革命的。鉴于我们是原三店的负责人，不少同志要我们向中央反映情况，希望这个问题能得到统一的解决。

接下来，报告回顾了三家书店的创办过程，在共产党的领导下在国统区开展的各项工作，并提到中央于 1949 年 7 月 18 日给北京、上海等 13 个省市党委发出的指示电《关于三联书店今后工作方针的指示》，以及 1954 年三联书店工作的结束。最后，报告提出具体建议：

> 一、抗日战争前参加三联书店工作的，一律从 1937 年 8 月即三店在武汉在党组织领导下工作时起计算革命工龄；二、在上述时间以后参加工作的，从进店之日起计算革命工龄；三、在三店用其他书店、文具店等名义设立的分支机构参加工作的，以及被派往其他合营机构工作的职工，也一律按参加之日起计算革命工龄。

报告最后以七位"原生活书店、读书出版社、新知书店负责人"的名字和现任单位落款，徐伯昕（政协全国委员会）列在七人之首。

此后，徐伯昕一直为此坚持不懈，与徐雪寒奔走于中组部、中宣部、国家出版局，阐述生活、读书、新知三家书店成立起的全部革命事业经过。近三年后，事情得以最终解决，1983 年 5 月 26 日，中组部发布（83）34 号文件《关于确定党的秘密外围组织、进步团体及三联书店成员参加革命工作时间的通知》，指出：

> 生活书店、读书出版社、新知书店及其联合后的三联书店，在建国前实际上起到了我党在国民党统治区的出版发行机关的作用。其性质与新华书店一样，其工作是在我党领导下进行的，其经营目的是为了宣传马克思列宁主义和我党的方针政策，在扩大革命影响、唤起广大青年投身革命、冲破国民党反动政府的文化"围剿"等方面做了大量工作。

> 凡是三家书店的正式工作人员，拥护党的主张，服从组织安排（需经当时分店以上负责人证明），一直坚持革命工作的，1937 年 8 月以前进店的，其参加革命工作时间从 1937 年 8 月三家书店受党直接领导时算起；1937 年 8 月以后进店的，从进店之日算起，间断革命工作的，按中组发〔1982〕11 号文件有关条款确定。

从内容看，该文件基本采纳了上述徐伯昕等七位老同志在报告中提出的建议。此举为 1600 多名老同志解决了革命工龄问题。

报告和问题的解决时隔三年之久，其原因，据当时国家出版工作的负责人之一宋木文回忆，是"因为粉碎'四人帮'后，从平反各种冤假错案开始进而解决各种历史遗留问题，包括历史上各类与革命运动有关组织的定性及其成员革命工龄问题，在七十年代末到八十年代初成为全党的一项重要工作，除了一些重大案件由中央个案处理外，许多涉及革命组织定性以及解决革命工龄问题，需要由中组部统筹处理。三联书店革命工龄问题就在其中。从中组部 1983 年 5 月发出的文件所涉范围之广、组织之多，即可看出此点。从提出到解决这个问题三年多的时间里，有三联老同志曾对我和有关同志有所责难，我理解他们的心情，但我敢说不是我们不努力，是这类问题众多需要统筹使然"①。

随着三联书店革命历史地位的恢复和职工革命工龄问题的解决，三联书店开始走上恢复独立建制的路途，这成为三联书店拨乱反正、走向复兴之路三部曲中的最后一部。而三部曲中的每一部，徐伯昕都起着关键作用。

此时，徐伯昕已经在病榻上了。早在一个月之前，他就健康状况恶化，经组织劝说住进北京医院治疗。不久，下肢瘫痪，大小便失禁，颈椎用钢圈固定。即便如此，他仍然用最后一点光芒，为三联书店照亮了未来。

徐伯昕在病榻上的最后时光中，为三联书店的重建付出了最后但也是极为关键的努力。与其他心系三联的老同志们一样，已不在出版战线上的徐伯昕也一直怀有这样的梦想。从 1982 年 7 月 15 日《人民日报》上那篇题为《在艰苦战斗中建立的团结——纪念生活·读书·

---

① 宋木文：《关于三联书店拨乱反正的历史回顾》，《出版史料》2004 年第 4 期。

新知三联书店致力革命出版事业五十年》的文章结尾处，就透射了他的希望，他引用了重庆三书店联合时曾发表的告同人书，"这种合并，不是结束，而是团结；不是退守，而是前进；不是衰老，而是新生；不是缩小，而是发展"，并祝愿三联书店这一革命出版事业永葆革命青春。

1983 年 8 月，生活书店的老员工、上海书店的丁之翔来医院探望时，徐伯昕病情危重，不仅下肢瘫痪，说话也比较困难，却仍然对出版事业非常关心。在丁之翔向他汇报《四库全书》的有关情况时，徐伯昕拉着丁之翔的手称赞说："这是一件功德无量的大事，解放前商务印书馆曾三次想印，均未成功，如果这次你们能印出来，真正为保存和发扬祖国的文化遗产作出了贡献。"

从这次谈话的记载中，可以看到，徐伯昕一直关注着新中国出版事业的发展，而且对革命出版事业的细节记忆得十分清晰。当丁之翔把一本新印的《永生》周刊样本送给他时，他说："上海书店近几年来影印了《生活日报》、《大众生活》、《生活星期刊》，看了你们的选题，正准备影印《新生》等刊物，很好。"根据自己丰富的出版经验，徐伯昕也经常对出版工作给予建议或寄望，比如，这一次他对丁之翔建议道："还有一本《国民》周刊计划里没有，这是 1937 年 5 月至 1937 年 11 月直到上海沦陷时的一本周刊，是谢六逸编辑，从第十六期开始编委有谢六逸、钱俊瑞、邹韬奋、章乃器、张仲实、张弼、胡愈之、金仲华、（范）长江、李公朴、沙千里、王纪元等同志，这一刊物也应列入影印出版计划。"

徐伯昕再次谈到了邹韬奋，以及为了继承韬奋遗志而和郑振铎一起在上海创的《民主》周刊。他在谈到三联书店时说："三联是有革命传统的，一直出版马列主义著作和革命书刊，应该把它从人民出版社划分出来，恢复它的传统和特色。"①

1982年底，人民出版社决定恢复三联书店编辑部，12月1日在临时党委会议上通过了《三联书店编辑部的方针任务》，认为"根据三联书店过去的历史和解放后出书的状况，三联书店应该是一个有自己特点的带综合性的出版机构"，所以三联书店编辑部应制订单独的出书方针和规划，适当扩大出书品种，与人民出版社的出版物相比，其出版方针为，"在思想上应更多地注意宣传爱国主义思想，通过爱国主义教育引导读者走向共产主义；在内容上，应注意提高读者的文化素养，丰富人们的文化知识，以促进人们进一步理解马克思主义科学理论和树立共产主义世界观。三联书店还应该注意文化积累，特别是近代、现代的文化积累工作，为建设高度的社会主义精神文明提供有用的丰富的读物"。"对于不同的学术观点和艺术见解，应该允许自由讨论，尽可能使之得到出版的机会。对于有一定价值的足资借鉴的学派和风格，可以有选择地介绍，借以增加人们在这些方面的知识，开拓人们的眼界。对历史遗产和外国著作，应采取历史主义和客观的分析态度，只要不和现行重大政策抵触而又有一定价值的，也应尽可能予以出版，借以丰富文化积累。"由于历史原因和国际国内统战工作的需要，三联书店还担负出版一部分著名民主人士和海外有关人士的著译，并和香港三联书店及国内有关单位密切合作，在外宣工作中发挥一定的作用。

按照以上方针任务，三联书店的出书范围包括：

---

① 丁之翔：《最后一次的会见》，载《怀念出版家徐伯昕》，书海出版社1988年版，第87—89页。

（1）出版以中等以上文化程度的读者为对象的中级文化基础知识读物，包括社会、思想、文化的基础知识和历史知识，语言文字、美学、逻辑等方面的基础知识，以及学术立场和艺术风格、某些边缘学科的介绍等等。

（2）有选择地出版一些文史学术著作，包括当代作家、学人有关文化、学术思想的著述。

（3）有计划地出版一些中外思想文化代表著作选读和评介（以近现代的人物为主，辑印一些历史上具有爱国主义思想的作品等）。

（4）培养读书兴趣，丰富"书的文化"的读物（如书话、题记、书评、读书札记，以及有关装帧艺术方面的书籍）。

（5）有选择地翻译出版有助于开阔眼界、开阔思想、提高文化知识修养的外国著作（如某些社会、思想、文化方面的著作，国际友人的作品、传记等）。

（6）有步骤地着手清理过去三联书店以及某些比较正派严肃的出版社曾经出版过的图书，选择其中一些有保留价值的久已绝版和湮没无闻的，重印或修订再版，借以丰富图书品种和起到积累文化的作用。

（人民出版社《三联书店编辑部的方针任务》）

文化部出版局对人民出版社送来的报告审阅之后，同意其所提出的三联编辑部的方针任务和出书范围，并于1983年2月19日向文化部报送了《出版局关于请予审批三联书店编辑部方针任务向文化部的报告》，4月2日，文化部以文厅字（83）第700号文批准了这份报告。停顿了二十余年的三联编辑部恢复了工作，对外使用三联书店的名义，由三联的老工作者范用任总经理，倪子明任总编辑。

重病之中，徐伯昕仍然和胡绳、钱俊瑞、徐雪寒、周巍峙、沈粹缜共 6 位三联的老同志，向文化部党组和中央宣传部提交了为三联书店恢复独立建制的请示报告。其中，胡绳时任中共中央党史研究室主任，钱俊瑞时任中国社会科学院世界经济研究所所长，徐雪寒时任政策咨询机构国务院经济研究中心常务干事，周巍峙时任文化部党组副书记、副部长。这份报告从三家书店五十周年庆祝活动讲起，谈到与会的党政领导对三店贡献和革命传统的高度评价，并勉励其作出新贡献。

对于恢复三联建制，报告主要从两方面入手，一方面，从历史传统看，三家书店在 20 世纪三四十年代能有所贡献、形成巨大战斗力量，是党的正确领导和以邹韬奋同志为代表的一批革命出版发行工作的先驱者认真执行了党的方针路线的结果，其积累的经验，对新的时期作出新的贡献是有用的。

另一方面，谈到三店编辑出版部门合并到人民出版社后，三十年来，三联书店仍然在海内外有着广泛的影响，这源于人民出版社仍然以三联书店名义出版了众多图书，香港三联书店一直面向海外进行着出版发行工作。因此，从继承传统、统战工作以及承担精神文明建设新任务的角度而言，"尽快促成三联书店成为一个独立的出版机构，确实是形势发展所需要的"。

报告还对三联书店恢复独立建制后的属性、架构、出版方针、资金来源、干部队伍、办公地点等各方面提出周全而细致的建议，其中，对以下几方面的强调，可以称之为是对三家书店灵魂和精髓的传承：一是通过出版团结一切爱国的新老著译者，以利统一战线的壮大和发展；二是做好邮购服务，热诚周到地为读者和作者服务；三是保持并发扬三联书店艰苦奋斗的革命精神。①

这份报告的署名日期是 1983 年 11 月 23 日，文化部出版事业管理局对此进行了研究，在 1984 年 2 月 20 日给文化部党组书记、部长朱穆之和周巍峙的报告中，表示"我们原则上赞同"，但也提出"主要是干部（领导干部和业务干部）、房屋两大问题需先解决。我们当积极为此努力，但目前确实困难甚大。希望得到部里支持，争取加快步伐。"

朱穆之于 2 月 22 日将此报告转报给时任中共中央宣传部部长的邓力群。3 月 19 日，宣传部对三联书店成立独立出版社给予同意批复。

3 月 27 日，徐伯昕去世，而他为之奋斗的三联书店却开始迈向了新生。

为落实好恢复三联书店独立建制的工作，特别是处理好人民出版社与三联书店分家以及三联独立后的若干具体问题，文化部出版局的领导班子在 1985 年 1 月 10 日专门成立了一个九人筹备小组。考虑到陈原在三联书店的威望和对恢复三联书店历史地位所作的贡献，出版局请陈原担任组长，副组长为刘杲（时任出版局副局长）、吉少甫、范用，组员为王仿子、倪子明、戴文葆、沈昌文、董秀玉。

11 月 6 日，国家劳动人事部核定了《文化部关于三联书店申请编制的报告》，三联书店作为文化部直属事业单位，实行企业化管

---

①　生活·读书·新知三联书店文献史料集编委会编：《生活·读书·新知三联书店文献史料集》（下），生活·读书·新知三联书店 2004 年版，第 1276—1278 页。

理，独立核算，自负盈亏，事业编制 40 人。①

虽然在长达三十余年的时间中，三联书店未能作为一家独立的出版机构在新中国的出版历史中充分施展，但在徐伯昕等老一辈三联人的引领下，新三联走上了一条既有继承又有创新转型的道路，尤其是《读书》杂志以及数部精品力作的问世，在无数读书人最渴求新知的年代，聚集成一种独特的人文感召力量、鲜明的出版风格，发挥着启蒙的文化功能。今天，三联书店已经成为当代中国最负盛名的出版社之一。

在中国的出版历史上，如三联这样历经三十余年沉寂而仍能继续辉煌、创造未来的出版社案例，是绝无仅有的。2012 年，在我们撰写《三联书店简史》时，曾经反复思考过这个问题，也努力总结了各个方面的原因，比如得益于人民出版社三联编辑部的工作、香港三联书店的声誉、三店老人的不懈努力以及《读书》杂志的社会影响等，但总觉得都可归属于三联品牌的社会影响力，而未能把握住促动其新生的来自于三联内部的力量根源。当时，三联书店的编辑们也对《简史》表达了同样的遗憾。今天，通过对徐伯昕先生的研究，我们深深地感受到，一家文化出版机构、一个出版品牌如果能够长久传承、闻名于世，一定是因为凝聚了一个长存的"灵魂"——也就是其参与者所一致认同的精神文化内核。他们在为共同的事业长期奋斗的过程中，铸就了共同的信仰、信念和情怀。因此，三联书店这个出版事业，已经成为包括徐伯昕在内的所有三联人的"文化共同体"。在这里，他们个人的理想和志向与共同体的理想和志向实现了契合和

---

① 生活·读书·新知三联书店文献史料集编委会编：《生活·读书·新知三联书店文献史料集》（下），生活·读书·新知三联书店 2004 年版，第 1288 页。

统一，所以才能坚定、忠诚、矢志不渝。即使三联作为一个实体机构已经停顿了三十余年，一旦日朗风清，条件成熟，徐伯昕及其同人们，就即可着手让书店转世重生。这个精神文化核心，就是"韬奋精神"。多年以前，徐伯昕追随着韬奋共同创造了这种出版文化精神，在韬奋撒手人寰之时，徐伯昕接过这把主火炬，并在自己即将永诀的时候，与他的战友们共同为韬奋精神在新时代熊熊燃烧建立了新的塔楼。

1984 年 2 月 16 日，徐伯昕在病床上写下最后的手迹：

> 在社会主义的今天，七八十岁不稀奇，六十岁还是小弟弟。我今年年届八十，不敢称寿，对党对人民贡献微薄，私感惭愧。承同志们热情祝贺，愧不敢当。如健康能有所恢复，愿以余岁，继续为四化作出力所能及的贡献。
>
> 徐伯昕 1984.2.16

徐伯昕一直珍藏着那份由他执笔记录下来的邹韬奋的《遗言纪要》。直到他去世后，家人才从他的遗物中发现，这份《遗言纪要》被徐伯昕装订在一个薄牛皮纸作封皮的小册子里，其中，有这样一句话，与徐伯昕最后的手迹遥相呼应："如时局好转，首先恢复书店，继办图书馆与日报，愿始终为进步文化事业努力，再与诸同志继续奋斗二三十年！"

1984 年 3 月 27 日，徐伯昕逝世。根据他的生前遗愿，丧事从简，不开追悼会，藏书 992 种 1661 册捐赠给常州图书馆。4 月 13 日，徐伯昕的骨灰被亲人带回常州，根据他的愿望，凭栏徐徐撒入了常州的大运河中，最后剩余的部分埋入东坡公园舣舟亭畔的松柏丛中。这里没有雕像，没有碑石，没有一丝一毫的痕迹，但伯昕先生的精神与草木共荣。

第八章

新文化出版家徐伯昕

一、伯昕与韬奋
——生活的"智慧"与"精神"

从《生活》周刊到早期的生活·读书·新知三联书店，是一幅以血与火为底色的波澜壮阔的画卷，在后人的研究评述中，徐伯昕往往是隐身在邹韬奋的光芒之后，是这幅长卷的"隐形画师"。而这幅长卷的壮美，离不开徐、邹二人的互相扶持和优势互补。

（一）韬奋是生活之"精神"，伯昕是生活之"智慧"

戈公振在论述民国报刊时说，"总理为一

馆之领袖，故宜知编辑、营业、印刷三方面之真相，尤贵在知人善任，以全力尽忠于其职务。"①从《生活》创刊，到生活、读书、新知三家书店合并，徐伯昕的名衔虽然多次变化，但他实质上一直是生活书店乃至三联书店的"总理"。他所总理的事业，对韬奋的出版精神做了最好的实践和传播。邹韬奋最终成为生活书店、三联书店乃至当今中国出版业的一个无可替代的精神文化符号，离不开徐伯昕多年不计个人得失地对出版事业的营造支持、运筹帷幄，也离不开改革开放后徐伯昕在晚年再次举起"韬奋精神"的出版旗帜。

两个人是黄金拍档，优势互补。徐伯昕没有邹韬奋在书写方面的才华，邹韬奋则没有徐伯昕在经营方面的天赋。邹韬奋大学毕业后很想进新闻界，却并不顺畅，1927年得到在《时事新报》兼职的机会，但董事长张竹平却有意将他塑造为一个英文广告员，可是邹韬奋不肯俯就，不愿意折腰、讨价还价，更受不了"洋鬼子的臭脸"。幸好《生活》周刊的事业突飞猛进，让他得以"和英文广告员的苦痛永诀了"。②徐伯昕则在广告领域游刃有余，邹韬奋在回忆中曾多次盛赞伯昕在广告经营方面的非凡作为，由此可见两个人的才华互补。

徐伯昕为邹韬奋免去了后顾之忧，让他在编辑、写作方面尽情施展，从而以令人咋舌的创作速度、极具魅力的风格，吸引了一大批忠实读者。徐伯昕则以发行工作不断扩大着他们的读者群，令韬奋的声音遍布全国、远涉南洋，为生活书店在大众、文坛和社会文化团体中赢得了崇高的社会声誉。这般声誉又帮助书店扩展了作家资源、出版

① 戈公振：《中国报学史》，湖南大学出版社2014年版，第195页。
② 生活·读书·新知三联书店编：《韬奋：韬奋画传·经历·患难余生记》，生活·读书·新知三联书店2012年版，第185页。

资源。

在生活书店 1937 年快速建立全国分支机构的大发展时期，我们可以清晰地看到，书店的政治取向—管理策略—编辑方针—产品结构—发行网络—经营策略多个环节是环环相扣的。每个环节，都融入了邹韬奋以及胡愈之的宏观指导思想，而每个环节的落实，又是由徐伯昕精心筹划的。

在逐渐壮大的生活书店的事业中，韬奋以卓尔不凡的人格魅力和思想深度，成为"生活精神"的创造者，而徐伯昕则以经营运作方面的宏才大略，成为"生活智慧"的源泉。迅速建立起的五十多家分支机构，都是这种精神和智慧的复制者和继承者，从而让这种扩展的规模和速度成为民国出版史上绝无其二的奇迹。

（二）韬奋搭建"桥梁"，伯昕营造"网络"

茅盾、鲁迅、郑振铎、胡愈之、李公朴、艾寒松等多位重要作者、合作伙伴，都因邹韬奋的文坛交往而来，但具体将他们纳入到生活书店的编辑出版工作中，则靠的是徐伯昕的人际网络构建和出版策划能力。在生活书店壮大的过程中，徐伯昕尤其善于通过书刊出版团结社会各界的资源，这在客观上也帮助韬奋维护、落实了与知识界思想界之间的关系。他还非常善于修补各种各样的裂痕，来自社会关系的、内部矛盾的、生意与革命的，从生活书店与鲁迅、茅盾等知名作家之间的往来细节，皆可看到徐伯昕这种卓越的能力。

生活书店的这艘大船，在抗日战争的历程中，受到战火、政治方面的摧残愈演愈烈，徐伯昕如同救火队长一样，以尽可能的速度和效率善后、调整、再生，开拓出种种新生之路。在生活书店生死存亡的危急关头，徐伯昕对三条战线的布局，有效地保存了有生力量，保全了人才队伍。

（三）韬奋是"引路者"，伯昕是"当家人"

邹韬奋长徐伯昕十岁，二人的关系，从开始的师生关系，到后来情逾手足的事业伙伴，一直是亲密和谐的，从未有矛盾与不合之事发生。邹韬奋对于出版事业、对于抗日救亡，有巨大的热情和献身精神，徐伯昕一直给予他和他的家人无微不至的照顾。从筹款送邹韬奋出国避难，到"七君子事件"的营救，再到武汉、重庆、香港当地沦陷关头，徐伯昕处处为邹韬奋计划、安排，将他的安全放在第一位。抗日烽火中艰难危险，徐伯昕大多数时间都是乘坐轮船等周折费事但廉价的交通工具出行，但对于社会事务繁忙的邹韬奋，则尽力保障他乘坐飞机出行。

在武汉、重庆时期，邹韬奋的社会影响力越来越大，演讲时的听众屡屡达万人以上。他的政治地位也越来越重要，一方是共产党志同道合的朋友，周恩来的座上宾，一方也是南京国民政府竭力争取、劝服的目标，更是爱国团体的重要成员。韬奋多次乘坐飞机、轮船辗转各地，组织开展抗日救亡运动，他当然无暇顾及书店的具体业务，生活书店"三驾马车"中的胡愈之也在忙于同样的事务。因此，生活书店整个事业的组织运作基本是落在徐伯昕肩上。他规划着图书的策划组稿工作，领导着总管理处各部推进人事、生产、发行等所有环节的事务，还要遥控指挥全国各分支店机构的发展，同时也会为共产党做出服务。

当然，这不是在质疑韬奋的巨大贡献。即便是在无比繁忙的社会工作中，邹韬奋仍会挤出大量时间、精力指导书店的发展建设，并尽可能地参与具体管理工作，处理突发问题。在《店务通讯》上，从第21号之后，韬奋每一期都会专门撰写一两篇文章，这些文章宛如不灭的火炬，高高举起，唤起了大家的精神认同。从内容看，韬奋的文章主要是从理论、宏观的角度指导出版工作，解答疑难，解决书店扩张期所带来的职工们的精神困顿。这种巨大的精神指引是不可或缺的，是凝聚力和"生活精神"的主要来源。许多店员对生活书店的热爱始终不变，在各类回忆文章中能够看到，毫无疑问，韬奋是大家的精神领袖。许多后加入的员工虽然没有和邹韬奋相处共事的机会，但他们仍然能够通过阅读韬奋在《店务通讯》发表的文章，而被这种极具魅力的精神所吸引，被唤起一生的认同和自豪感。

徐伯昕的文章虽然在数量上只有27篇，但这些文章都需要对书店的具体业务、数字了然于心才能撰写。他的文章平实细致，但在关键时刻，却发挥着重要作用。比如到1940年，书店的经济极度困顿，资金链断裂，各店供应紧缺，同人薪水福利不能按期增加反而下降，老员工接续离职，让各店职工人心惶惶，对书店的前景无法判断。邹韬奋等人发表了多篇号召大家同甘共苦、共渡难关的文章，告诉大家正在积极采取措施，但仍然无法平息此起彼伏的质疑之声。徐伯昕下决心向大家交代清楚（也极有可能是领导层集体的决定），撰写了《今后业务的动向》一文，于8月15日发表在《店务通讯》（第99号），简要描述了书店所遭遇的严重困难，以及这些困难背后的原因，给大家清晰罗列了营业额、开支、借到的经费以及仍然存在的亏空等具体数字，表示借到的钱"杯水车薪"，至少还有四万元没着落，"营业低落，开支上升，就必然造成为营业亏损——本店在目前的严重问题就是这样。"进而"诚恳的希望每个同人都能聚精会神地来下些功夫，想些办法，并且切实地来努力为事业奋斗"，并报告了理事会的应对决策，以及加强营业的八个要点。这篇文章发表之后，大家明白了书店正陷于严重的资金困难中，但也因为了解实情而定下神来，努力开源节流，并为书店提出具体建议。徐伯昕是大家在事业上深深依赖的当家人，"是每个同事都知道他而又素仰他的"①。在社员大会选举中，他先后两次都得到了最高票数。

性格上，邹韬奋疾恶如仇，刚直外向，又天真如孩童；徐伯昕精明审慎，稳重内敛，做事又无条框；事业上，邹韬奋胆识过人，公私分明，徐伯昕计划周密，善于识人。他们是生活书店的事业中谁也无法替代谁的黄金拍档。

二、徐伯昕的出版道路选择

徐伯昕的学历不高，其出版成就离不开其过人的商业天赋，这种天赋，我们在民国时期众多的出版家身上都能看到，比如夏瑞芳、王云五、陆费逵、沈知芳、李小峰等。但徐伯昕所走过的出版道路，却是这些出版奇才少有的。从服务大众的"文化生意"走向为革命出版冲锋陷阵的道路，这种选择，造就了他诸多与众不同的鲜明特征。

---

① 韬奋纪念馆、北京印刷学院编：《店务通讯》（排印本），学林出版社 2007 年版，第 909 页。

（一）文化生意中的“近乎傻”

徐伯昕曾策划出版的《生活书店全国总书目》一书，一千多面的硬皮精装，仅售 4 角钱，这是一个蚀本的定价。编者平心在该书“编者的话”中说：

“在传播新文化的艰难途中，站在拉纤者的地位，献出一点微薄的助力，是我们编印这个目录的主要志愿。推动我们干这个近于傻的工作，不是‘国家之耻’、‘士林之羞’一类堂皇的警语，倒是广大读者的热望与自身的实际需要。”[1]

生活书店的出版历史上，做过多次这般“近于傻”的工作，以一家企业之力承担公共文化事业式的重任。因此，徐伯昕的定价原则一直是从读者的需求出发。书店主要读者的定位是大众、平民、青年学子、前线士兵，考虑到他们的文化消费水平，徐伯昕坚持走低价路线。

（二）精明灵活的经营创新

服务大众文化，是徐伯昕出版事业的前半部分。在生活书店的语境下，“大众”、“民众”不等同于松散的“群体”，而是带有“阶级”色彩，是已经觉悟的、具有力量的主体，是与压迫者相对立的两个阵营，是需要被解放的阶层，也是推动革命、最终拯救国家危亡时的希望。[2] 如何支撑这些近乎于傻的大众文化服务工作，就需要徐伯昕

---

[1]　范用编：《爱看书的广告》，生活·读书·新知三联书店 2015 年版，第 206 页。

[2]　孙敬可：《生活及其系列刊的不断激进化研究（1925—1936）》，华中师范大学硕士学位论文，2015 年 5 月，第 49 页。

灵活创新的经营才能，精明计算，才能运作。比如《生活书店全国总书目》，成本亏空部分要靠广告补齐。否则，空有热情和奉献精神，亦难为无米之炊，生活书店就难以维持下去。

这种模式充分体现了徐伯昕独具一格的经营才能。面对"大众"这一新读者群体开辟广告事业、建立发行网络，必然是一种全新的事业，需要不断创新、不断开拓。因此，他所开辟的期刊发行网络、图书销售网络，因为受众与其他报刊书业不同，让生活书店得以担当服务大众文化、近似公益的角色，实在是民国出版经营的一大创举。

（三）合作社的"大家长"

九一八、八一三事变后，在民族危难的急风暴雨中，个人命运如同蝼蚁。生活书店中无论是管理阶层，还是青年员工，都在致力于铲除松散的、自利的"个人主义"，让乱世中的个人命运同集体的命运、同整个民族的命运联结起来。书店采取了合作社和民主集中制的模式，在管理中时刻教育集体主义，践行集体主义。

作为这样的组织管理架构的设计者，徐伯昕与生活书店的领导层身先士卒，不计较个人的得失，尽力提供员工的各种福利保障。集体主义的升华，就是对民族和国家的奉献。徐伯昕对于生活书店的经营，已经超越了企业家的精神范畴。

（四）遍布全国的发行网络

自清末民初以来，我国现代出版业的崛起，其本身就是一个不断打破精英书籍文化藩篱的进程，商务、中华等大社在这样的进程中扮演了重要的角色，《万有文库》等文丛巨著和新式教科书的出版，本身就是扩展阅读群体的重要推动力量，而生活书店的大众读物，则将阅读圈的疆域继续向下层人群扩大。

在《生活》周刊 9 年和生活书店 17 年的历史中，共出版了 1200 余种书籍，30 种刊物。这些进步书刊完全凭借徐伯昕精明的经营策略，先后所采取的扩大发行网络、自建分支机构等做法促使文本传播数量增加、范围扩大，将精英所关心的问题以浅显直接的语言向更多社会等级的读者推广，进一步推动了文化整合，促进了共享范围扩大，取得了文化认同，容纳了不同的信仰、价值和模式。这些文本具体被哪些人群阅读？在读者中又实现了怎样的流通传播？对读者思想产生了怎样的影响？在抗日战争和解放战争中又具体产生了什么样的作用？……这些问题都是对徐伯昕贡献的进一步追问，等待师长学友们的共同探讨。

三、理想在先还是利润在先
——徐伯昕与民国出版经营家们的比照

1928 年到 1937 年，商务印书馆、中华书局和世界书局的印刷厂遍布上海，三家的总产量达到了全国书籍出版总量的 61% 到 71%，[①] 1930 年商务印书馆有资产 500 万元，中华书局 200 万元，世

---

① ［美］芮哲非著，张志强等译：《古登堡在上海——中国印刷资本业的发展》(1876—1937)，商务印书馆 2014 年版，第 231 页。

界书局第三，不到中华书局的三分之一。[①]1932 年中华书局的利润达到 40 万元，[②] 而《生活》周刊当时每年结余的资金不过万元，在 20 世纪 30 年代崛起的生活书店，从经济规模上从未撼动商务印书馆、中华书局和世界书局三足鼎立的格局，但在当时的文化影响力上却能较量一二。

徐伯昕与夏瑞芳、陆费逵、王云五、沈知芳等民国出版经营家相比，在经营才华上有很多共同点，比如精密的计算、对政府政策的敏锐把握，头脑开放不拘窠臼，极具创造性的策划、约稿、销售，人脉整合的能力，还有冒险精神，但理念却有诸多不同。

首先，出版品味的异同。徐伯昕一直追求出版风格的正派、真实，即便是广告亦如此。其他出版商在利益面前，却往往不惜越界。比如，世界书局的掌门人沈知芳，年轻时就将书籍视为商品，[③] 为了销售可以"耍尽花招"。为了取得轰动效果，不惜追求过度世俗化以博人眼球。

其次，对待利润的态度不同。20 世纪 30 年代的我国出版业已是资本的竞争市场，利润是最高准则，上海滩天天上演着出版商们风云诡谲的商战故事。对徐伯昕而言，他也是千方百计赚钱，千方百计花钱（投入），但对利润追求的背后，有一个更高原则的目标，那就是推动抗日救国、共产党的解放运动。尤其是 1938 年之后，徐伯昕对资源、作者、技术和资金的调动，就如同指挥军队迎接战斗。在政治

---

① ［美］芮哲非著，张志强等译：《古登堡在上海——中国印刷资本业的发展》（1876—1937），商务印书馆 2014 年版，第 223 页。

② ［美］芮哲非著，张志强等译：《古登堡在上海——中国印刷资本业的发展》（1876—1937），商务印书馆 2014 年版，第 265 页。

③ ［美］芮哲非著，张志强等译：《古登堡在上海——中国印刷资本业的发展》（1876—1937），商务印书馆 2014 年版，第 268 页。

上日益明确、成熟的徐伯昕的带领下，生活书店已经自动过渡为共产党在国统区、在沦陷区的"端口"。

再次，对待政治的态度不同。对于三大书局而言，利润丰厚的教科书出版是他们残酷竞争、势在必得的主阵地，也是他们崛起和发展的重要经济支柱，为此，他们需要持续发展的学校市场，进而需要强有力的政权保护。[①] 因此他们尽量规避政治风险，服从政府的言论掌控。《生活》周刊则是为改造社会而生，徐伯昕迈入这个行业，深深认同邹韬奋的理想和选择，这种理想，赋予了徐伯昕敢于和当局较量和周旋的勇气。

1938 年在重庆与周恩来的会面，以及 1944 年邹韬奋的去世，都让徐伯昕一步步更加明确了自己的人生目标。因此，理想和信念在先，让徐伯昕牺牲了一些利润和经营发展空间，但获得了出版的独立和自由。而利润在先的出版经营家，在与越来越强势的国民党政府过招之后，选择了牺牲思想的独立和自由，以获取政府的信任和支持。

徐伯昕与上海其他书局掌门人对待生意、赚钱方面的不同取向，在《鲁迅全集》出版一事上也可以有所反映。

鲁迅先生身后，出版《鲁迅全集》提上日程，当时大家都将这项重大工程与中国出版第一号商务印书馆联系起来，许广平先后请蔡元培联络王云五推动此事。《鲁迅全集》可谓"烫手"，政治风险和巨大市场潜力同时存在，王云五犹豫不决。许广平又请马裕藻、许寿裳转胡适推荐，王云五即表示"一俟中央批下来，即可订约"。

随后波折又来——尽管许广平和郁达夫等鲁迅生前好友想尽办

---

① ［美］芮哲非著，张志强等译：《古登堡在上海——中国印刷资本业的发展》(1876—1937)，商务印书馆 2014 年版，第 286 页。

法，但北新书局老板李小峰却出于自家利益考虑，不肯出让版权，而北新恰恰是出版鲁迅书籍最多的出版机构。出版全集之事，李小峰也有意向，但鲁迅生前因版税问题跟李小峰打过官司，许广平自然不肯。虽然李小峰表示"出版全集，似可与单行本并行"，但这显然会削弱全集的销售力度。故此，王云五放弃了全集出版计划。

在版权交涉的过程中，生活书店却干脆利落地放弃了曾出版过的鲁迅译著的版权，并在随后全集的出版发行过程中，一直热情支持。

胡愈之等随后秘密建立了由中共支持的上海复社，出版《鲁迅全集》，苦于资金不足，请求商务印书馆帮助。商务承担了部分出版工作，表示可以代售复社出版的部分，但坚决不肯代收预约。因为王云五考虑到战时国人颠沛流离，购买力大大下降，对全集的发行没有信心，而复社又急需征收预约资金支付启动花销。[1] 生活书店又伸出了援助之手，承担全集预约，"一切条件均照复社提出者，一字不易予以签订，全为文化工作"。[2]

1938 年 8 月，生活书店汇总了各地的订单，预约了上海复社出版的《鲁迅全集》（20 册）1300 部，总价 16380 元，这一笔极大的支出，由生活书店预先垫付。此时，书店因为搬迁、扩大，正陷入前所未有的经济困顿，对于这笔巨款，书店汇出 3300 元，又从新华银行透支 5000 元之外，还要支付余款 8000 余元，此时还有支付版税、造

---

[1]　汪晓东主编：《百年春秋从晚清到新中国家国轶事》，中国文史出版社 2012 年版，第 72—75 页。

[2]　韬奋纪念馆、北京印刷学院编：《店务通讯》（排印本），学林出版社 2007 年版，第 148 页。

货等其他大额开销，只得不断督促各店随时汇寄现款应急。①

　　未承想，这件事给生活书店带来了不少麻烦和压力，先是复社按生活书店的预约先发了480部，不足之数就不打算增印了，让生活书店解除订单，退还订户预约费，生活书店"几经将我店在发行上、信誉上种种困难与之解释和交涉后"，才允诺加印，但又称再版版税提高，纸张涨价，每部要增加二元钱才能开印。这样的波折，会让生活书店在读者中产生"不良印象"，生活书店香港分店遂与复社负责人张宗麟几经交涉，"据理力争，该社仍蛮横无理，非加二元不可"，最后只能"由我店牺牲，每部补贴复社亏本一元，共1300元，全部款项计17680元"。②

　　《店务通讯》以"蛮横无理"四字形容复社的要求，可见是无奈之至。从上海复社的性质看，应不会是坐地起价的奸商之举，而应是出于成本上升的无可奈何。作为一家刚刚成立的小型出版社，负责人没有他途寻找经费，只能"吃定"生活书店了。

　　承担《鲁迅全集》的预定任务，我们只知道邹韬奋、胡愈之是极力支持促成的，却无从查出徐伯昕自始至终的态度，但作为这样一宗大项目，徐伯昕不可能不加考量，款项支出，也必须经由他定夺。《店务通讯》所记载的由全集引发的一波三折，其观点及处理方式，从侧面折射出徐伯昕的态度，联系他之前与鲁迅的出版往来，可以认为，徐伯昕对承担如此数量的全集预定工作，是下了决心，"全为文化工

---

　　①　韬奋纪念馆、北京印刷学院编：《店务通讯》（排印本），学林出版社2007年版，第96页。

　　②　韬奋纪念馆、北京印刷学院编：《店务通讯》（排印本），学林出版社2007年版，第175页。

作"，因此在书店经济非常困难时刻，也不惜透支新华银行 5000 元来预付定金。但是，为了文化工作也不能不顾自己的承担能力，即使增加一两千元，也是书店脆弱的经济链条所担负不起的了，因此才有一番双方的讨价还价，各退一步。

商务印书馆同样为全集出版出了些力量，但实力强大如斯，王云五也决计不肯为之承担市场风险。生活书店后来果因战争而蒙受更大损失——广州分店部分订户预约的全集没能运出，大部分存放沪、港两地，寄递又极其困难，只能给答应订户办理退定手续。精明如徐伯昕，不会不对全集出版和市场形势作出考量，但在当时的形势下，他已经带领着生活书店走上了一条为文化事业而越来越冒险、乃至牺牲的道路，这是邹韬奋的选择，也是徐伯昕自身的选择。

这样的选择，对于徐伯昕的出版才能是一种限制，是一个不断被剪羽毛的过程。比如 1932 年因国民党当局不予登记而夭折的《生活日报》，让徐伯昕丧失了与报业大亨史量才合作的机会，更丧失了执掌一份报纸的机会。生活书店搬到武汉之后虽然努力扩张，但因为政治和战争的因素，未能实现梦想宏图。新中国成立后，徐伯昕又因为工作需要，离开了心爱的出版事业。

四、从出版到统战
——对徐伯昕事业转折的探讨

赵晓恩评价说，徐伯昕的高明之处在于算计是算计，还能处处协调好方方面面的利益关系，取得皆大满意。① 说到底，就是徐伯昕特别善于通盘考虑各方需求，并能创造共赢。为此，周恩来将他调任统战工作之职，是识人之力，也是爱人之才。他设计书刊广告，往往从读者心理出发，替读者算好经济账，比如《世界文库》的广告词："本文库把世界文学名著，起自埃及、希伯来、印度、中国、希腊、罗马，讫于现代的欧美日本，凡第一流的作品，都将包罗在内。中国部分尤多罕见的孤本。以最精美的印刷装订，最低廉的售价，来呈献于一般读者之前"，"每月只费七角半，一年内可得百元之名著五百万言"。②

罗伯特·达恩顿说，书籍联系着极为广泛的人类活动。徐伯昕的前半生所做出的最主要的成就，就是推动革命的"生意"，他为生活书店的出版事业营建的社会网络，四通八达，聚集起作者、读者和社会各界力量，推动着进步书报刊一步一步地前进。在抗日救亡运动乃至整个儿新民主主义革命期间，借助社会趋势做生意的人并不少，在价值观和价值的天平之上，不少人是更为看重后者的。徐伯昕以其卓越的经营才能，看重的却是前者。作为生活书店事业网络的"编织者"和"黏合剂"，他融汇各方力量，营建桥梁，修补裂痕，让书籍的力量物尽其用。新中国成立后，周恩来将徐伯昕调动到统战领域工作，为他消减了具体出版业务，而将他投入到更需要这种融合能力的事业——对于党的社会关系的"经营"——在当时的国内外形势下，这显然是对徐伯昕才能的重用，将他引向当时更加重要的岗位。

英雄和大师固然可敬，但在和平发展、文化繁荣的时代，我们的

---

① 范用编：《爱看书的广告》，生活·读书·新知三联书店 2015 年版，第 204 页。
② 范用编：《爱看书的广告》，生活·读书·新知三联书店 2015 年版，第 198 页。

出版文化事业的欣欣向荣，更需要徐伯昕这样的实干家。限于视野和能力，对于徐伯昕一生高超的出版智慧和丰富的出版经验，笔者只能尽力描述出十之一二，期待有更多的师长学友，共同来发掘这位"隐形"出版家的宝贵遗产。

徐伯昕编辑出版大事年表

1905 年

3 月 4 日，出生于江苏省武进县鸣凰乡小留塘里村。

1920 年　15 岁

7 月，考入上海中华职业学校珐琅科半工半读，在学习中，尤其喜欢机械制图课及美术课，为其后设计广告、创作漫画打下基础。

1925 年　20 岁

10 月 11 日，中华职教社《生活》周刊创刊，徐伯昕负责出版、发行、广告和总务等工作，这是他出版事业的开端。

1926 年　21 岁

10 月，邹韬奋接任《生活》周刊主编，与徐伯昕、兼任会计孙梦旦常常并肩工作到午夜。

《生活》每期从几百份发行至 2800 份左右。

1927 年　22 岁

3 月 13 日，徐伯昕在《生活》周刊第 2 卷第 19 期上创作了第一幅讽刺漫画《"早咧"——交际场中之时髦者》。此后发表多幅漫画或插图。

年末，《生活》周刊每期发行量增至 2 万份。

1928 年　23 岁

6 月上旬，督促邹韬奋出版《一位美国人嫁与一位中国人的自述》，还承担该书整理、剪贴、定样、校对等一系列工作。

11 月 18 日，《生活》周刊从第 4 卷第 1 期开始扩版为四开一张半，经徐伯昕努力，每期发行量增至 4 万份。他白天在外奔走发行、广告工作，晚上回办公室伏案至午夜。

1929 年　24 岁

12 月 1 日，《生活》周刊改版为十六开 16 页本子式。为解决扩版经费问题，徐伯昕忙于广告、发行工作，"每天夹着一个黑色皮包，里面藏着不少宣传的印刷品……东奔西跑，……广告居然一天多一天"，刊物销数达每期 12 万份。

为梁新记双十牌牙刷创作的"一毛不拔"广告誉满上海广告界。

1930 年　25 岁

6 月，创办"《生活》周刊社书报代办部"。制订规章制度，将竭诚为读者服务的宗旨具体化。

1931 年　26 岁

努力经营《生活》周刊发行网，至 7 月，周刊各地派报社和代销书店达 300 多家。

10 月 10 日，徐伯昕精心设计的《生活》周刊"国庆与国哀"特刊出版，并设计读者推荐单，订户从 1 万户增至几万户。该期发行量达 15.5 万份，创国内纪录。

11 月，带领同人，夜以继日忙于为援助马占山东北抗日捐款的募集工作。截至 1932 年 1 月 18 日，共募捐 126015.57 元。

本年，新设计"顺风牌袜子"、"力果珍代乳粉"、"久和厂进步袜子"等广告共 30 余幅，并为《生活》周刊设计、刊出《国货介绍表》。

1932 年　27 岁

1 月 28 日，日军进攻上海，徐伯昕参加"战时号外"、"抗日救亡画报"和《生活》临时增刊的选稿、编排工作，到电车上散发号外。轮流通宵值守电话，答复民众前线战况询问。

3 月，与邹韬奋、戈公振、李公朴等公开招股筹备创办《生活日报》。因政府不予登记，于 10 月 22 日宣布停办，退股。

7 月 1 日，与邹韬奋、胡愈之一起创办生活书店。仿照黄炎培书写的"生活"字体，续写"书店"两字，作为生活书店招牌。

10 月，施展各种策略打破国民党当局对《生活》周刊发行的封锁。

设计"胜德花边"、"正泰橡胶"等广告 20 余幅。

1933 年　28 岁

7 月初，《文学》月刊、《时事问题丛刊》创刊，徐伯昕均为发行人，部署宣传、推销等事宜。

8 日，生活书店举行第一次社员大会，徐伯昕被推选为五位理事之一，并任生活书店经理、书刊发行人。

14 日，为邹韬奋送行。韬奋出国期间，徐伯昕负责店务工作。

8 月，生活书店在南京国民政府实业部注册，徐伯昕为法人代表。

12月1日，将生活书店迁往霞飞路桃源坊，并建立了第一家门店。

租界法院起诉控告《文学》月刊宣传共产主义，徐伯昕出庭，史良律师协助辩护。

将前几年出版的《读者信箱集》、《读者信箱外集》改用《悬想》、《迷途的羔羊》等书名再版，发行量大增。

设计"亚浦耳电气四大出品完全国货"、"痛心灵"、"集成麦精鱼肝油"等10余幅广告。

《生活》周刊被国民党当局下令停刊。

1934年　29岁

2月10日，《新生》周刊创刊，徐伯昕承担实际发行工作，发行量很快达10万余份。

本月承担《生活教育》的印刷发行工作。

8月5日，宴请鲁迅、茅盾和黎烈文，商定出版《译文》月刊。

9月16日，《译文》正式创刊，16日《世界知识》创刊，20日《太白》出版，徐伯昕均担任发行人。

首创十大银行免费汇款购书业务，并先后制订生活书店的《特约银行免费经汇购书汇款办法》、《通讯邮购简章》、《通讯购书办法》等规章。

将书店搬至书业聚集的福州路384弄复兴里。首创开架售书，读者称颂。

1935年　30岁

1月1日，徐伯昕创建生活书店"全国出版物联合广告"，每月1日、16日各登一次，在《申报》显要位置刊出。

5月18日，《读书与出版》月刊创刊，徐伯昕为发行人。

6月初，患肺病咳血，抱病处理被当局查封的《新生》周刊善后事宜，并操持店务。

当月，《世界文库》出版，徐伯昕担任排印装帧设计工作，任发行人。

9月，至莫干山疗养肺病。

11月，养病期间部署《大众生活》周刊的宣传与发行，并手书刊头。16日《大众生活》创刊，发行即达15万份。

委托李平心编辑的《全国总书目》出版。

本年，从生活书店紧张的经费中拨出1000元投资帮助新知书店。

1936年　31岁

2月，病愈回沪，继续生活书店工作。

29日，《大众生活》出版至第1卷第16期，被国民党当局下令停刊。

3月7日，在生活书店出资创办《永生》周刊。

6月7日，徐伯昕筹措经费协助邹韬奋在香港出版《生活日报》。

6月，参加策划、亲自约稿的《青年自学丛书》开始出版。

8月31日，生活出版合作社成立临时管委会，徐伯昕被选为委员、生活书店经理。

8月，协助香港《生活日报》迁沪出版事宜。当局不予登记，改名为《生活星期刊》在上海出版。

主持策划设计的《生活日记》、《文艺日记》出版。

上海公共租界法庭指控生活书店出版的《锦绣山河》妨碍"敦睦邦交"，徐伯昕当庭抗辩。

11月，奔走营救邹韬奋等"七君子"。

1937年　32岁

2月，徐伯昕筹划的生活书店广州分店建立。

8月19日，徐伯昕为发行人的《抗战》三日刊在沪创刊。

当月，组织《国民》周刊、《中华公论》、《世界知识》、《妇女生活》等出版"战时联合旬刊"。

10月，将生活书店总店迁至武汉。

11月，创设远东图书杂志公司"作为生活书店在上海的隐蔽据点"。

年底，徐伯昕离沪赴广州分店。生活书店西安、重庆、长沙分店成立。

1938年　33岁

2月，徐伯昕由广州抵武汉。

4月4日，派员去广州协助《文艺阵地》的宣传、推广工作。

5、6月间，亲自设计的生活书店在全国的分布图广告，在《中央日报》、《大公报》头版刊登。

6月14日，在常委会提出建立分区(西北区、华西区、西南区、华南区)管理方法。

7月1日，生活书店总店改为总管理处，徐伯昕主持总、分支店所有经营管理业务。香港分店开业。

7日，《抗战》三日刊与《全民周刊》合并为《全民抗战》三日刊，徐伯昕为发行人。

8月13日，在《店务通讯》第21期上撰《我店今后的工作》一文。

本月制定《生活书店同人储蓄章程》提交临委会通过。

10月上旬，武汉前线战况恶化，徐伯昕部署书店后撤事宜，并迁总管理处于重庆。

17日当晚，指令立即撤退武汉分店和广州分店。

29日抵渝，次日在生活书店重庆总管理处上报告当年书店营业情况。

11月19日，在《店务通讯》第31期上发表《粤汉退出后我店业务的新布置》。

12月24日，在《店务通讯》第33期上发表《本版书刊怎样来印造和发行》。

27 日，徐伯昕主持召开书店营业会议，主持造货、划区管理业务、分支店调整等工作。

本年，与中共办事处的徐冰常有联系，接受了中国共产党的领导。

在衡阳、兰州、贵阳、南郑、六安、昆明、南昌、香港、南宁、柳州、常德、遂川、成都、宜昌、万县等地建立生活书店分支店。

1939 年 34 岁

1 月，着手成立了在香港的东南管理区、在桂林的西南管理区。

2 月 1 日，《读书月报》创刊，徐伯昕为发行人。

24 日，生活出版合作社在重庆举行社员大会，徐伯昕以最高票当选为理事。

4 月 21 日，参加孙梦旦的追悼会并发言。当日晚上获知生活书店西安分店遭到查封，经理周名寰被捕。徐伯昕与邹韬奋去国民党中宣部交涉，未果。

28 日，第五届理事会举行第一次会议，徐伯昕被选为常务理事、理事会主席、经理。

5 月 3 日、4 日，日机对重庆市区狂轰滥炸。徐伯昕带领职工将财物书籍安全转移。

13 日，成立读者顾问部，组织推荐图书委员会，每两个月发布一次生活推荐书，拟订"生活推荐书发行办法"。韬奋说，这"在中国可以说是创举"。

24 日，飞抵香港，到分店讨论部署工作，着手筹划设立新加坡分店。

7 月 4 日，国民党中宣部副部长潘公展约徐伯昕、邹韬奋谈话，二人拒绝与官方的"正中书局"、"独立出版社"联合的要求，"宁可封店，决不屈服"。

11、12 月间，由徐伯昕和邹韬奋拟思路，秘书执笔，在《店务通讯》上连续载文，答复书店同人有关分店业务管理、分店财务管理、住外津贴等问题。

本年，筹划开辟屯溪、赣州、沅陵、乐山、福州、南平、湛江、赤坎、梅县、罗定、梧州、百色、桂平、郁林、新加坡等分支店，生活书店在全国的分支店最多达 56 个，工作人员达四五百人。

本年，在《店务通讯》上连续发表《处理检查书刊问题》等多篇文章，指导分支店工作。

1940 年　35 岁

3 月 20 日，在渝召开社员大会，选举第六届领导机构。徐伯昕以最高票数当选为理事会理事，总经理。

初夏，和黄洛峰、徐雪寒赴重庆化龙桥红岩咀八路军办事处面晤周恩来。

8 月 5 日，与邹韬奋等七人组成联席会议常委会，以加强困难时期的领导。

9 月，将《世界知识》、《理论与现实》与生活书店分开，并对人事、资金、生产资料分配作出具体安排。

执行周恩来谈话精神，派李文等人赴华北、晋东南抗日根据地、延安等地，建立华北书店。

指示将上海生活书店的据点"远东图书杂志公司"改名为"兄弟图书公司"，秘密发行《日本的间谍》。该书揭露了日本间谍在中国的犯罪事实。

本年，在《店务通讯》发表《再谈定价问题》、《今后业务的动向》等多篇文章指导工作。

1941 年　36 岁

3 月，撰写《生活书店横被摧残的经过》，散发给国民党政府第二届国民参政会第一次会议的参政员，并油印上万份寄送生活书店书刊订户。《新中华报》全文连载。

周恩来和徐伯昕商谈生活书店的工作部署，指出生活书店领导中心转移香港后，重庆书店仍要坚持下去。

春，指示上海生活书店抽调干部去苏北根据地开办大众书店、华北书店。同时全力操持国统区书店善后事宜：与职教社合作设立国讯书店；与冯玉祥合资开办三户图书社、三户印刷厂；创办学艺出版社；经营建华文具公司、西南印刷厂等。从洽谈人事、资金、物资亲自筹划经办。

4 月中旬，徐伯昕结束重庆总管理处工作，经桂林赴港。

4 月至 11 月，帮助邹韬奋在香港复刊《大众生活》周刊；约请茅盾主编文艺刊物《笔谈》；同读书出版社合办光夏书店；协助中华职业教育社办国讯书店港店。

12 月 25 日，香港沦陷。冒险寻找在港文化界知名人士，向中共华南局地下组织提供生活、读书、新知三店留港职工名单，帮助邹韬奋及同人陆续撤离香港。

1942 年　37 岁

1 月，带领三店部分职工由港撤至东江游击区，与邹韬奋、茅盾等会合。

2 月，与韬奋共同研究了生活书店在国统区出版机构的布局及生活书店今后工作计划，决定回重庆向中共汇报。

8 月 10 日，在重庆与周恩来见面谈话，汇报情况，请示生活书店发展方针，提出入党要求。

8 月中旬，落实周恩来"三条战线工作原则"精神，成立生活书店在渝工作人员的核心小组。

8 月下旬，赴桂林安排工作。派人护送韬奋去苏北根据地。建立桂林工作人员核心小组，加强学艺出版社工作，建立了建华印刷厂，设立了经营纸张运输的光华行。

1943 年　38 岁

8 月，开始苏北出版业调查之旅，从桂林经衡阳、韶关、赣州、建阳到达温州，接韬奋病重电后急赴上海。

9 月，抵上海，向邹韬奋汇报周恩来对书店指示及书店在内地的工作情况。在沪期间化名赵锡庆、徐味冰，蛰居郊区。

建议韬奋写出他从东江到苏北解放区的经历见闻，韬奋欣然接受，写下生平最后一本著作《患难余生记》。

1944 年　39 岁

6 月 2 日，邹韬奋口述遗嘱，徐伯昕手书《遗言纪要》。

8 月中旬，携邹韬奋遗嘱赴苏北，向新四军军部和中共中央华中局报告韬奋逝世情况。加入中国共产党。

在党组织安排下，徐伯昕秘密返沪，以"生活书店"老板和社会活动家身份开展活动。

11 月，徐伯昕结束上海新光百货公司，人员全部疏散隐蔽。建立"通惠印书馆"。以书馆出面，向留沪进步作家、翻译家约稿。以千字斗米计稿酬预支作者，助其度日。

1945 年　40 岁

上半年，为防战火，指示将在沪的纸型秘密运至青浦县金泽镇。

8、9 月间，在中共地下党经费支持下，全力投入上海生活书店的复店工作。

10 月 10 日，上海生活书店门市部在吕班路（现重庆南路）六号，复业开张。徐伯昕要求以每天出版或重版一本书的速度，大量印行进步书籍。

10 月 13 日，邀请郑振铎等筹划创办的《民主》周刊创刊。为有更多的精力投入民主运动，将书店的部分经营工作交王泰雷负责。

本年，在上海建立多处"三条战线"的出版机构，与读书出版社的黄洛峰、新知书店的沈静芷等研究，在烟台、大连等解放区开办三家合办的光华书店，在北平合办了朝华书店，在广州办起了兄弟图书公司等，并联合创办海上贸易机构向解放区运送书籍及其他急需品。

1946 年　41 岁

1 月 4 日，在民进第一届理事会上，徐伯昕被选为中国民主促进会出版委员。

5 月 15 日，协助重庆的《理论与现实》杂志在上海复刊。

5 月，以"韬奋出版社"名义出版韬奋的《患难余生记》。后又出版了《对反民主的抗争》，收录韬奋在香港《华商报》上的论文 27 篇。

7 月 7 日，徐伯昕出席在上海华府二楼召开的生活书店理、人、监委员会联席会议，汇报了书店八年的经历和办理清算资产的经过，建议将全部资产估计为 5 万元创立韬奋图书馆基金。

7 月，派王仿子、张明西去香港设立生活书店办事处，将力量逐步向香港转移。

10 月，与马叙伦、郭沫若等上海文化界知名人士 39 人，在《民主》周刊上联名发表《我们要求政府切实保障言论自由》。

30 日，《民主》周刊被停刊，徐伯昕处理善后工作，安排方学武与翦伯赞合作设立大孚出版公司，让艾寒松、丁之翔接办《新文化》半月刊。

12 月，派陈云才任南国出版社经理，请楼适夷任主编。

团结中小书店和出版社，组成上海新出版业联谊会，上海杂志界联谊会。

在上海的书业公会改组中，使进步书店在理事会获十分之四名额，常务理事中占五分之一席位。

1947年　42岁

3月，赴港与胡绳等人成立编辑部。

6月，筹备香港生活书店开业。亲撰"生活书店"招牌。

7月，将生活书店总管理处及编辑出版部门全部转移香港。

与胡绳等着手整理、编辑《韬奋文集》。

正式参加中国共产党的组织生活。

与邵荃麟、胡绳、黄洛峰、沈静芷等五人，组成生活、读书、新知三书店合并工作领导小组。

与黄洛峰、沈静芷等联络新书业同行，成立新书业联谊会。

协助陈建功筹划在九龙设立前进书局。

安排《大众文艺》月刊在港出版。

1948年　43岁

4月10日，《店务通讯》在港复刊，发表《"店讯"复刊的意义》等文章，并续写邹韬奋《生活史话》。

10月18日，出席新中国文化企业公司临时股东代表大会，与胡绳、黄洛峰、邵荃麟、沈静芷五人组成公司筹委会，被选任临时管理委员会委员、总经理。

10月26日，"生活·读书·新知三联书店"临时管理委员会、总管理处在港成立，被推任总经理。

本年，遵照党的指示，精心安排书店的干部分批到解放区开展出版工作。

1949年　44岁

3月，三联书店总管理处由香港迁至北平，徐伯昕乘商船由港抵津。随即转赴北平。

4月上旬，在北平与三联书店其他负责人同商今后业务方针和人事调配。

4月，任中共中央宣传部出版委员会委员。

5月2日，由上海军事管制委员会委任文化教育委员会新闻出版处副处长。

5月至8月，上海解放后，随军管会接管工作队，负责出版业的接管工作。派吉少甫、唐泽霖秘密携带香港新民主版《新民主主义论》等七种纸型去沪印刷。

7月24日，在上海举行的韬奋逝世五周年纪念大会上作《我们要学习韬奋的革命精神和工作方法》的讲话。

10月1日，参加中华人民共和国开国大典。

10月3日至19日，在北京参加全国新华书店出版工作会议。是大会主席团成员，并任大会秘书长。

12月16日，中央人民政府政务院委任其为中央人民政府出版总署办公厅副主任，兼计划处处长。

12月，在三联书店总管理处编印的《店务通讯》创刊号上发表《店讯应负起指导工作的任务》一文。

1950年　45岁

4月24日，出席三联书店第一届全国分店经理会议。

5月5日，代表出版总署，在新华书店华北总分店第三次分店会议的开幕式上发表讲话。

5月8日，出席新华书店、三联书店、国际书店联合举办的茶话会，并对苏联版书刊在中国发行提出建议。

6月至7月，被任命为第一届全国出版会议筹委会副秘书长。

7月21日，致函三联临管会请求辞去三联总经理之职；任新华书店总管理处代总经理。

9月10日，在全国新华书店第二届工作会议上作总结报告。

9月15日至20日，出席第一届全国出版会议，作为会议筹委会的副秘书长，在预备会议上作筹备工作报告。

11月21日，出版署扩大署务会议决定，任新华书店总店总经理。

11月22日，出席新华书店第一届会计工作会议并讲话。

12月1日，任新华书店管委会主任委员。

12月14日，在国际书店第二次工作会议上讲话。

1951年　46岁

5月至9月，因病在大连疗养。

1952年　47岁

11月，因病去北戴河休养。

1953年　48岁

4月，经政务院任命为中央人民政府出版总署发行管理局局长，兼任新华书店总店总经理。

9月至12月，由出版总署申请安排，赴苏联莫斯科医院接受治疗。

1954年　49岁

1月至4月，转苏联北高加索城斯大林疗养院疗养。

7月，在出版总署恢复工作。

11月，出版总署并入文化部，任文化部电影局副局长。

1955 年　50 岁

1 月，任全国政协第二届副秘书长，民进中央副秘书长。离开出版界，开始专事党的统战工作。

1963 年　58 岁

5 月 16 日至 25 日，在民进中央召开的会刊工作会议上，对进一步办好《民进》杂志作具体指导。

1964 年　59 岁

编辑《毛泽东著作专题摘录》（手稿）。

在政协礼堂，邀集十多位三联书店老同志，讨论《生活书店大事编年》初稿。

1978 年　73 岁

9 月 6 日，祝贺香港生活·读书·新知三联书店成立三十周年，并题词："学习韬奋先生全心全意为人民服务精神，认真办好革命出版事业，为实现社会主义祖国新时期的总任务作出贡献。"

1979 年　74 岁

6 月 26 日，在《人民日报》上发表《战斗到最后一息——纪念邹韬奋同志逝世三十五周年》一文。

12 月 20 日，中国出版工作者协会成立，选任副主席。本年，《世界知识》复刊，亲临道贺。

倡议民进创办流通图书馆，帮助解决中小学教师会员查阅教学资料和购买图书的困难。

1980 年　75 岁

12 月 26 日，中共中央统战部公开徐伯昕的中国共产党党员身份。

1981 年　76 岁

针对新时期编辑出版人才青黄不接的现状，推动民进义务开办多期青年编辑培训班，引起中共中央和出版界重视，对促进出版工作的改革起了重要作用。

11 月 30 日至 12 月 13 日，出席五届人大四次会议和五届政协四次会议。提出了《明确出版工作的性质任务、加强对出版工作的领导》等 14 项提案。

12 月，在徐伯昕的主持下，民进中央向中共中央提出了《对出版工作的建议》，共 6 个方面，26 条具体建议。

与三联书店老同志奔走于中组部、中宣部、国家出版局，阐述生活、读书、新知三家书店自成立起的全部革命经过，呼吁解决三家书店职工革命工龄问题。

1982 年　77 岁

4 月 20 日，为《事业管理与职业修养》重版撰写前言。

5、6 月间，参加民进中央和全国政协工作组举行的联合座谈会，邀请教育、科技、出版、文艺、财经界人士出席，就落实知识分子政策的情况和存在问题听取意见。

7 月，在庐山疗养期间，修订补充了《在艰苦战斗中建立的团结——纪念生活·读书·新知三联书店致力革命出版事业五十年》、《〈世界知识〉与生活书店》等文章。并在《生活书店大事编年》第二稿上用蝇头小字仔细修改。

15 日，在《人民日报》发表《在艰苦战斗中建立的团结——纪念生活·读书·新知三联书店致力革命出版事业五十年》。

10 月 28 日，出席在北京人民大会堂举行的生活书店成立五十周年纪念大会，并讲话。会后参观出版工作成果展览。

12 月，对来探病的周幼瑞说："非常惦念建立韬奋图书馆的事，希望能与上海文化局联系，能否把卢湾区的图书馆充实后改为韬奋图书馆，这是我的一大心愿。"

出任国家出版委员会委员。

1983 年　78 岁

10 月，在病榻上为《沈钧儒纪念集》撰《怀念衡老兼及韬奋》一文。

1984 年　79 岁

3 月 27 日凌晨 3 时 37 分，在北京医院逝世。

参考文献

曹鹤龙、李雪映编:《生活·读书·新知三联书店图书总目:1932—1994》,生活·读书·新知三联书店 1995 年版。

常国良:《近代上海商业教育研究》,博士学位论文,华东师范大学 2006 年。

陈梦越、楼世洲:《公共领域:民国民间教育团体的生存样态——以中华职业教育社为个案解读》,《职教论坛》2015 年 5 月第 25 期。

陈原:《"三联"纪实——纪念三联书店五十周年并告三联后来人》,《新文化史料》1998 年第 6 期。

陈原:《驳所谓"三十年代黑店"论》,《人民日报》1978 年 2 月 3 日。

樊希安:《从红色出版中心到学术文化出版重镇——党领导下的三联书店革命出版历史回顾》,《中国出版》2011 年 7 月上。

范莎莎:《〈新生〉周刊研究》,硕士学位论文,陕西师范大学 2014 年。

范用编:《爱看书的广告》,生活·读书·新知三联书店 2015 年版。

范用编:《战斗在白区——读书出版社》,生活·读书·新知三联书店 2001 年版。

方汉奇：《中国新闻传播史》，中国人民大学出版社 2014 年版。

戈公振：《中国报学史》，湖南大学出版社 2014 年版。

郭雅倩：《在知识、市场与"时局"之间斡旋》，硕士学位论文，上海社会科学院 2015 年。

胡耐秋：《韬奋的流亡生活》，生活·读书·新知三联书店 1979 年版。

胡愈之：《我的回忆》，江苏人民出版社 1990 年版。

黄炎培：《提出大职业教育主义征求同志意见》，《教育与职业》1926 年第 1 期。

黄炎培：《中华职业教育社奋斗三十二年发现的新生命》，《人民日报》1949 年 10 月 15 日。

黄炎培著，中国社会科学院近代史研究所整理：《黄炎培日记》（第 1—6 卷），华文出版社 2008 年版。

江苏省政协文史资料委员会、江苏省常州市政协文史资料委员会编：《新文化出版家徐伯昕》，中国文史出版社 1994 年版。

梁小建：《〈生活〉周刊的改刊过程及意义研究》，硕士学位论文，北京印刷学院 2006 年。

刘宜庆：《黄炎培的〈延安归来〉出版前后》，《中华读书报》2013 年 4 月 24 日。

马长林：《黄炎培与中华职业学校的兴衰》，《世纪》2014 年 11 月。

孟国祥：《烽火薪传：抗战时期文化机构大迁移》，商务印书馆 2015 年版。

奇声：《武进之农民生活》，《生活》1926 年 3 月 14 日第 1 卷第 21 期。

［美］芮哲非：《古登堡在上海——中国印刷资本业的发展》（1876—1937），张志强等译，商务印书馆 2014 年版。

生活·读书·新知三联书店编：《生活·读书·新知三联书店大事记》（上、下），生活·读书·新知三联书店 2011 年版。

生活·读书·新知三联书店编:《韬奋:韬奋画传·经历·患难余生记》,生活·读书·新知三联书店 2012 年版。

生活书店史稿编辑委员会编:《生活书店史稿》,生活·读书·新知三联书店 2007 年版。

宋木文:《关于三联拨乱反正的回顾》,《出版史料》2004 年第 4 期。

孙敬可:《〈生活〉及其系列刊的激进化研究(1925—1936)》,硕士学位论文,华中师范大学 2015 年。

韬奋纪念馆、北京印刷学院编:《店务通讯》排印本,学林出版社 2007 年版。

田正平:《黄炎培教育思想研究》,辽宁教育出版社 1995 年版。

王润泽:《民国时期报纸发行途径与策略回顾》,《新闻与写作》2009 年第 9 期。

王世襄等:《我与三联:生活·读书·新知三联书店成立六十周年纪念集》,生活·读书·新知三联书店 2008 年版。

王余光、吴永贵:《中国出版通史·民国卷》,中国书籍出版社 2008 年版。

王云五:《商务印书馆与新教育年谱》,江西教育出版社 2008 年版。

新知书店的战斗历程编辑委员会编:《新知书店的战斗历程》,生活·读书·新知三联书店 1994 年版。

徐伯昕:《历史回忆片段》手稿,1969 年 1 月 7 日。

徐虹:《徐伯昕》,民进中央会史工作委员会内部资料,2015 年 7 月。

徐星钊:《往事如星:星钊回忆录》,上海三联书店 2015 年版。

杨卫民:《摩登上海的红色革命传播》,博士学位论文,上海大学 2013 年。

张立勤:《1927—1937 年民营报业经营研究》,博士学位论文,复旦大学 2012 年。

张文彦、卞卓舟等编著：《三联书店简史》，生活·读书·新知三联书店2012年版。

张宇：《民国初年中华职业学校遭遇挫折的原因探析》，《华东师范大学学报（教育科学版）》2006年第4期。

赵文：《略论〈生活〉周刊（1925—1933）的发行工作》，《科学经济社会》2010年第12期。

赵文：《生活周刊（1925—1933）与城市平民文化》，上海三联书店2010年版。

赵文：《与城市平民文化》，博士学位论文，复旦大学2009年。

中共中央党史研究室：《中国共产党历史》（第一卷），中共党史出版社2011年版。

中共中央文献研究室编：《周恩来年谱》，中央文献出版社、人民出版社1989年版。

中国民主促进会、中国出版工作者协会编：《怀念出版家徐伯昕》，书海出版社1988年版。

仲江、吉晓蓉主编：《爱书的前辈们——老三联后人回忆录》，生活·读书·新知三联书店2015年版。

邹嘉骊编著：《邹韬奋年谱长编》（上、下册），上海交通大学出版社2015年版。

邹凯编写：《守望家园：生活·读书·新知三联书店》，生活·读书·新知三联书店2008年版。

曾来海：《民国时期报业管理学术思想研究》，博士学位论文，南京师范大学2014年。

《生活》周刊（第1—8卷）

后　记

　　人民出版社约我加入《中国出版家》撰写工作的时候，我在备感荣幸的同时，也深深感谢给了我一个了却研究心愿的机会。和生活·读书·新知三联书店的"纠葛"也算有了年头，最早是攻读博士期间，我的毕业论文是研究 20 世纪 80 年代的丛书出版，其中的一系列重要丛书《文化：中国与世界》《现代西方文库》，都源自三联书店，因此就对这家以"店"为名的出版社产生了浓厚的兴趣。后来，导师肖东发先生布置《中国出版集团发展史》的课题任务时，我和师妹卞卓舟立即捷足先登选了《三联书店发展史》这个子课题，系统地梳理了一下三联书店的发展历程，并在 2012 年三联书店八十年店庆之际出版了《三联书店简史》一书，但该书主要是以出版大事、重要出版物串联的，对人物的研究并未深入。在图书出版前几个月，责编告诉我徐伯昕先生的后人打来电话，愿意提供一些徐伯昕先生的资料。也就是那一次机会，我结识了徐伯昕先生的长孙徐冈先生，但八十周年庆典时间迫近，没有来得及细致研究增补。

因此，我选择徐伯昕先生作为研究对象。具体动笔，却遇到了很大困难，主要源于资料困难。徐伯昕先生平生低调内敛，他留下的文字不多，而且基本是为了工作需要才写，大多是具体的出版事项安排，就事论事，基本没有个人情绪流露，如果说有，也只是晚年论及韬奋、三联书店的文章。他人写徐伯昕先生的文章，比如纪念文集《怀念出版家徐伯昕》、《新文化出版家徐伯昕》，还有《生活书店史稿》等生活书店、三联书店的史料，要么是回忆的片影，要么就是以回忆生活书店为主的对徐伯昕先生的回忆——本来，徐先生也达到了和生活书店"人、店合一"的程度，所以，很难搜集出一些徐先生"个人化"的东西，来完成对一位出版家的传记。因此，近年来虽然出现了几部以徐伯昕先生出版为题的硕士论文，却未能将徐伯昕先生与生活书店、邹韬奋先生的出版事迹辨析清楚，而不少论述邹韬奋先生出版事迹和思想的文章，又往往容易把徐伯昕先生的事迹混淆进去，乃至邹韬奋先生第一次流亡国外期间，徐伯昕先生所主持的出版实务，也统统安到邹先生头上。当然，两位先生如若在世，一定不会介怀，但对于立传作者而言，就比较困顿了。

好在我得到了徐伯昕先生的长子徐星钊先生（1925 年生）、长孙徐冈先生以及外孙女徐虹女士的热情帮助和支持。我去苏州九龙医院探望徐星钊先生时，九十多岁的老先生虽然身体欠佳，但仍然跟我先后见了两次，聊了很久，思路清晰，让我深受启发。徐冈先生不仅补充回忆了许多徐伯昕先生的往事，还给我拿出了徐伯昕先生的遗物——一只皮箱，里面是手稿、照片、眼镜、钢笔等等，还包括那份珍贵的、邹嘉骊女士所提到的《遗言纪要》原件，这些都是珍贵的史料和文物。每每想到这些，心中都特别感激，又特别不安，担心自己才疏学浅，辜负了徐家长辈们的信任。有了这些口述及实物，加上徐星钊先生的《往事如星：星钊回忆录》、徐虹女士的《徐伯昕》两本著作，恰逢三卷本《邹韬奋年谱长编》也出版了，写作终于开始有了实质性进展的可能。随着书稿渐丰，我也越来越仰慕徐伯昕先生了，他的才干，他的魄力，他的品格，他是一个永远充满正能量的实干家。我不禁一次又一次地畅想，倘若徐伯昕先生的下半生仍然从事出版事业，那又该是怎样的情景？历史无法假设，但实干家的精神永存。

在此后的写作中，徐冈先生一直给予我重要而巨大的帮助，通过他和徐星钊先生，我仿佛走进了徐伯昕先生的内心世界。在徐冈先生的尽心联络下，民进党常州市委专职副主委顾征英先生、钱开宁主任和王寅委员热情接待了我，让我得以参观徐伯昕先生的故居、小学、舣舟亭长眠处，并细览了先生捐赠给常州市图书馆的藏书。遗憾的是，2017年7月21日，徐星钊先生仙逝，未能见到这部饱含着他的期待和鼓励的书稿。

徐虹女士不仅仔细审读了书稿，提出了一些宝贵意见，还为我提供了多年前她所记录的徐伯昕先生的口述资料。这部书稿亦饱含着徐虹女士的心血与热情。

在本书成稿之际，深深感谢人民出版社原副总编辑于青老师，原副总编辑陈亚明老师，编辑室主任贺畅老师的帮助和指教，以及编辑马长虹老师、卓然老师为编辑工作所付出的心血。也以此书纪念领我走进出版史研究领域的恩师肖东发先生。

张文彦

2018年2月16日于青岛

统　　筹：贺　畅
责任编辑：周　颖
封面设计：肖　辉　胡欣欣
版式设计：汪　莹

图书在版编目（CIP）数据

中国出版家.徐伯昕/张文彦 著.—北京：人民出版社，2018.3（2020.3 重印）
（中国出版家丛书/柳斌杰主编）
ISBN 978－7－01－017712－0

I.①中… II.①张… III.①徐伯昕（1905~1984）-生平事迹 IV.① K825.42

中国版本图书馆 CIP 数据核字（2017）第 110854 号

中国出版家·徐伯昕
ZHONGGUO CHUBANJIA XU BOXIN

张文彦　著

人民出版社 出版发行
（100706　北京市东城区隆福寺街 99 号）

北京盛通印刷股份有限公司印刷　新华书店经销

2018 年 3 月第 1 版　2020 年 3 月北京第 2 次印刷
开本：710 毫米 × 1000 毫米 1/16　印张：23.5
字数：290 千字

ISBN 978－7－01－017712－0　定价：73.00 元

邮购地址 100706　北京市东城区隆福寺街 99 号
人民东方图书销售中心　电话：(010) 65250042　65289539